本书获云南省高校"地方文献整理与研究"科技创新团队项目经费支持

"近现代名人与地方治理"研究丛书

唐 靖/主编

近代报刊有关龙云资料汇编

《大公报》卷

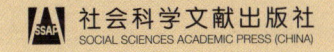

社会科学文献出版社
SOCIAL SCIENCES ACADEMIC PRESS (CHINA)

目 录

蒙自个旧之乱耗　云南质彬通信（1921年7月1日）……………… 001
滇中之军祸与边患（1921年7月12日）…………………………… 001
张瑞萱与龙云合请唐继尧回滇（1922年1月1日）……………… 001
唐继尧回滇政策已失败（1922年1月7日）………………………… 001
唐继尧回滇之行踪（1922年2月25日）…………………………… 003
孙中山、唐继尧与北伐之龃龉（1922年3月2日）……………… 003
唐继尧回滇之狼狈（1922年3月4日）…………………………… 004
滇局终不免于糜烂（1922年3月17日）…………………………… 004
唐继尧回滇之风云　已与顾军交绥（1922年3月18日）……… 004
奉直战后之北伐声（1922年5月9日）…………………………… 005
云南改编军队纪要（1922年5月15日）…………………………… 006
唐继尧大颁荣典（1922年7月17日）……………………………… 007
熊克武、但懋辛与滇唐计划图川（1924年7月15日）………… 007
滇川黔建国联军总司令部成立（1924年10月19日）…………… 007
西南军阀之新趋势（1925年2月18日）…………………………… 008
粤省出兵抵御入桂滇唐军（1925年3月14日）………………… 009
滇军入桂之真相（1925年3月18日）……………………………… 009
唐继尧陈师桂疆之假面具（1925年3月22日）………………… 010
粤桂战云之弥漫（1925年4月12日）……………………………… 011
广西之现状（1925年4月28日）…………………………………… 011
桂局变化之续闻（1925年5月4日）……………………………… 012

桂战与粤局之影响（1925年5月14日） …………………………………… 013

桂联军克复南宁之经过（1925年7月27日） ………………………… 014

唐继尧告捷电（1925年8月31日） ……………………………………… 016

滇事纪略（1925年9月24日） …………………………………………… 017

滇南近事·龙云请假（1926年12月13日） …………………………… 017

滇唐宣传侵桂（1927年1月21日） ……………………………………… 017

云南日前发生兵谏（1927年2月13日） ………………………………… 018

唐继尧离滇赴日说（1927年2月16日） ………………………………… 018

唐继尧尚未亡命　乃其弟继虞之误传（1927年2月17日） ………… 019

云南倒唐运动　一年来之经过（1927年2月26日） ………………… 019

胡若愚等兵谏通电原文（1927年3月4日） …………………………… 019

云南内变详记（1927年3月4日） ……………………………………… 021

云南政变第二幕详纪（1927年3月10日） …………………………… 023

莫名其妙的滇议会（1927年3月11日） ………………………………… 025

滇政局新花样（1927年3月12日） ……………………………………… 026

虎头蛇尾之滇政变（1927年4月2日） ………………………………… 027

换汤不换药之云南政局（1927年4月4日） …………………………… 028

范石生不容于粤（1927年4月24日） …………………………………… 029

唐继尧之死耗？（1927年5月27日） …………………………………… 030

清党声中云南之表示（1927年6月2日） ……………………………… 030

滇政府发表大政方针宣言（续七日）（1927年6月10日） ………… 031

云南又乱（1927年6月17日） …………………………………………… 032

龙云、胡若愚反对范石生回滇（1927年6月19日） ………………… 032

胡若愚电中之滇变颠末（1927年6月29日） ………………………… 033

滇军解决龙云之详情（1927年7月11日） …………………………… 033

滇局平定　龙云恢复势力（1927年7月30日） ……………………… 035

云南党潮（1927年8月1日） …………………………………………… 036

此亦小沧桑　胡若愚、龙云之代起（1927年8月3日） ……………… 037

| 目 录 |

龙云已受南京委任（1927年8月10日）……………………037

龙云再起前（1927年8月15日）……………………………037

龙云再起滇局一变（1927年8月25日）……………………038

滇局近报·胡若愚忽推重龙云（1927年8月30日）………039

云南前途究竟如何？（1927年9月6日）…………………040

滇池政闻：省垣局势粗定　省内战事未息（1927年9月12日）……042

黔军分路入滇（1927年9月16日）…………………………042

滇局纠纷未已（1927年9月18日）…………………………044

滇局未可乐观（1927年9月21日）…………………………044

云南又一战（1927年9月28日）……………………………045

昆明城外之战　唐继虞再来攻（1927年9月30日）………045

范石生对滇乱之主张（1927年10月12日）………………045

云南各派罢战言和（1927年11月1日）……………………047

滇局近闻：各属民军纷起　唐军忽又进攻（1927年11月9日）……048

龙云报捷（1927年12月23日）………………………………049

云南之共产党多集龙云部下（1928年1月11日）…………049

宁府与滇局　命龙云为主席（1928年1月19日）…………050

滇黔战事告一段落（1928年1月20日）……………………050

滇黔川军仍交战中（1928年1月28日）……………………051

宁府议决案汇志（1928年1月29日）………………………051

宁府发表滇省委员经过（1928年2月4日）………………052

此番滇攻黔　西南割据战未已（1928年2月18日）………053

云南军事告一段落（1928年2月25日）……………………053

党军新编制（1928年3月19日）……………………………054

南京最近政治会议纪事（1928年4月5日）………………055

云南新省政府成立记（1928年4月22日）…………………055

滇将张汝骥　归周西成节制指挥（1928年5月23日）……057

滇军今始准备北伐（1928年6月8日）……………………057

黔东不免一战（1928年11月6日） …… 058

西南多事　蒋令制止龙云侵黔（1928年12月11日）…… 059

西南省区之私斗（1928年12月16日）…… 059

国府命令（1929年1月26日）…… 060

官方公布之情报（1929年3月29日）…… 060

龙云宣布讨桂（1929年4月10日）…… 061

蒋令何键三路攻桂林　龙云亦由云南率炮兵攻桂

（1929年4月24日）…… 061

蒋对桂决积极用兵　对于中政会人选迄无复电

（1929年4月25日）…… 061

讨桂后之川滇黔纷纠（1929年4月27日）…… 062

粤桂形势紧张（1929年5月8日）…… 062

龙云讨桂通电（1929年5月9日）…… 063

促龙云征桂　蒋派员过沪赴滇（1929年5月11日）…… 063

湘南攻桂军捷报纷来（1929年5月13日）…… 064

滇黔倒周西成（1929年5月14日）…… 064

昆明杂讯·李晓炎、朱旭出发讨桂（1929年5月22日）…… 065

粤战一片捷报（1929年5月25日）…… 065

滇军攻黔捷报（1929年5月29日）…… 066

滇军占贵阳（1929年6月1日）…… 066

周西成死耗（1929年6月5日）…… 067

滇传李宗仁眷属到安南（1929年6月6日）…… 067

湘军将进攻柳州　电龙云速派兵夹击（1929年6月7日）…… 067

黔战甫毕　川战复起（1929年6月8日）…… 068

昆明枪决要犯（1929年6月12日）…… 068

王伯群勉滇黔长官（1929年6月13日）…… 069

湘军围攻柳州甚急（1929年6月15日）…… 069

改革黔政意见（1929年6月17日）…… 070

目 录

桂局粤讯：香翰屏已班师　黄绍雄愿下野（1929年6月20日） …… 070

贵州善后问题（1929年6月23日） …………………………… 071

刘震寰扰滇桂边（1929年7月5日） ………………………… 071

黔战仍未有已（1929年7月8日） …………………………… 071

黔省府主席　政委公推毛光翔（1929年7月14日） ………… 072

云南政变一幕（1929年7月17日） …………………………… 072

张维翰谈云南炸城真相（1929年7月22日） ………………… 072

电讯汇志（1929年7月27日） ………………………………… 073

龙云电告　滇省已安（1929年7月29日） …………………… 074

兵祸连年之云南（1929年7月29日） ………………………… 074

滇战告一段落（1929年7月30日） …………………………… 077

中法越约争执经过（1929年8月4日） ……………………… 077

滇黔政闻：李何商组黔省府　龙云报告滇军事（1929年9月5日） ……
　　　………………………………………………………………… 079

云南大绑票案详情（1929年10月28日） …………………… 079

云南省府改组　任龙云等为委员（1929年11月14日） …… 081

中常会之议决案（1929年11月15日） ……………………… 081

国务会议决议案件　任命滇省政府委员（1929年11月16日） … 081

越南商约与滇新税（1930年1月20日） ……………………… 081

西南之魔死了两个（1930年4月1日） ……………………… 082

粤桂迄无大战　陈铭枢派员入京商军事（1930年4月18日） … 083

滇军攻百色（1930年5月9日） ……………………………… 084

陈济棠赴武林（1930年5月10日） …………………………… 084

湘滇军将协攻南宁（1930年5月11日） ……………………… 084

粤桂军事（1930年5月16日） ………………………………… 085

粤军将入湘　陈济棠决派四师（1930年5月24日） ………… 085

滇军两路入桂（1930年6月7日） …………………………… 086

桂战经过谈（1930年9月5日） ……………………………… 086

龙云代表谒蒋（1930年9月6日） …………………………… 087

张发奎率部攻滇（1930年11月29日） …………………… 087

滇军反龙云　吴学显等迎唐继虞（1930年12月3日） ……… 087

和平恢复后之第一元旦　授勋大赦　公布选举法

　（1931年1月1日） ………………………………………… 088

滇已裁厘（1931年1月15日） …………………………… 088

接济滇械（1931年1月23日） …………………………… 089

滇事如何（1931年3月19日） …………………………… 089

滇局变化（1931年3月20日） …………………………… 089

滇局尚安（1931年3月21日） …………………………… 090

滇事真相如此　军队编遣互生误会（1931年3月23日） …… 090

龙云电蒋　对四师长不满（1931年3月27日） …………… 091

昆明政变之一幕　龙云去而复回之经过（1931年3月30日）…… 091

滇四师长免职（1931年4月13日） ……………………… 096

龙云慷慨请缨　请对达赖明张挞伐（1931年4月17日） …… 096

蒋在纪念周报告粤事　痛斥陈济棠图叛中央（1931年5月12日）… 096

秣马厉兵声（1931年5月15日） ………………………… 097

国府已改组　五院新任命（1931年6月16日） …………… 098

昨晨中央纪念周　王柏龄报告视察云南情形（1931年7月28日）… 098

选举中委（1931年11月22日） ………………………… 099

当选中委　昨晨揭晓（1931年11月23日） ……………… 099

滇代表谒阎冯（1931年12月17日） …………………… 100

广州三机关产生经过（1932年1月19日） ……………… 100

抗日之电（1932年2月8日） …………………………… 101

西康乱事扩大（1932年4月12日） ……………………… 102

旧事重提之钦渝铁路（1932年6月14日） ……………… 102

川滇联欢（1932年8月3日） …………………………… 103

龙云有子　勾结苗人与乃父为难（1932年8月4日） …… 103

| 目 录 |

川阀火并中　川民将无噍类（1932年12月26日） …………… 103

西南国防会问题（1933年2月8日） ………………………… 104

云南实行征兵制（1933年2月9日） ………………………… 105

香港电文汇志（1933年2月10日） …………………………… 105

黔乱未已　吴剑平等拟反攻（1933年2月24日） …………… 105

云南募集救国金（1933年3月19日） ………………………… 106

犹国材入滇　求龙云协助反攻（1933年3月26日） ………… 108

黔战又起　龙云助犹国材反攻（1933年3月29日） ………… 108

犹国材部现在罗川一带（1933年4月2日） ………………… 108

黔局又变　川滇出兵助犹国材（1933年4月11日） ………… 109

昆明举行黔阀分赃谈判（1933年5月18日） ………………… 109

黔军和议　尚毫无端绪（1933年5月25日） ………………… 109

王家烈愿让主席　黔北战事仍未止（1933年5月31日） …… 109

刘文辉求援（1933年8月1日） ……………………………… 110

刘文辉必要时将退入滇境（1933年9月1日） ……………… 110

庐山商讨实际问题（1933年9月8日） ……………………… 110

康滇边境乱事　中甸消息两歧（1933年9月17日） ………… 111

蛮匪占中甸　龙云请派飞机协助清剿（1933年9月19日） … 111

龙云电京　蛮匪被包围（1933年9月24日） ………………… 111

滇北蛮匪　龙云报告击退（1933年10月1日） ……………… 112

黔战又起　龙云助犹国材（1933年10月5日） ……………… 112

史家军渡江成功余荣（1933年10月29日） …………………… 112

中央对闽方针已定（1933年11月22日） ……………………… 112

闽边战事在旦夕间（1933年12月18日） ……………………… 113

英人在滇开矿（1934年2月19日） …………………………… 113

龙云代表访胡汉民（1934年5月1日） ……………………… 113

滇黔边区将委龙云为绥靖主任（1934年5月2日） ………… 114

龙云任第二路总司令职（1935年2月10日） ………………… 114

各方电贺龙云就任新职（1935年2月17日） …………………………… 114

粤桂写影　广西的一般观察（1935年2月20日） …………………… 114

中政会开会通过上将任命（1935年3月28日） ……………………… 115

二级上将　任命令昨发表（1935年4月4日） ……………………… 115

龙云昨晚欢宴蒋委员长（1935年5月12日） ………………………… 116

龙云请补助滇省政费（1935年5月21日） …………………………… 116

昨日行政会议之决议（1935年7月24日） …………………………… 116

孔诞盛典　全国各地举行纪念会（1935年8月28日） ……………… 116

两广代表晋谒龙云（1935年8月29日） ……………………………… 117

全国筹委会今日举行全体会议（1935年10月9日） ………………… 117

云南全省运动会（1935年12月27日） ……………………………… 117

国府授勋举行庆典（1936年1月1日） ……………………………… 118

昆明机失踪（1936年3月7日） ……………………………………… 118

昨日行政院会议　孔祥熙代蒋主席（1936年3月25日） …………… 119

国府命令（1936年3月31日） ………………………………………… 119

顾祝同赴滇黔考察（1936年4月8日） ……………………………… 119

蒋委员长昨到昆明　晤龙云后日内仍返成都（1936年4月23日）… 120

蒋由渝抵蓉记（1936年4月25日） …………………………………… 121

龙云奉派为滇黔"剿匪"军总司令（1936年4月26日） …………… 122

龙云任滇黔"剿匪"司令（1936年4月26日） ……………………… 122

今后之川滇黔（1936年4月28日） …………………………………… 122

吴忠信昨过徐到京（1936年4月28日） ……………………………… 124

行政院会议　任龙云滇黔"剿匪"总司令（1936年4月29日） …… 124

国府命令（1936年5月1日） ………………………………………… 124

中政会昨通过追认特派龙云转职（1936年5月21日） ……………… 124

全国公祭胡汉民（1936年5月25日） ………………………………… 125

龙云就职滇黔区"剿匪"总司令（1936年6月6日） ……………… 125

龙云致陈济棠、李宗仁、白崇禧电（1936年6月11日） …………… 125

| 目 录 |

两广时局无变化（1936年6月30日） …………………………… 126

龙云公子到京（1936年7月2日） ……………………………… 126

龙云反对两广（1936年7月2日） ……………………………… 126

杨森谈滇省近情（1936年7月4日） …………………………… 127

时局动荡中之川滇黔（1936年7月6日） ……………………… 127

二中全会昨决议（1936年7月14日） …………………………… 128

组织国防会议明令发表（1936年7月15日） …………………… 129

黔省府顾祝同任主席（1936年8月3日） ……………………… 129

龙云代表飞庐谒蒋（1936年8月4日） ………………………… 130

龙云将通电就任新职（1936年8月5日） ……………………… 130

龙云代表刘震寰飞庐谒蒋（1936年8月6日） ………………… 130

龙云代表抵牯谒蒋（1936年8月7日） ………………………… 130

龙云就新职期未定（1936年8月12日） ………………………… 131

对桂仍努力和平（1936年8月19日） …………………………… 131

桂局问题短评（1936年8月20日） ……………………………… 131

中央军自桂边后撤（1936年8月25日） ………………………… 132

滇黔绥靖公署条例拟呈龙云（1936年9月3日） ……………… 132

国大选讯（1936年9月18日） …………………………………… 132

胡汉民葬礼　中央主祭人员即启行赴粤（1936年10月18日）……… 133

京滇公路周览会明春举行（1936年10月23日） ……………… 133

贺电如雪片飞来（1936年10月30日） ………………………… 133

由南京至云南仅需百廿小时（1936年10月31日） …………… 134

任可澄行踪（1936年12月10日） ……………………………… 134

龙云复电何应钦（1936年12月15日） ………………………… 134

各将领请缨　拥护中央听命何应钦部长（1936年12月16日）……… 135

龙云代表晋京谒何应钦（1936年12月22日） ………………… 135

龙云代表黄实抵京（1936年12月23日） ……………………… 135

龙云代表高荫槐赴京（1936年12月28日） …………………… 135

中委提案陆续送会（1937年2月17日） …………………………… 136

龙云代表裴存藩离京返滇（1937年2月25日） …………………… 136

昆明举行革命先烈纪念会（1937年3月30日） …………………… 136

京滇周览团定五日出发　龙云来电表示欢迎（1937年4月2日）… 137

滇公务人员训练昨开始（1937年4月8日） ……………………… 137

龙云等表示绝对拥护中央（1937年4月17日） …………………… 138

中国交通史上新纪元　京滇周览团昨抵昆明（1937年4月30日）… 138

龙云谈话（1937年5月3日） ……………………………………… 139

京滇周览团展览沿途摄影（1937年5月5日） …………………… 139

京滇周览团　今日离昆明（1937年5月7日） …………………… 140

京滇周览团昨午离滇　当晚止于曲靖（1937年5月8日） ……… 141

京滇周游记（十）·今日之云南（1937年5月14日） …………… 142

西南边疆协进会　积极筹备成立（1937年5月26日） ………… 144

京滇周览印象记（二）（1937年6月7日） ……………………… 144

滇省建立唐继尧铜像（1937年6月13日） ……………………… 146

宋子文将飞滇　晤龙云商经济问题（1937年7月1日） ………… 146

宋子文日内飞滇　留粤随员启程北返（1937年7月1日） ……… 146

龙云提倡木炭汽车　请经委会扩充制造（1937年7月2日） …… 147

龙云电经委会　请提倡木炭汽车（1937年7月2日） …………… 147

龙云长公子昨在津订婚（1937年7月8日） ……………………… 147

龙云电邀何应钦飞滇聚晤（1937年7月8日） …………………… 148

唐继尧铜像举行揭幕典礼（1937年7月12日） ………………… 148

龙云谈为国牺牲（1937年7月30日） …………………………… 148

白崇禧昨到京谒蒋（1937年8月5日） ………………………… 149

龙云即将来京（1937年8月7日） ……………………………… 149

刘湘到京诸将集议（1937年8月8日） ………………………… 149

龙云昨抵蓉　定今日飞京（1937年8月9日） ………………… 150

龙云到京　阎锡山、余汉谋返防（1937年8月10日） ………… 150

| 目 录 |

龙云昨谒汪兆铭（1937年8月11日）……………………… 151

中政会昨日决议案（1937年8月12日）……………………… 151

龙云在京行踪（1937年8月12日）………………………… 152

龙云谒蒋（1937年8月13日）……………………………… 152

蒋往访龙云（1937年8月14日）…………………………… 152

龙云昨离汉返滇（1937年8月22日）……………………… 152

龙云返抵昆明（1937年8月24日）………………………… 153

龙云任云南救国公债劝募分会主任委员（1937年9月2日）……… 153

蒋等电贺朱德、彭德怀就职（1937年9月12日）…………… 153

国府派龙云为考试试务处处长（1937年11月3日）………… 154

滇省府积极加强地方自卫力量（1937年11月25日）……… 154

龙云代表——周钟岳抵重庆（1937年12月31日）………… 155

周钟岳昨觐见林主席（1938年1月1日）…………………… 156

弥撒典礼（1938年1月16日）……………………………… 156

大弥撒昨举行（1938年1月19日）………………………… 157

周钟岳昨飞蓉转滇复命（1938年1月27日）……………… 158

周钟岳返昆明（1938年2月1日）…………………………… 158

吴鼎昌在滇事毕 今日返黔（1938年5月17日）…………… 158

龙云抵汉 奉召来谒蒋委长（1938年7月20日）…………… 159

王缵绪昨到汉 奉召报告省政（1938年7月24日）………… 159

抗战中之云南（1938年7月26日）………………………… 159

龙云飞蓉 稍留返滇（1938年7月27日）…………………… 160

龙云今返滇 昨与川当局合谈（1938年7月28日）………… 161

龙云返滇（1938年7月29日）……………………………… 161

龙云抵滇 对记者谈来汉观感（1938年7月30日）………… 161

滇省丰收（1938年9月14日）……………………………… 162

侨代会改今晨闭幕 昨通过大举义捐（1938年9月23日）……… 162

昆明庆贺击落三日机（1938年9月30日）………………… 163

龙云谈话（1938年10月3日）	164
英使过滇时　曾与龙主席作谈话（1938年11月4日）	164
滇军扩编　龙云任总司令（1938年11月10日）	164
西南经济建设委会将成立（1938年12月21日）	164
西南经建委会即将在渝成立（1939年1月1日）	165
龙云向中央报告汪兆铭离滇经过（1939年1月4日）	165
前线将士电中央　请求制裁汪兆铭（1939年1月8日）	166
吴鼎昌主席飞滇（1939年1月14日）	166
吴鼎昌抵滇　晤龙云谈经济建设（1939年1月15日）	167
吴鼎昌今日由滇返黔（1939年1月16日）	167
龙云拥护中央　吴鼎昌已回贵阳（1939年1月19日）	167
开发西南新机构（1939年2月3日）	168
贵阳灾民　龙云捐款救济（1939年2月12日）	168
滇新党委昨日宣誓就职（1939年2月28日）	168
渝昆电话昨开始通话（1939年3月2日）	169
赈济筑灾　滇捐款三万元（1939年3月6日）	169
何廉赴滇　商西南经济建设（1939年3月11日）	169
何应钦电唁范石生家属（1939年3月19日）	169
昆明血案　杨维骞陈书自首（1939年3月21日）	170
龙云公忠爱国、工作努力（1939年4月21日）	173
云贵无线电话　昨日正式开放成绩满意（1939年5月2日）	173
滇主席龙云函劝汪兆铭（1939年5月7日）	173
建设云南　抗战中伟大的工作（1939年6月10日）	175
国府缉汪令经过　全体将领及团体吁请（1939年6月10日）	178
中国复兴摇篮之一　云南之人力与物力（一）（1939年8月4日）	179
侨委会计划　安插暹罗侨胞（1939年8月27日）	180
暹罗华侨将归国垦殖　从事开发西南各地（1939年8月27日）	180
国府命令（1939年9月26日）	180

目 录

龙云、吴鼎昌通电讨汪逆（1939年10月12日） …………… 181
华西垦殖公司在菲招股　侨胞认股踊跃（1939年10月24日） 182
龙云召集所属讨论民食问题（1939年11月1日） …………… 182
龙云主席公忠体国　分裂谣言不攻自破（1939年11月6日） 183
滇集训县长（1939年11月21日） …………………………… 183
龙云讲演　欢迎侨胞来滇投资（1939年11月25日） ……… 183
滇省治绩斐然（1939年12月7日） ………………………… 184
中苏文协会滇分会成立（1939年12月12日） ……………… 184
中央将在滇黔设置行营（1939年12月20日） ……………… 184
龙云兼任昆明行营主任　国府已明令发表（1939年12月22日） 185
中央积极协助开发滇富源（1939年12月23日） …………… 185
护国与建国　纪念云南起义二十四周年（1939年12月25日） 185
云南起义回顾（1939年12月25日） ………………………… 186
滇垣纪念盛况　缅甸访华团亦参加（1939年12月26日） … 187
昆明的胜会（1939年12月27日） …………………………… 187
龙云今日就行营主任　再择期补行宣誓（1940年1月1日） 188
何应钦电贺龙云就职（1940年1月3日） …………………… 188
滇专科以上学生向龙云献旗（1940年1月4日） …………… 188
滇主席龙云关怀清寒学生（1940年2月11日） …………… 189
被击落日机在昆明展览（1940年2月17日） ……………… 189
美大使昨晨由滇赴渝（1940年2月25日） ………………… 190
昆明缺雨　米价奇昂（1940年2月28日） ………………… 190
滇主席龙云关怀民食问题（1940年2月29日） …………… 190
杨杰抵渝　晋谒蒋报告（1940年3月20日） ……………… 191
昆明贵阳通话（1940年3月22日） ………………………… 191
龙云年内赴缅观光　增进中缅邦交（1940年3月22日） … 191
全国各地沉痛追悼蔡子民先生（1940年3月26日） ……… 192
中华医学会下月初开五届大会（1940年3月27日） ……… 192

滇黔粤闽当局通电讨汪　昆明今日开讨汪大会（1940年4月4日）…… 192
医学年会在昆明开幕（1940年4月4日）……………………………… 193
滇主席龙云嘉惠学子（1940年4月6日）……………………………… 193
声讨汪逆　滇粤等省长官通电（1940年4月9日）…………………… 193
龙云鼓励中学生（1940年4月12日）………………………………… 194
滇主席龙云赠马予越当局（1940年4月18日）……………………… 194
前方难胞将疏散至滇省　实行以工代赈（1940年4月19日）……… 194
平抑后方物价（1940年4月29日）…………………………………… 194
滇主席龙云严令平抑米价（1940年5月16日）……………………… 195
昆市国立院校解决膳食问题（1940年5月17日）…………………… 195
滇主席龙云巡视东南各县（1940年6月9日）……………………… 196
滇南数十县将广建侨乐村（1940年6月13日）……………………… 196
滇参议会开幕　龙主席致词（1940年7月2日）…………………… 196
滇主席龙云加强战时工作　决定派员分赴各地视察
　（1940年7月4日）………………………………………………… 197
香港献剑代表　晋谒滇龙主席（1940年7月6日）………………… 197
云南各界纪念情形（1940年7月12日）……………………………… 197
龙云主席发表告滇民众书（1940年7月21日）……………………… 199
陈嘉庚在滇（1940年8月8日）……………………………………… 199
云南白药大批运香港发售（1940年8月8日）……………………… 200
空军节三周年　全国各地热烈庆祝（1940年8月14日）…………… 200
龙云表示　对于越南问题　遵从中央意旨（1940年8月14日）…… 200
越南情势无新发展（1940年8月31日）……………………………… 201
山雨欲来风满楼　越南情势愈见紧张（1940年9月5日）………… 201
越南局势突转和缓（1940年9月6日）……………………………… 201
越局无变化（1940年9月8日）……………………………………… 202
滇劝储分会　今日正式成立（1940年9月14日）…………………… 202
龙主席谈滇越大势　痛惜法越措施乖谬（1940年9月14日）……… 202

| 目 录 |

滇七四老人请缨报国（1940年9月30日） …………………… 203

发展滇省锡业（1940年9月30日） …………………………… 203

龙云报告滇对危局有准备（1940年10月9日） ……………… 203

日机轰炸滇缅路 我戒备严密（1940年10月20日） ………… 205

美教士遇害案 滇主席限期缉凶（1940年11月17日） ……… 206

滇节建储团已正式成立 收款业达百万（1940年11月21日） … 206

日机轰炸威胁下 我公路运输畅通（1940年11月23日） …… 206

中国围棋会 昨日正式成立（1941年2月10日） …………… 208

英大使抵渝 在星洲曾与我侨领晤谈（1941年5月3日） …… 208

西康日记·第十五编：由丽江返昆明（1941年5月3日） …… 208

龙云捐款 救济云大（1941年5月20日） …………………… 209

建设中的云南（1941年5月25日） …………………………… 209

清华大学三十周年纪念（1941年6月11日） ………………… 212

劝募战债 海内外热烈展开（1941年6月11日） …………… 213

中国边疆学会在渝成立 由名流学者主持（1941年6月24日） … 213

郭泰祺对本报记者畅谈大局（1941年6月27日） …………… 214

黄炎培返渝（1941年7月24日） ……………………………… 214

滇防卫措置已布置就绪 龙云主任发表谈话（1941年8月5日） …… 215

龙主席对滇省府职员训话 应有战死守土决心

（1941年11月29日） ………………………………………… 215

龙主席表示守土有责 任何牺牲在所不惜（1941年11月29日） … 216

粤省提倡滑翔 各方纷纷献机（1941年11月30日） ………… 216

居正在滇 慰劳将士（1942年2月2日） ……………………… 216

滇省临参会一次会开幕（1942年3月2日） ………………… 217

侨委会陈委员长访晤龙云（1942年3月28日） ……………… 217

许世英由渝飞抵昆明 将赴缅边一行（1942年4月14日） …… 217

许世英飞昆慰侨 并与滇当局商救济归侨（1942年4月14日） … 218

龙云坚决表示 敌无攻昆明可能（1942年5月12日） ………… 218

滇美金储券认储踊跃（1942 年 5 月 15 日）……………………… 218

滇境倮倮请缨杀敌　滇省府研究发动方法（1942 年 5 月 18 日）…… 219

滇党务军事加紧配合（1942 年 5 月 19 日）……………………… 219

边民请缨　参加抗战（1942 年 5 月 19 日）……………………… 219

昆明杂缀（1942 年 6 月 24 日）…………………………………… 219

英大使由渝抵昆　曾访晤龙云（1942 年 7 月 18 日）…………… 220

龙云捐款松坡中学（1943 年 1 月 14 日）………………………… 220

各地奉行限价　各省主席电呈蒋（1943 年 1 月 16 日）………… 220

国府命令（1943 年 4 月 17 日）…………………………………… 221

昆明体育协进会拟聘龙云为名誉理事长（1943 年 7 月 20 日）…… 221

滇滑翔表演（1943 年 7 月 26 日）………………………………… 221

一律停止娱乐宴会　全国哀悼林故主席（1943 年 8 月 3 日）…… 222

国府授勋令（1943 年 10 月 10 日）……………………………… 222

国府授勋令（1944 年 1 月 1 日）………………………………… 222

西南首届剧展　定戏剧节在桂开幕（1944 年 2 月 10 日）……… 223

华莱士对联大云大演说（1944 年 6 月 30 日）…………………… 223

龙云欢宴席上　华莱士讲艰苦奋斗（1944 年 6 月 30 日）……… 224

华莱士曾访昆明　盘桓三日已径飞成都（1944 年 6 月 30 日）… 225

龙云代表政府　昨接受美方物资（1945 年 2 月 5 日）…………… 226

从巴黎的新姿看法国（1945 年 2 月 8 日）……………………… 227

配合盟军作战　我设陆军总司令部（1945 年 2 月 10 日）……… 227

美报重视何应钦新职　谓表示准备策应盟军登陆

　（1945 年 2 月 12 日）…………………………………………… 227

蒙巴顿夫人昨离渝抵昆（1945 年 3 月 13 日）…………………… 228

蒙巴顿夫人离昆（1945 年 3 月 15 日）…………………………… 228

翁文灏等由蓉抵昆（1945 年 3 月 23 日）………………………… 229

中国化学会在昆举行年会（1945 年 9 月 9 日）………………… 229

府令改组云南省府　龙云调掌军事参议院（1945 年 10 月 4 日）… 229

| 目 录 |

昆明防务接收完毕（1945年10月5日） …………………………… 230

龙云定今飞渝履新（1945年10月6日） …………………………… 231

龙云昨由昆抵渝（1945年10月7日） ……………………………… 232

国庆日国府授勋　颁发胜利及忠勤勋章（1945年10月10日） ……… 233

龙云启事（1945年10月11日） …………………………………… 234

军事参议院长龙云今晨就职（1945年10月15日） ………………… 234

军事参议院长龙云昨宣誓就职（1945年10月16日） ……………… 234

纪念国父诞辰　中枢昨举行仪式（1945年11月13日） …………… 235

中枢举行元旦庆典　蒋勉文武百僚（1946年1月2日） …………… 236

中枢举行元旦庆典（1946年1月2日） …………………………… 237

二中全会开始报到　各地中委纷纷赴渝出席（1946年2月27日） … 237

中监会昨全体会　决议请速严惩汉奸（1946年3月14日） ………… 238

龙云候轮赴京　抵京小住后拟返昆一行（1946年5月13日） ……… 238

军参院还都（1946年5月15日） …………………………………… 239

访龙云将军（1946年5月16日） …………………………………… 239

访龙云将军（续）（1946年5月17日） …………………………… 240

龙云明赴京　莫德惠偕行（1946年5月19日） …………………… 242

军参院还都　龙云等今离渝（1946年5月20日） ………………… 242

龙云等抵汉（1946年5月27日） …………………………………… 242

龙云赴京　在汉谈话关心和平（1946年5月27日） ……………… 242

莫德惠抵京谈　就政协决议谋根本解决（1946年5月30日） ……… 243

渝市热烈欢送冯玉祥等东下（1946年5月30日） ………………… 243

军事参议院存废问题未定（1946年6月4日） …………………… 244

首都公祭抗战死难先烈　蒋致词策勉同胞（1946年7月8日） ……… 244

龙绳祖军事人员陪送抵京（1946年7月17日） …………………… 245

顾祝同今返京（1946年7月19日） ………………………………… 245

昆明闻李案调查清楚　霍揆彰说不久即公布（1946年7月27日） … 246

杨立德等在昆被捕（1946年7月27日） …………………………… 247

唐纵再飞昆明　调查闻李案（1946年7月30日）……………… 247

司徒大使回访龙云（1946年8月31日）……………………… 248

滇纪念前主席龙云　昆志公体育场落成（1946年9月20日）…… 248

中枢举行国庆盛典（1946年10月11日）…………………… 249

众目睽睽下李公朴案新发展（1946年10月14日）………… 249

龙云夫人赠蒋夫妇云南土产（1946年10月29日）………… 249

招待各代表　白崇禧等举行酒会（1946年11月16日）…… 250

国大主席团候选人各单位昨分别选出（1946年11月21日）… 250

国大会场速写（1946年11月22日）………………………… 251

国府命令（1946年11月22日）……………………………… 251

龙云的意见　中央地方权责划分欠明确（1946年11月25日）… 251

龙云奖学基金　拨息奖助滇中学生（1947年1月7日）…… 252

出版消息（1947年3月9日）………………………………… 252

唐生智即由湘入京（1947年3月11日）……………………… 252

军事参议院撤销　战略顾问委会成立（1947年4月8日）… 253

国府明令发表（1947年5月12日）………………………… 253

云南一大企业公司成立（1947年5月24日）……………… 254

军官训练团昨开学（1947年8月19日）…………………… 254

战略委员会昨开首次会（1947年9月15日）……………… 254

龙云公子行踪（1947年10月28日）………………………… 255

龙云三公子在昆演探母（1947年11月1日）……………… 255

战略顾问会向国府献策（1947年11月2日）……………… 255

苏联国庆　苏代办招待来宾（1947年11月8日）………… 256

西南民族问题（1947年11月17日）………………………… 256

国府授勋令（1948年1月1日）……………………………… 257

球王李惠堂在昆明参加冬赈足球网球义赛（1948年1月5日）… 257

救济特捐委会限期成望（1948年2月22日）……………… 257

五十富户名单决定　石凤翔亦在其中（1948年2月25日）… 258

| 目 录 |

说龙云巨富　龙夫人喊冤（1948年5月30日）……………………258

顾映秋即来京　在昆明谈龙云经济状况（1948年5月30日）……258

龙云财产有多少　顾映秋对新闻界之报告（1948年5月31日）……259

蒋介石曾召见白崇禧（1948年6月18日）………………………260

张群抵昆明　将小作勾留（1948年7月19日）…………………261

龙云曾拟赴沪　登车后又临时中止（1948年8月16日）…………261

孙科抵牯谒蒋（1948年8月16日）………………………………261

政治气氛笼罩匡庐　京中要员陆续飞去（1948年8月16日）……262

蒋昨约要员餐叙（1948年8月17日）……………………………263

飞昆机发生障碍（1948年8月17日）……………………………263

顾映秋回昆明　处理被毁的南菁中学（1948年8月19日）………263

龙云夫人返昆　处理南菁善后事宜（1948年8月19日）…………263

牯岭大雾弥漫（1948年8月21日）………………………………264

牯岭风雨（1948年8月23日）……………………………………264

昆明救济特捐名单初步拟定（1948年9月5日）…………………265

龙云代其公子缴特捐百亿元（1948年9月11日）………………265

银行资产知多少（1948年10月3日）……………………………265

滇遵令登记金银外汇　龙云希望用于地方（1948年11月9日）……266

各方吊唁陈布雷（1948年11月15日）……………………………267

龙云赴港就医（1948年12月12日）………………………………267

龙云到港深居（1948年12月12日）………………………………267

风云人物（1948年12月12日）……………………………………268

关于龙云来港（1948年12月13日）………………………………268

无化的蔷薇（1948年12月14日）…………………………………269

龙云二三事（1948年12月15日）…………………………………269

法国新闻社一种揣测　宋子文来港访龙云

　（1948年12月20日）……………………………………………270

又一个谣言（1948年12月20日）…………………………………271

龙云在港闭门谢客（1948年12月20日） …………………………… 271

国是前途的几个暗流（1948年12月21日） …………………………… 271

宋子文返穗　行前曾访港督（1948年12月21日） …………………… 273

宋子文、龙云之会　谈到"南方联防"（1948年12月21日） ……… 273

报纸不许谈真理　教授死了葬身难（1948年12月21日） …………… 278

有此一说　龙云将招待记者（1948年12月22日） …………………… 278

今日的广东（1948年12月23日） ……………………………………… 278

昆明人看龙云出走（1948年12月26日） ……………………………… 279

李济深谈时局（1948年12月27日） …………………………………… 280

昆明西郊饿豹伤人（1949年1月5日） ………………………………… 281

卢汉过港时　未会晤龙云（1949年1月5日） ………………………… 281

龙云在香港（1949年1月17日） ……………………………………… 281

黄绍竑在港　昨会见龙云（1949年1月24日） ……………………… 282

龙云发表谈话（1949年1月26日） …………………………………… 282

龙云夫人飞港（1949年1月27日） …………………………………… 283

黄绍竑在港拜望龙云（1949年1月28日） …………………………… 283

龙绳祖自京抵沪（1949年2月4日） …………………………………… 283

嗜杀的卢汉（1949年2月14日） ……………………………………… 283

滇西夷区透视（续完）（1949年2月19日） …………………………… 284

刘攻芸、赵棣华昨天由港飞沪（1949年2月28日） ………………… 285

龙绳祖赴港省视龙云（1949年3月10日） …………………………… 285

龙云谈滇省人民武装（1949年3月20日） …………………………… 285

龙云电滇当局　严办假借名义份子（1949年3月23日） …………… 286

云南治安重心　由东南移西南（1949年3月21日） ………………… 287

昆明中央社消息　龙云旧部陆续返滇（1949年3月23日） ………… 287

关于龙云传说颇多（1949年3月23日） ……………………………… 288

滇西变乱未已（1949年3月24日） …………………………………… 288

卢汉代表　将晤龙云（1949年3月29日） …………………………… 288

| 目 录 |

卢汉代表在京公毕　将赴港访龙云（1949年3月29日）……………289

龙云在港谈话（1949年3月30日）……………………………………289

滇西动乱写意画（1949年3月31日）…………………………………290

传龙云有意出山（1949年4月5日）…………………………………291

何应钦飞穗（1949年4月6日）………………………………………291

龙云不返京（1949年4月6日）………………………………………291

何应钦抵穗（1949年4月7日）………………………………………292

龙云不甘寂寞（1949年4月7日）……………………………………292

龙云酝酿返滇　龙绳武等将飞港（1949年4月7日）………………292

郭德洁赴港　将与龙云会面（1949年4月8日）……………………293

龙绳武赴港（1949年4月8日）………………………………………293

怂恿龙云登场（1949年4月8日）……………………………………293

龙云复出之谜（1949年4月10日）……………………………………294

杨文清返滇谈　中央重视云南治安（1949年4月11日）……………296

无花的蔷薇（1949年4月11日）………………………………………297

龙云不拟回滇　已函中枢拒绝（1949年4月12日）…………………297

龙云正式表明态度　反对以滇省为反共基地（1949年4月12日）…298

龙云致李宗仁、何应钦公开信　劝促成真正和平

（1949年4月12日）…………………………………………………300

重新做人的良好时机（1949年4月12日）……………………………301

真正和平实现　滇省动乱可平（1949年4月13日）…………………302

割据的迷梦该幻灭了（1949年4月13日）……………………………303

卢汉招待记者　说明滇西情形（1949年4月14日）…………………304

论湘局（1949年4月19日）……………………………………………304

黄绍竑昨抵港（1949年4月22日）……………………………………305

滇西收复龙陵　滇中易门又紧（1949年4月27日）…………………305

中监会讨论党纪时曾提到黄绍竑、龙云（1949年6月13日）………305

龙云昨纵谈时局（1949年6月30日）…………………………………306

龙云行踪　传将赴越南旅行（1949年7月17日）……………… 307

记张冲将军（1949年7月19日）……………………………… 307

时人行踪（1949年7月21日）………………………………… 308

拥护中共正确政策　黄绍竑等将发宣言（1949年8月5日）… 308

拿出行动来（1949年8月17日）……………………………… 308

黄绍竑、龙云等表示　向人民靠拢　与蒋党决绝

　（1949年8月17日）………………………………………… 309

龙云之妻返昆（1949年8月29日）…………………………… 310

高举义旗出民水火　长沙解放有助全局（1949年8月30日）… 310

云南局势（1949年9月2日）………………………………… 310

有此传说（1949年9月5日）………………………………… 311

龙云上月电促卢汉　当机立断靠拢人民（1949年9月5日）… 312

部署周密终操胜算　卢汉起义完全成功（1949年9月6日）… 313

蒋府闻讯震恐　群丑闪烁作答（1949年9月6日）………… 314

龙云代表李一平招待各报记者（1949年9月6日）………… 315

龙云未离港　昆明空运恢复（1949年9月7日）…………… 315

张群、阎锡山分途自渝抵穗（1949年9月10日）…………… 315

黄绍竑等五十五人　政院会议决予通缉（1949年9月15日）… 316

龙云、刘斐等开除国民党籍（1949年9月16日）…………… 317

龙云送子赴美　昨在机场出现（1949年9月17日）………… 317

龙云财产管理人　图飞港在昆被捕（1949年9月17日）…… 317

龙云、贺耀组痛悼杨杰（1949年9月21日）………………… 318

龙云财产管理人　离昆前突遭逮捕（1949年9月21日）…… 318

何应钦新职发表　任战略顾问委员会主委（1949年9月22日）… 319

杨杰被刺详情（1949年9月23日）…………………………… 319

湾仔殡仪馆中友好公祭　杨杰遗体昨天出殡（1949年9月23日）… 320

龙云港寓加强警卫（1949年9月24日）……………………… 320

来函照登（1949年9月25日）………………………………… 320

| 目 录 |

龙云电贺政协（1949年9月27日） …………………… 321

人民政协首届会议闭幕（1949年10月1日） …………… 321

《共同纲领》胜过百万雄师　足够压倒一切反动军队

　　（1949年10月7日） ……………………………… 322

龙云即将北上（1949年10月8日） …………………… 324

革命军委会副主席及委员（1949年10月20日） ……… 324

民革中委名单（1949年11月22日） …………………… 325

龙云电复卢汉（1949年12月12日） …………………… 325

龙云的谈话（1949年12月13日） ……………………… 326

昆明起义的情况（1949年12月13日） ………………… 328

蒙自个旧之乱耗　云南质彬通信

【蒙自】蒙自访友专函云：前驻临安之罗佩金，近因李友勋、龙云等率队私走，蒙城空虚，乃经顾品珍电请，移驻蒙自，以资镇慑，当于五月廿九日入城。六月一日夜间，罗巡阅使即探闻是夜吴学显已率党众进逼鸡街。当即指派许营二连，并巡营警卫一连，星夜先赴鸡街（距城六十里）堵击。〈后略〉

《大公报》（天津版）1921年7月1日，第2张第6版

滇中之军祸与边患

〈前略〉蒙自卫戌〔戍〕第二区司令官李友勋及团长龙云，自李氏奉令调任腾越道尹，自知系调虎离山、削去兵柄之计，乃由蒙召集所部，私向广西地方而去。在先声言，原云系奉唐继尧命令，往讨桂军；对于滇省，决不忍再有内哄之举，糜烂地方。而顾品珍亦只派兵防范，并未追击。不料近日传闻，谓李友勋又率兵转回滇之邱北，有电致顾氏，劝其自行让位，另候他员接任云云。〈后略〉

《大公报》（天津版）1921年7月12日，第2张第6版

张瑞萱与龙云合请唐继尧回滇

【广州电】张瑞萱在柳州与滇团长龙云勾结，由龙求龚赓回滇。滇军官李宗璜等联电唐，请将张拿办，并数其暗通梁士诒之罪。（标题为编者所拟）

《大公报》（天津版）1922年1月1日，第1张第2版

唐继尧回滇政策已失败

唐继尧此次赴梧，其具有回滇之野心，早为人所料及。惟其计画首被

李烈钧、朱培德以釜底抽薪手段驱黜杨益谦，于是桂林滇军悉惟李、朱马首是瞻，此唐继尧回滇阴谋之第一失败也。

唐受此打击，仍一面暗中设法，一面伪为倾向孙文。到梧州后，尚致电中山，表明服从。而其由梧折赴柳州，又动人疑讶，遂为各方面严密侦视。近由胡若愚部下探出唐之阴谋，谓此事当杨益谦被逐，削去兵柄赴港后，忽有胡若愚、李友勋、胡瑛、谷正伦等滇黔军将领推戴唐为靖国联军总司令之电发现。其时，朱培德即两询各将，谓不宜用"靖国"名义。谷正伦大为骇异，声明非巳〔己〕主张，不知何人主谋，捏名妄电。迨追究再三，始知此电由香港唐之左右拟就，寄交柳州李友勋部下团长龙云发出。龙与胡若愚为主张回滇中坚分子，李友勋虽不以为然，而为龙挟制。未几唐到柳州，即派龙云检查邮电，并有多数野心政客向谷部运动。谷正伦乃借口黔省有内讧风潮，将全部移驻融县之长安，近接黔界，实则预备唐假道入黔实行对付也。

黔军惟谷正伦一旅兵多械足，谷不附从，唐大失望，乃以黔省总司令一席许胡瑛。胡部仅二千人，在百色染瘴，已殁数百人，尚有病兵四百余留浔州医治，仅率千人随行。况胡瑛所辖吴心传团长，向与谷正伦交好，是黔军全不可恃，只仗李友勋、胡若愚二部滇军，未免单弱。嗣由胡若愚、龙云献计，担任招集柳、庆间桂军溃兵，以厚兵力，由唐氏暗中给饷，并遣人接洽林俊廷辈。

正积极进行间，而驻桂林滇军总司令朱培德来电，切责胡若愚、李友勋二人之陷唐不义。又谷正伦连发通电绝唐，决不附和。又顾品珍已〔己〕将滇省内应唐系各军官全行革退消除，并遣范石生、金汉鼎、杨蓁统三个混成旅开动，迎头截击，会同卢焘黔军防堵，卢焘决不许唐假道。唐处此四面楚歌，大有进退维谷之势。或谓唐在港时，已与梁士诒密议妥洽：梁助唐以巨款，令其运动滇军，收容桂兵，牵制北伐。此说不敢深信，但中山北伐之举，恐不免受此牵掣而停顿矣！

《大公报》（天津版）1922年1月7日，第1张第3版

唐继尧回滇之行踪

〈前略〉天河县知事电称：唐继尧亲带滇军龙梯团长一部，行至天河、凤山间之南觉地方。二月十二日午正行万山间，突遇林俊廷部下桂兵二三千人，迫令滇军缴出械弹、辎重。唐派员与理论，并许给万元，桂兵均不允，遂开仗。龙团不及千人，桂兵有两倍之多，又占山头，两方对击，滇军伤亡极众。苦战至十三日酉初，龙云始护唐出险，然辎重行李百余担，子弹枪械损失不少。唐、龙现尚在凤山途中，系向黔边绕往滇边等语。〈后略〉

《大公报》（天津版）1922年2月25日，第2张第6版

孙中山、唐继尧与北伐之龃龉

【广州通信】孙中山实行北伐，与唐继尧实行回滇，皆为西南近来最可注意之事。孙、唐此举，皆已酝酿多时。惟孙之北伐，自谓名正言顺，即唐之回滇，亦以赞助北伐为辞（唐在柳设靖国滇军总司令后，即派代表陈维庚赴桂林，向孙陈述一切。谓顾品珍宣言北伐，只为保全名位起见，并非诚意。不若唐氏回滇，料简军实，悉索以从，较有实际，请孙切勿误会。并声言唐氏苟达回滇目的，定必率部随从北伐，致力中原，断不拘守滇军总司令地位，沾沾自足等语）。可见北伐之举，似已至瓜熟蒂落时代。〈中略〉

唐继尧回滇，原定分黔、桂两路，旋以假道于人，仍多牵动（闻谷正伦经孙中山任命为黔军总司令后，有软化于孙之势。对唐假道一事，已无允许之表示。唐氏故知难而退也），遂决定不入黔境，只由庆远西进，经百色以入广南。此间接桂省长马君武十三日来电，略谓顷接刘师长震寰来电称：唐赏赓谓率所部滇军（系胡若愚、龙云两部）四五千人到河池（距庆远二百二十里），当由镇〔震〕寰前往拜谒，并请其派兵协剿陆云高、林俊廷等部溃兵。唐答称：现在急须回滇，筹备北伐，军情紧迫，不能协助等语。此期唐部此时已到东兰、凤山一带云云□（东兰距河池二百八十里）。〈后略〉

《大公报》（天津版）1922年3月2日，第2张第6版

唐继尧回滇之狼狈

【广州函云】据由庆远来人谈及：唐继尧因滇中旧部，愿内应者万人，且有多处运动成熟，遂不惜孤注一掷，纠集柳、庆回滇军六千余，强拉人民二千余人充夫役，号称八千子弟，编为四军。以第三军长胡若愚二千数百人为前队；第二军长田钟谷千余人、第一军第一梯团龙云千人为中军；第一军长李友勋率第二梯团千人，合代理第四军长郑文开〔开文〕部数百人为后队。

以六千兵力、二千役夫，编为四军，已属可笑。而饷项支绌，天寒路远，山川险阻，出发困难。趁刘震寰与林俊廷苦战剧烈之时，将各滇军逐日输送。每日仅开拔三四百人，历十余日之久，前队二千余人始集中凌云县，中队尚在东兰途中。后队李友勋、郑开文由柳州开至庆远（李患痔延迟多日方领兵行），即被林俊廷部朱华袭攻于山谷中，夺去枪械饷弹，滇军营连排长、目兵死二百余人，伤数百人，李友勋、郑开文均遇害，后队全数覆没。〈后略〉

《大公报》（天津版）1922年3月4日，第2张第6版

滇局终不免于糜烂

【昆明通信】唐继尧谋返滇之念，前虽打消，近以李友勋、胡若愚、龙云等主张甚力。唐命李友勋为靖国第一军军长，胡若愚为第三军军长，分途向滇进发，一路由桂之西林，一路由黔之黄草坝。现据前方报称：唐之先头队伍已至广南府（距省八站）。〈后略〉

《大公报》（天津版）1922年3月17日，第2张第6版

唐继尧回滇之风云　已与顾军交绥

唐继尧率同张瑞萱、陈维庚、李玉昆、赵德裕等，及云龙〔龙云〕一

梯团，二月二十日抵百色后，二十三日因滇边剥隘无备，派龙云占领，勒令商会供应军饷二万元。该处为滇桂商务繁盛之区，入滇首站，滇商云集，故缴饷甚速。讵料占领甫两日，顾部第三混成团即到。二十五日辰刻，龙云遣马喜麟带兵一营、炮一排拒战。交绥一小时，马即退却。龙云率军弃剥隘，仍回驻百色界。顾部既夺回剥隘，亦不追击，不知是何用意。此百色方面情况也。

至泗城府方面，胡若愚一部，由浚云假道黔边，欲绕至宣威、师宗，竟为黔军扼险坚拒，不允假道通过。胡无法退回西隆县，又由石隆逾越烟暗险峻之地，历一星期，二十六日抵滇之广平，不日即与广平顾部第二路先遣队交战矣。田钟谷率滇军第二军千余人，由西林向滇边黄草坝进发。二月十二日，突遇顾部第一路讨贼军步兵第一团，遂开仗。战不及一时，顾部先锋司令范石生部又有两营赶到，将田钟谷军围困历一昼夜。幸田之后队团长张怀信驰援，田等始脱围而退。然团长龚得胜已伤一目，营长莫玉廷、孙度不见踪影，疑已阵亡云。〈后略〉

《大公报》（天津版）1922年3月18日，第2张第6版

奉直战后之北伐声

十日内将有战事，滇军官之北伐电

〈前略〉

靖国滇军军官胡若愚等，支日发出通电云：（衔略）前以北寇盗国，久稽天讨，若愚等奉靖国军总司令官会泽唐公令，搜简军实，分道出师。当经讨论，北伐之议既定，筹备之事宜先，一切士马钱粮，装械军需，必巩固其本源，乃杀敌而致果。用是合词吁恳联帅，于最短时期率旅旋滇，积极筹备，即当会师武汉，共扫逆氛。曾由庆远通电，谅邀鉴及。不意前靖国第一军长顾品珍，智蔽于群小，心昏于利禄。于会泽联帅初入滇境之日，竟敢骗使全滇军队二万余人，密布迤南各县，意图抗拒。我会泽联帅不惜苦口劝诫，文电交驰，至再至三。顾品珍等冥顽不灵，终不用命。联帅深恐蹂躏桑梓，损我健儿，乃暂休兵蒙自，于三月二十五日入省安民。

是役也，我回滇军士及响义民军，旬日之间，以较少之众，削平逆军二万余人者，虽曰师真为壮，实则我会泽联帅前此镇滇八年，功德在民，天与人归。又该逆等窃据年余，残民以逞，众叛亲离，全省父老子弟皆群起而攻之所致也。若愚等扈节南还，初衷幸副，未逞干戈残杀之威，适慰会泽联帅慈仁之隐。现在滇省三迤秩序，业已完全恢复。拟将内政整理，恢复旧观，即行率师北伐，始终与西南各省一致进行，不渝前盟。诚恐远道音疏，辗转讹传；事实不明，致淆闻听，于我西南大局，关系非浅。详电奉达，伏冀公鉴。靖国军滇军副指挥官，兼第一军军长胡若愚，第二军军长田钟谷，兼代第三军军长龙云，兼代第四军军长张汝骥，第五军军长李选廷暨所部各官兵同叩。支。印。

《大公报》（天津版）1922年5月9日，第2张第6版

云南改编军队纪要

云南现有军队，大别为二：一曰官军，即唐继尧所部者，约七千余人；一曰民军，即吴学显、莫朴、普小洪等之招安军，约万余人。此外顾军残部之在迤东者不与焉。

改编情形，官军分驻大理、蒙自、昭通及省城四处，曰四军区，设四镇使。以张汝骥为迤西镇守使，驻大理；胡若愚为迤东镇守使，驻昭通；李选廷为迤南镇守使，驻蒙自；龙云为滇中镇守使，驻省城，已经明令发表矣。

民军之改编，尚在计划中。因其向无编制、无训练，骤加约束，恐生事端；而听其自由行动，后患可忧。故编制一事，不易入手。闻曾有人条陈办法，拟将此项民军改编北伐军，唐继尧亦以为然，电商黎天才担任北伐司令，黎已派代表来滇接洽一切。黎氏旅居上海，赋闲日久，静极思动，或可成为事实也。〈后略〉

《大公报》（天津版）1922年5月15日，第2张第7版

唐继尧大颁荣典

岂南北两政府外,云南又成一政府耶

颁赏荣典,为大总统之特权,载在约法。中央政府无论已,即广州之护法政府,因西南各省结合,非常国会之拥戴,亦可予以相对的承认。顷据云南快讯,唐继尧近忽以总司令名义,颁赏荣典,其文云:"本总司令此次徇军民之情,回滇戡平内乱。诸将士或运筹幄幕,或驰驱疆场,或防守边要,或维持治安,均属宣劳国家、勋劳茂著。事定论功,允宜行赏,兹特授胡若愚以勋二位,并给予大绶宝光嘉禾章;龙云、张汝骥,均授以勋三位,并给予二等文虎章;田钟谷授以勋四位,并给予二等文虎章;李选廷、杨益谦,均授以勋四位,并给予二等文虎章;吴学显予二等文虎章,三等宝光嘉禾章。奚冠南、钮友闻、徐为珖,给予二等文虎章"云云。

噫!云南固护法省分也,何得有此非法之举动?唐氏固来电拥护黄陂者也,何竟侵夺总统之特权?是岂南北两政府之外,滇省又成一政府耶?

《大公报》(天津版)1922年7月17日,第2张第6版

熊克武、但懋辛与滇唐计划图川

又电,熊[克武]但[懋辛]与滇唐计画图川:(一)以龙云、胡若愚两部,集毕节、镇雄、昭通一带。(二)以熊、但残部与张汝翼〔骥〕一部,集中遵义。(三)以石[青阳]汤[ ]贺[ ]残部与蔡巨猷,合出酉[阳]秀[山],到下川东,或扰鄂西。(四)以唐继虞所部,与何海清、刘显潜所部,集中贵阳、安顺。

《大公报》(天津版)1924年7月15日,第1张第2版

滇川黔建国联军总司令部成立
驻滇特约通信员发

滇唐素以戡定国乱、提倡民主为职志。曾于民国四年,不惜重大之牺

牲，兴师讨袁，声震中外。近更以曹、吴迷信武力统一，致各省军队，自相残杀；更令其左右，酿出江浙之战。有时乎不再，西南各省，虽为护国、护法之源泉地，近因受人唆弄，内部分歧。此次川军将领石青阳、但懋辛来滇，主张孙、唐携手，西南各省从新联合。乃赴粤谒孙，表明意旨，孙亦深以为然。即召集各省要人，在粤开会，均以孙、唐二人，造福国家，实非他人所可比拟。当公举孙为大元帅，唐为副元帅，并兼滇川黔联军总司令官，将现在之靖国军改为建国军，并于九月十五日在滇开会，召集各界要人讨论，一致表决，克期组设建国军总司令部。〈……〉又各军军长，前已任唐继虞为川滇黔联军第一军军长，胡若愚为第二军军长，石青阳为第三军军长，吴醒汉为第四军军长，龙云为第五军军长，何海清为第六军军长，刘显潜为第七军军长，周西成为第八军军长云。（十月一日）

《大公报》（天津版）1924年10月19日，第1张第4版

西南军阀之新趋势

滇唐派兵入桂之内幕　粤陈联合三省攻广州计划

当广西战事未爆发时，滇唐忽遣边防军邓大谟、黄培桂两部入驻广西之龙州。人咸以滇唐之兵，将助李［宗仁］黄［绍竑］而攻沈鸿英。及今桂战已起，黄［培桂］邓［大谟］之师并未加入，只在龙州一带，积极训练，一若有所待而发者。桂省李宗仁为掩饰外间耳目计，曾暂时予黄培桂以桂省镇南宣抚使名义，以避去其引客军入桂之嫌。黄氏既已与李宗仁疏通假道就绪，目的已达，故亦阳假镇南宣抚使之名，以待时机成熟，然后发动。而黄之就职宣抚使通电，因亦随而发表矣。〈……〉据此间某机关传出消息，则谓滇唐所派黄、邓两部入龙州，实为假道入粤，以助粤陈及解决驻粤滇军之先锋队。其暂时逗留龙州者，实听候由滇续发入桂之第五军龙云全部赴桂。一俟龙部集中龙州，即与龙部会师，自龙州出发，取道桂省南陲，由上思以入粤之钦、廉，出高雷，与陈军南路邓本殷各军联合。届时与东北江陈军齐起，成东西南北环攻广州之势。〈后略〉

《大公报》（天津版）1925年2月18日，第1张第4版

| 《大公报》卷 |

粤省出兵抵御入桂滇唐军

驻粤滇军担任入桂作战，范军前锋已抵肇庆赴梧

自滇唐军分路入桂，邓大谟、黄培桂由龙州入粤之钦、廉，与南路陈军邓本殷会合，此路进行尚称顺利。惟龙云部抵南宁后，反客为主，在邕垣占收机关，勒抽饷项，并发行军用票，强迫商民行使，经济界大起恐慌。李宗仁驻邕步队蔡、伍各部，不敢撄其锋，纷纷退出南宁。南宁省议会议长张一气、财政厅长苏绍章，已被迫逃遁，日昨只身赴梧，其狼狈可想。李宗仁至此，始知受滇唐之愚，然已噬脐莫及矣。

刻闻李氏纠集部队，暂驻浔州，本人则进退维谷。盖梧州方面之李济琛，鉴于李宗仁让道南宁之覆辙，已力主不许滇唐军过梧。连日纷由八步及抚河一带，调回粤军第一师第二旅各部，回梧布防。粤军第三师郑润琦部，又由广宁、四会等处，调梧协防。至梧州以下之西江上游，如封川、德庆等地，由粤当局着令驻防罗定之黄明堂部，分别增兵扼守。梧州李济琛经已与驻粤滇军商妥抵御滇唐军计划，结果由驻粤之滇军第二军范石生全部，担任尽调梧州以上作战。至范部在粤省东江防地，则由滇军第三军胡思舜部填防。

粤军第一师长李济琛，业于上月底在肇庆出有布告，略谓滇军将过西江，系奉命赴桂，阻止滇唐军龙云等部入梧，仰各商民人等，幸毋自相惊扰云云。李济琛早已在肇预备驻兵地点接待范部。逆料此次范石生全军调桂，抵御滇唐各部，桂省西南部，将必有长期之战争。〈后略〉

《大公报》（天津版）1925年3月14日，第2张第5版

滇军入桂之真相

滇军尚在南宁

梧州通信云：自滇唐派兵入桂后，纷纷传说不一，或谓已抵贵县，或谓双方已经冲突，其实均非真相。兹有某君于四日自浔州来，据云滇军此

刻尚在南宁,为数约二千余人,统率者为高某,龙云则尚在百色。滇军驻城外,城内由林俊廷等步队占守,督办署尚有不重要职员二三人看守卷宗。滇军到后,桂平、南宁间之电话,仍然照旧相通。某君在浔时,曾与之通电数次,惟打电话时,有人在旁监视而已。在南宁之滇军,截至本月五日止,尚无别种举动,其由上游运来之粮食、用具等物,尚屯积原船,并不起岸。至滇军所以迟迟不进之原因,一则因船只缺乏,二则因大河两岸,均有戒备,不敢轻进。至桂省军队,则散布武鸣、宾阳间及沿河两岸,采侧面监视态度。南宁下一百八十里之南乡,则有邓本殷部队,约二千余人,其目的在防止滇军侵入钦、廉。至其他沿河重要地方,亦均戒备极严,俟必要时,将同时动作。

范石生军队已到梧州者,有先遣队六百人,其余在开拔中者,闻尚有五六千,陆续已抵肇庆、三水等处,已派人到梧觅驻扎地点。又由黔入桂胡若愚军队,有小部份开到茫场,确于上月二十八九陆续抽退,望湘西洪江方面开去,故柳、庆、桂平各处,非常平靖云云。某君又谓桂中当局对于此次拒唐,甚有把握,据此则滇军假道,恐不免归于失败也。(三月七日)

《大公报》(天津版)1925年3月18日,第2张第5版

唐继尧陈师桂疆之假面具

美其名曰出师北伐

唐继尧派所部滇军进驻广西南宁后,桂当局以其破坏和平,危及西南大局,联合驻粤滇军范石生、杨希闵等,一致以实力驱逐。迭有讨唐之电到京,已经前志。兹据梧州快讯,唐继尧诡称假道北伐,在南宁张贴布告录之于下:"为布告事。民国不幸,祸国相寻,本总司令夙昔主张联治,凡我西南同志,皆以此相敦劝。况桂省相接云南,尤欲特别扶植,用树声援。区区之公,当为我桂省同胞所共见。近自元凶肆恶,构乱称雄;东北风云,震荡全国。我护法各省,亟应会师讨贼,共奠邦基。业经电国人,并简练师徒,枕戈待发。乃骤闻京畿剧变,义士倒戈停战,会商公同解决。具见人心不死,国运将兴。无如余孽南下阻兵,集于长江流域,蔓延

所及，关系非轻。是宜大张挞伐，永除乱源；庆父不去，鲁难未已。兹特命建国联军第五军长龙云，率部北指，假道桂境，直趋长江；迅扫逆氛，促成联治。凡我父老昆弟，母〔毋〕自惊扰。粮秣所资，公平交易。除饬该军长申明约束，如有滋扰情事，许即来辕指控，从严惩办。为此布告遐迩，一体周知，切切此布。"

《大公报》（天津版）1925年3月22日，第1张第3版

粤桂战云之弥漫

陈军反攻潮汕失败，范、唐两军有接触讯

〈前略〉

今日官厅机关报载，谓得梧州转来消息，前方两军已接触，战事极为烈剧云云，惟未明言在何处接触，则此讯尚未能遽信为实。惟闻林俊廷自受唐任命为粤桂边防督办后，即召集旧部，在永淳驻扎，邕宁之前卫。而龙云则由邕宁亲率大队，出赴宾阳，预备由此直攻贵县之后。现范石生部大队已抵横县，李宗仁、黄绍雄部队则在桂平。近李、黄赶调黄超武、俞作柏两部，开赴宾阳，以备欢迎龙云之众。此类桂军战斗力本极微弱，幸现在春雨连绵，范石生所封雇之浅水电轮，可沿河上驶，接济非常灵便。将来双方接触，或不至完全失败耳。

《大公报》（天津版）1925年4月12日，第2张第5版

广西之现状

南宁尚在包围中，梧州善后处尚未收束

广西大局实已四分五裂，北方桂林，沈军闻已实行退出，但兴安、全州、灌阳、义宁一带，仍然为沈军势力。联军李宗仁、夏威等，究以兵力不敷分布，未敢穷追。盖北方之绿林，与沈军感情素洽，时与之携手合作。现刘震寰亦派人联络该处绿林，究之旧桂林府属各县，联军方面未能抱乐观也。

至柳州之韩彩凤，自为李宗仁派白崇禧击败后，退回长安，当亦无大问题。惟南宁之龙云，虽屡遭挫败，仍然据守。询诸前敌回梧者，均谓龙云所以屡战屡败者，盖人地生疏，枪械不足。但因训练有素，兵败不乱。故围攻旬余，仍未得手。日前盛传联军入邕，港粤各报多已登载，实则仍在包围中。惟城内人民，不死于流弹，亦死□饥渴，诚邕垣未有之浩劫也。

黄绍雄于十四日尚发出请各界人士及友军同仇敌忾之通电，可为本文之□证矣。原文如下："（衔略）唐氏继尧，野心狼子，使鹰犬龙云，寇我粤西。此次深入宾阳，经我军迎头痛击，节节进迫，几不成军。然贼心不死，尚率残众约二千余，死守邕城，以待来援。亦经我联军围困逾旬，伊仍顽抗。现彼复于城内封仓锢井，居民多死于饥渴；并对城外附近民居纵火焚烧，灿烂邕城，已成灰烬。人民哭声震天地，死亡不可以数计。龙贼之残忍，比之李闯、张献忠，过无不及。绍雄为地方计、为人道计，誓不歼灭此贼不止。所望各界人士须知龙贼不灭，桂祸无穷，应即急起直追，为政府后盾。尤望友军袍泽，同仇敌忾，示我周行，俾速灭此獠，以苏民困，至盼至祷。绍雄叩，会办黄，寒，印。"

忆龙云初抵邕时，在省议会演说，有"战事难免，但决不在南宁"之语。今竟残民□逞，不知将何以自圆其说。至梧州善后处，自大本营明令撤销，李济琛复电报告收束，梧州公民开会挽留，派代表赴粤请愿后，现似仍无变动。盖一则请愿代表未回，二则梧州地方非大本营实力所及，三则李宗仁、黄绍雄皆不在梧，无从移交。故消息初到梧时，特别机关□商埠局、财政局、学务局等，均恐随之解散或改组，办事多存观望。现以处内尚无收束表示，且下令各局从速进行，始知收束无期，仍复照常办公。商埠局因屡为善后处申斥，对于大南门马路，已积极进行云。

《大公报》（天津版）1925年4月28日，第1张第4版

桂局变化之续闻

桂局将大变化各节，已纪昨报。兹续据某高级军事机关，昨接浔州快报，略谓桂省自唐（继尧）范（石生）两军接触后，只以双方均取攻势，战斗极为剧烈。目下唐、范两军激战，胜负未明。沈鸿英、韩彩凤残部三

千余,现已入湘,联合熊克武、唐继虞回桂。至现驻南宁之龙(云)军,仍死守待援。前方形势,黄(绍雄)范(石生)约定:龙(云)胡(若愚)两军,由黄抵御,范则直趋滇省。盖目下滇省防务空虚,将来沈、韩联唐、熊回桂之后,则桂省战局,将必愈形扩大云。

《大公报》(天津版)1925年5月4日,第1张第4版

桂战与粤局之影响

桂省战事,自前月十六七等日在南宁剧战后,双方略有损失。查十七日一役,战事焦点,一在南宁,一在武鸣。武鸣方面联军获胜,南宁方面则联军范、黄两部略为小挫。其原因以十六日滇军接邕军胡若愚□已由百色开至武鸣,人数约二千余众。当时范军第五旅长徐德,率全旅及警卫大队开赴武鸣抗御胡若愚,双方遂大战于武鸣。结果胡部不敌,损失所部千余。但南宁城内之唐军龙云部,以范军五旅已开赴武鸣,西门方面联军力弱,遂于十七日乘此弱点,率部由邕城西门冲出,图与胡部夹击,势极凶猛。联军以徐旅及警卫大队已调赴武鸣,就近无兵可调,遂一时□退。黄绍雄部退宾阳属之五塘,范部退蒲庙。

范黄二人以围城之师忽退,急趋前线督战。并由范氏调所部第六旅长杨苾,率部向龙云军反攻。讵此时龙云为背城借一之举,殊为死战。范部杨旅不支,该旅长杨苾奋勇赴前线,亲放机关枪,向敌阵扫射,讵竟于枪林弹雨中中弹阵亡。所部以其军官被敌击毙,进攻愈烈,卒将龙云部击败,复退回南宁城。刻下范、黄二人,已由浔州续调生力军加入。黄部之纵队司令俞作柏,已奉令赴南宁;范军则增兵一大队,由永淳西上,作第二次之围城。但此役之后,双方死伤不少。十七日以后,两军受巨创之余,已无形中停战。大约双方补充完妥后,始开二次之缴战矣。此为范军于南宁小挫之实情。

滇唐军以胡若愚援军开至南宁,尚无大功,南宁龙〔云〕林〔俊廷〕部,又未能出南宁一步,因此特派员赴港,与刘震寰磋商,请速调驻粤桂军返桂,以为南宁唐军之声援。刘氏因此,特由港遄往省城,尽调由飞鹅岭撤退石龙之桂军韦、严各师,秘密返省,侯〔候〕令动作。故前月二十

九号晚,突有全部桂军分水陆两路四〔回〕省之善耗。刘部桂军抵省后,以一部驻于范石生部第二军之后方办事处附近,阴怀等看之意;复以桂军名义,将吴铁城所部警卫军平日征收之旅馆附加军费占去,不俟政府之批准,昨已派员前往办理;一面对于省城防务经费,主张分商承办,意于打破从前筹饷局之统一办法。因筹饷局自范石生入桂后,尚续拨范军应得之饷三月,以为讨唐之用。今桂军主张分商承办,即□直接将范军应得之饷瓜分,间接断绝其讨唐军饷之接济,此□实足为范军作战上一大打击。

当局因桂军此种举动,曾召集杨希闵、谭延闿、程潜、方声涛等,会议对付桂军办法。席间各要人均以滇唐借故典师入桂,希图蚕食两粤,凡两粤人士义当联结,为一致抗御。今幸得范石生提师人桂,□彼野心;□刘震寰返桂,吾辈当一致劝止之。倘滇唐尚不知悔,早日调兵离桂,则驻北江之伐军各部,如程部湘军,方部闽军,何成濬、朱培德部及陈青云部豫军,先调西山,以为联军之助,另由谭延闿、杨希〔闵〕拨一部湘滇军为后盾云云。

《大公报》(天津版) 1925 年 5 月 14 日,第 2 张第 5 版

桂联军克复南宁之经过

联军将领通告入邕详情……范石生电告克日回滇

广西战事,自桂联军在柳州、庆远、桂林大胜后,滇唐侵入桂西之唐继虞、张汝骥、吴学显各部援军,已节节败退,详情迭见前报。因守南宁之唐军龙云、胡若愚部,对于援军之失败,已无能为力。最近武鸣为范石生部攻克,南宁唐军益难久持。盖范部自攻武鸣后,即由鸣武〔武鸣〕趋右江、出百色,以入滇边剥隘,更分一部兵力,趋左江之龙州,以堵截南宁唐军龙、胡残部之归路。

南宁唐军闻耗,知事无可为,遂迫于本月七日夜深,率部退出南宁,向龙州方面潜回滇境,南宁遂于八日被联军各部完全收复。兹将前敌各军捷电详录如下。

南宁来电云:"龙、胡诸逆,盗居邕埔〔垣〕,毒害全桂,经我联军数

次痛击，三月长围，逆势不支，于庚日向左江上游宵遁。我军午刻克复南宁，敌人狼狈溃窜，挤断浮桥，坠河溺毙者数百人，遗弃病兵、器械、辎重无算。作柏承督办命，会师追击，以纾立宪邦人之睽顾，谨电奉闻，诸□鉴察。联军第一路指挥官俞作柏呈叩。庚申。印。"

又范军自南宁电云："广州航政总局滇军办事处西处长曜卿鉴：武奉命率官兵三百余人，于十一日抵南宁，军长（范石生）已向百色前进。龙逆向龙州溃退，武即拟跟踪军长，余后详。宗烈武叩。真。"

桂联军将领联名通电云："万急。唐继尧乘桂多事，遽遣龙云、胡若愚、胡瑛等，先后率众万余人，进据邕垣。唐继虞、吴学显、张汝骥、王洁修等，亦率众万余，并联合沈鸿英、韩彩凤等逆众数千，进窥柳、庆，希计征服全桂，并结合杨［希闵］刘［震寰］，希图倾覆政府，以遂其侵吞西南、实行'大云南主义'之野心。宗仁等为桂省之治安及西南之大局计，因即简率师徒，奉令申讨。高田、一塘、邕城各役，龙胡屡经败衄，几不成军；凭险困守，冀待柳援。尔时宗仁等本拟猛烈攻城，荡平残寇，诚以邕垣省会要区，恐地方糜烂，因之改变计划，以围为攻。所有武鸣、宾阳及左右两要区，□派兵扼守，绝其粮食来援。并一面分遣大军，驰赴柳、庆，迎击唐、吴、沈、韩诸贼。经于柳州、沙浦、融县、长安、庆远、怀远、思恩、两江、义宁等处，先后将贼众击溃。统计死伤逃散及被我军俘虏者，不下万八千人，不啻全军覆灭。唐继虞身受重伤，率其残众千余百人，向滇黔边境逃窜，我军尚在跟踪追击。邕垣龙、胡两贼，闻风胆裂，自知援兵已绝，恐就歼灭，因于本月虞日，乘间宵遁，意图经由左江，逃窜回滇。宗仁所部，即于庚日收复邕城，秩序已告恢复。逃窜之龙胡贼众，经已派队追击，并于贼众退却必经要道，已预派步队堵截，不日即可全数覆灭。石生即于是日率领一部，经由百色，先行回滇，直捣昆明，覆其巢穴。谨屯驰闻，恭候明教。广西全省绥靖督办李宗仁、会办黄绍雄、定滇军司令官范石生呈叩。元。印。"

又范石生通电回滇云："唐继尧窃据滇省，淫威自恣。乘我先大元帅之丧，全国震悼之际，窃位以行侵略，称兵邕、柳，希图颠覆我政府，扰乱我西南。石生奉先帅遗命，徇滇民请求，躬率所部，西向讨贼，为国为党，义无回顾。迭经宣示有众，训诫师徒，海枯石烂，此志不渝。入桂以来，承李、黄两公互相一致，转战邕、柳。仰赖先大元帅灵威，诸同志努力，唐继虞、张汝骥、吴学显、沈鸿英诸逆众，歼灭无遗。龙云、胡若愚、胡瑛、林俊廷诸逆将，次第剪除。石生秉除恶务尽之义，以邕敌未告肃清，未能克日回滇，歼厥唐□，救民水火。正滋遗憾，不料后方宵小，勾连唐氏，陈兵首都，虽赖各友军同仇敌忾，迅奏肤功。然石生以师次是远，鞭长莫及，未克回师讨贼，亲与周旋，至今犹愧对袍泽同人也。今者首都肃清，正我代帅及同志袍泽励行党义之日，石生不敏，亦当整我师旅，克日回滇，以冀发扬民治，继续先大元帅以党治国之精神。恐远道传闻失实，特此电陈下悃，惟我代帅及同志袍泽、海外明达，有以教之。范石生叩。鱼。印。"

  范氏现率部返滇，刻向百色前进。桂军李宗仁已入南宁，筹办善后。而董〔黄〕绍雄则于梧州方面，发起善后大会议，邀请桂省各界及绅耆预会，对于桂省之整理军、民、财各政，皆于是会解决。

  《大公报》（天津版）1925年7月27日，第1张第4版

唐继尧告捷电

痛数范石生罪状，并谓敌党业已消灭

  前以外侮迭乘，国势危迫，为本国民公意，电饬粤桂各军分道回滇，首行罢兵，为天下倡。经过情形，曾七月东电详达，计早邀览。乃范石生竟敢于举国息兵、本军返滇之际，称戈犯众，侵扰滇境，焚掠奸淫，行同流寇；又复高唱邪说，谋覆宗邦。既甘为全国公敌，复欲滔桑梓于陆沉。滇省为保乡卫民计，自不能不照土匪扰乱地方办法，饬军痛剿。项〔顷〕据军长胡若愚、龙云迭电称："哿日，我二、五两军及李、杨两旅，剿逆敌于文山属三塘地方接触。我军连战破敌，逆军不支，纷纷乞降；其余一部，落荒溃退，并追击于江那地方，将敌包围缴械，现已完全清灭。此役夺获大炮二门，机关枪六架，及收缴枪枝四千余杆，子弹、辎重无数，俘虏千余，投降者数营，逆敌官长死伤甚多，首逆生死未明，容查明续报"各等语。吾令各部乃遵迭令，屯驻边境，整军卫国。特以电闻，即希鉴

察。唐继尧。有。印。

《大公报》（天津版）1925年8月31日，第1张第3版

滇事纪略

近日范石生率部由桂回滇，先则占据广南，次则进攻开化，以致震动全滇。一部分人民，以为范部器械精利，胡［若愚］龙［云］两部人数虽多，而甫经远归，跋涉劳顿，或难抵御。讵料八月二十一日，范部来袭开化，与胡、龙大战于距开城不远之三塘地方，竟自失利，胡、龙反得大胜，此亦出于人群意料之外。但据官中宣传，范部虽有军队七八千，刻已损失过半，落荒向广南外而去，指日可以肃清。〈后略〉

《大公报》（天津版）1925年9月24日，第1张第4版

滇南近事·龙云请假

〈前略〉

昆明镇守使兼东北边防督办龙军长云平〔平，衍字〕，前因其太夫人见背，请假奔丧，仓卒营葬，即行返省。茔墓修理，付托戚友，至今工作尚未完竣。现闻向唐省长请给短假二月，前赴昭通原籍修理。至镇使职务，交周旅长文人暂代行拆；督察处长职务，由马錱代理。

《大公报》（天津版）1926年12月13日，第2张第6版

滇唐宣传侵桂

【国闻十九日上午香港电】滇唐五〔三〕路犯桂：中路刘震寰，左路胡若愚，右路龙云。

《大公报》（天津版）1927年1月21日，第1张第3版

云南日前发生兵谏

三镇使迫唐改革政治

东方社云南八日电云：二月七日外传滇垣有兵变之说，探闻其真相，系胡（若愚）、龙（云）、张［汝骥］三镇守使联名，请唐继尧罢斥左右专权之人（恐系张伯群①）、公开财政、改革政治。若不允，即诉诸武力。唐氏得讯，异常周章，以所部亲兵，人数实质，均非三镇守使之敌，遂不得不容纳其要求。至三镇守使之行动，是否与粤方有关系，尚属不明。

又中美社据外人消息云：本月六日，云南突然发生推倒云南政府之阴谋，幸经督理唐继尧发觉，遂以和平谈判，将风潮处置平息。云南政府方面有美人八名，尚未受有影响。据报告云：驻军司令胡、龙、张等，曾经联衔向唐氏提出要求，请将唐氏之某某友人免职，且对云南省之财政状况予以解释。该司令拟采武力以相恐吓，谓所提之要求如不采纳，立时施行，即以武力从事。唐氏无法，终以所部实力众寡不敌，只得允其所请。截至本月六日止，云南府城内唐氏之军队，共有六千人，城外亦有六千左右，均向胡等表示善意云。

二月九日电讯云：此项风潮，业已平息，不至再有危险。唐氏在滇多年，对于各事，莫不独断独行，只以地理上关系，其所持之地位迄今安然无恙。唐氏近日曾派代表一名，北上与孙传芳有所联络云。

《大公报》（天津版）1927年2月13日，第1张第3版

唐继尧离滇赴日说

东方社东十四日电云：云南省长唐继尧，受部下镇守使龙云、胡若愚等之排斥，已经失脚，有以亡命日本为目的、十二日离开云南之说。

《大公报》（天津版）1927年2月16日，第1张第2版

---

① "张伯群"即张汝骥，记者此处有误，应为陈维庚、唐继虞。

唐继尧尚未亡命　乃其弟继虞之误传

东方社北京十六日消息：粤电称唐继尧受部下排斥而离滇，已志昨电。据此间某方接云南电称：亡命之说实为唐继虞之误传。盖继虞在云南将领中极无人望，龙云、胡若愚等镇守使请唐继尧廓清政治、罢免干部者，其意故在排斥继虞一辈。唐继尧鉴于省内军政界之险恶，为缓和形势故，十二日命继虞离开云南，以避反对派之锋铓，于是遂有唐继尧亡命之误传。

《大公报》（天津版）1927年2月17日，第1张第2版

云南倒唐运动　一年来之经过

神州社云：云南三镇守使联合倒唐，闻唐已被胡若愚军拘禁一节，已见昨报。兹据旅京滇省某要人述，谓倒唐运动，酝酿在一年前。缘唐二次回滇后，只注意防范旅外滇军回滇，对于内政无暇顾及，任其亲信徐保权、董泽等，倒行逆施，大遭滇人反感。尤其旅外青年，彼等受潮流刺激，乃秘密组织团体，如云南狂飙社、云南青年社、新滇社、新云南社各种小团体，其共同目的，皆为改造云南政治，唐遂为众矢之的。一部份青年分子，投入范石生军队中，力唱回滇。后见范部实力太少，且军队过于腐败，乃又秘密混入省内胡若愚、龙云幕中，代为规画一切，日向其中下级军官尽力宣传，故进行极有步骤。现时倒唐表示，决非一时忽起之变化。刻下青年团体方面，已提出严厉条件：第一步须惩办徐保权、董泽、白之翰、李子猷、吴焜、王九龄、张瑞萱、周钟岳、白〔由〕云龙、袁嘉谷等十余人云。

《大公报》（天津版）1927年2月26日，第1张第2版

胡若愚等兵谏通电原文

上月初旬，云南胡若愚、龙云等对唐继尧武装要求情形，详见本报第

六版。兹先载其第一次通电原文如下：百万火急。分送云南省议会、教育会、商会、宪兵司令部、讲武学校将校队、入伍生队、盐运使、高审检两厅、市政公所、各司司长、各道尹、第一二三四旅各旅团长、各县知事、各县议会公鉴：顷上帅座一电，文曰：若愚等渥承知遇，擢领师干，职在服从，义当称报，何敢抗词出位，不惜犯颜？顾仰体钧座爱国之衷，俯察滇民被兵之祸；忠佞决难并立，公私不可两全；畏罪不言，疚心更甚。请为钧座缕晰陈之：治军之道，纲纪为先；施政之方，爱民为本。护国以来，吾滇声誉冠于全国，乃岁月几何，遂尔频遭失败！朔其兴替之迹，皆繇唐蓂赓营私枉上，构陷同胞。驻川、驻粤滇军，先后被其□坏。将心解体，大业倾颓；贾祸贩烟，贻羞万国；建国之役，厥辜尤重。身长兼军，弁髦帅令，逗遛湘境，贻误戎机，士卒饥哗，将官苦谏。跟跄拔队，致覆全军，死伤万余，横尸山积，荼民辱命，实厉之阶。钧座宽大优容，未即加诛；期年以来，冀其悛悔。乃复包藏祸心，潜植私党，淆乱黑白，蒙蔽睿聪。冀出兵以攘权，借雪耻而耸听，必贻主帅于噬脐之悔，务陷人民于转死之危。苟遂私图，遑恤大局？综其欺枉之繇，非独二、五各军，倚畀见嫉；即钧座直辖各部，亦被巧立名称，恣其分割。益以陈〔维〕庚、徐宝〔保〕权、董泽二三竖孽，朋比相济，狼狈为奸，致使吾滇军政不纲，民治凋敝；敌耽环境，盗掠盈城；护、靖声光，斯〔澌〕灭殆尽。夫巨憝不去，则纲纪无所守；庶政不公，则民命何所托？若愚等渥受恩知，饱经战阵，大敌当前，虽饶勇气，小人在侧，终觉寒心。况此孑遗，孰非胞与；私交无怨，公愤有辞。曩经泣谏，不蒙明察；竭智尽忠，补天无术。今欲上酬推解，下拯创痍，伏恳钧座乾纲独断，大义灭亲，勒令唐蓂赓与群小即日离去滇境。远佞亲贤，公开政治，与国民政府合作。若愚等仍本良心知能，拥戴钧座，与民更始，弭祸乱于萧墙，奠桑梓于磐石。子胥诤言，早怀抉目之志；鬻拳强谏，宁辞刖足之刑？迫切陈词，伫候明命！蒙自镇守使兼东南边防督办胡若愚、昆明镇守使兼东北边防督办龙云、昭通镇守使张汝骥、大理镇守使兼开广临时善后督办李选廷、旅长杨瑞昌、欧永昌、卢汉、周文人、田钟毅、林丽山、团长王开明、陈茂槐、郑玉源、杨济滨、刘正富、徐守忠、张凤春、薛之标、曹仰乔，暨所属官佐士兵同叩。微，印，等语，特达。伏祈仗义直言，主张公道，婉劝帅座，勿信谗言，并促夔赓与群小早得离滇，与国民政府合作，云南幸甚，国家幸甚！胡若愚、龙云、张汝骥、李选廷、杨瑞昌、欧永昌、卢汉、周文人、田钟毅、林丽山、王开明、陈茂槐、郑玉源、杨济滨、刘正富、徐守忠、张凤春、薛之标、曹仰乔暨所属官佐士兵同叩。微。印。

《大公报》（天津版）1927年3月4日，第1张第3版

云南内变详记

龙云等举事前后情形；唐继尧承认要挟条件

云南日前发生内变，或传唐继尧出走，或传被扣，各消息已略见前报。兹据昆明通讯，再详纪该事件初起数日内各方情形于次。

一　事前之酝酿

唐继尧在滇，数年以来，放纵昏庸，骄奢荒乱，任用宵小，百政废弛。而尤不满于各将领与人民者，则以乃弟继虞弄权为甚。查唐继虞不过一讲武学校学生，不数年间，一跃而为陆军中将。论其功绩，毫无所树。滇中素著有战绩及富有学识之武人政客，对此大不满意。

而继虞为人，对于部下，异常苛刻。前岁滇军入桂，被范石生困于南宁。龙、胡两军，盼其由黔经湘西入桂，直达浔、梧，截击范氏后背。而彼因循延误，卒致范氏入滇，几败乃兄大事。及龙、胡两军在滇境战胜范军，继虞方率残卒数十回滇。彼开拔入黔时，所领饷糈最富，人数亦在三万以上；迨经黔回滇，沿途为土匪所击，死伤大半，已为各军所深恨。

方龙、胡由桂败退时，曾约集全体军官，连名电呈唐氏，应治继虞以贻误军机之罪，将其枪决，以谢各军。唐氏急，惟以甘言安慰。及继虞返滇，唐氏即撤消继虞兵柄，令任训练总监闲职。各军军官士兵，恨之未已。

去岁夏间，唐鉴于连年向外用兵，枪械所失太巨，乃向某国购买枪枝七千，每枪子弹五百发。迨运抵省垣，唐将多数枪枝，分发其所养之翊卫大队，令继虞管辖。龙、胡（若愚）两军六团，张汝骥三团，共九团，每

团领得一百枚。龙、胡大愤，谓我二人保存唐氏江山，今待遇若此，未免不平！因之龙、胡二人，遂怀异志。

二 举事之情况

龙（云）胡（若愚）等对唐不满，既如上述。查龙为云南省会军警督察处处长兼昆明镇守使，而胡则为蒙自镇守使。此次龙、胡等以军饷积欠过巨（已逾一年），各军官兵士对唐均无好感，遂借此机会，于正月初五日夜发动，率领驻省附近各团队全体士兵，武装开赴省城内外。一面拍密电及飞函昭通镇守使张汝骥、大理镇守使李秉阳，全数开拔来省，围攻唐氏。并派代表进省公署面见唐氏，提出条件，令其急速发清欠饷，以后按月发清，不得再事积欠；并限三日驱逐继虞出境，查封其家产，全数充公，救济各地贫民。唐氏大惧。急派翊卫大队严加保护。并派周钟岳、由云龙向各方接洽。各城门街市要口，俱有龙军把守；各大通路及火车站等处，尤加意防堵，防唐氏弟兄远遁。

一时市民闻知，皆严扃门户，不敢出门，人心极为惶惑。一火树银花之锦绣新春，顿呈寂寞。各村市商帮之花灯、龙灯百数十起，均不准玩耍；各军政要人为唐氏所培植者，深恐祸及于己，于初五夜半逃至唐氏公馆，请求保存性命。至初八日，各军仍未撤退。闻唐氏尚在犹豫，龙部已集中安宁，胡部集中宜良，张汝骥部已开至距省四十里之杨林，李秉阳部已开至禄丰一带。

三 所提之条件

龙、胡于发动后，即向唐氏提出严重条件，约为：（一）财政公开，清理积年决算；（二）发清二年来军政人员薪饷，以后按月发清，不得拖欠；（三）驱逐训练总监唐继虞、腾冲镇守使陈维庚、市政督办张维翰、前禁烟局总办李鸿纶、前省署秘书长白之瀚、锡务公司总经理吴琨、教育司长交通司长东陆大学校长董泽、外交财政司长徐之琛等十余人，并查封其家产，以作发饷救赈之用；（四）开发云南实业，赶速筑路；（五）增加教育经费，培植人才；（六）采纳省议会议决案，依从民意；（七）改良内政，裁汰私人，慎选有用人员；（八）查办贪官污吏；（九）驱逐左右宵小，永久不许叙用；（十）拒绝北方代表，与粤蒋联合，一致行动；（十一）于最近期间，唐氏须亲自出巡各县，视察民间疾苦；（十二）此后不得招兵，以资人民休养，并剿灭土匪等。

四　唐氏之应付

龙、胡等既提出要求条件，迫唐氏承认履行，唐氏初尚犹豫，后因形势紧急，乃派周钟岳、由云龙、詹秉中向各方接洽，允许所订各条件。此时龙云率部在安宁，胡部在宜良，张在杨林村，距省四十里，李在禄丰，互相联络，相机而动。自得唐氏代表疏通意见后，遂限唐氏于最短期间，开内政会议，修明内部，并限三日内驱逐宵小出境。唐氏一面并即提出私款三十万分发欠饷，该事件表面上遂暂告一段落。

五　龙云之布告

龙等于唐氏答应各条件后，乃出示安民，略云：照得本省军民两政，素称不良。此次由各镇守使联名，呈请省长从速整理，以期适应世界新潮，贯澈民治精神，已得省长允许。各军民人等，勿得惊疑，各安其业。

唐氏亦出示云：此次各镇守使要求各条件，事属大公，本应即时承认。殊知外间不明真像，以讹传讹，致使各处军团，集中省垣，大非人民之福。今本省长已如所请，概行允准，令饬各军撤回原防，各商民等亦勿造谣生事，致干查究等语。

六　事后之各情

龙、唐等布告出，后虽仍陈兵未退，但百姓已知端的，人心略定。至初八日晨，并有国民党员沿街散发传单，谓此次龙、胡二公，为民请命，改良滇省劣政，各人民宜深加赞助，以期早日得享幸福云云。至被迫不得不去之祸首唐继虞、陈维庚等，订于初十日出滇。又闻云南政府旧设八司，均有撤消之意。一切行政，悉归省署办理，以节糜费。至应施行各政，另设一军政商民联席会议，议决后方许施行云。

《大公报》（天津版）1927年3月4日，第2张第6版

云南政变第二幕详纪

各将领改组政府要求与唐继尧之答复　　胡若愚等
宜良会议与昆明军警之冲突

云南政变初起情形，与胡若愚、龙云等各镇使兵谏电文，已先后详志

本报。胡等第二次又向唐继尧提出要求，请改组省政府为委员制，以后用人行政公开各节，亦略见前报电讯。兹据二月十七日昆明通信，再详纪胡等第二次要求各电与唐氏答复文件及其他各情如次。

云南政局，自各将领陈兵抗谏后，省垣空气紧张，情形千变万化。前途如何，未可逆睹，惟目前可言者，即政府组织将即根本变更一事。当唐（继虞）陈（维庚）出走而后，胡镇守使等复有通电，即系以公开政治、改组政府为言，电云"百万火急。（衔略）顷上省长一电，文曰：微电计达，明命未颁；群情激昂，势难遏抑。宵小窜流，期在肃清；政治公开，务期实现。一念之仁不决，三迤之祸立臻。比年以来，吾滇军民财各大政，误于群小之手；生杀任免，惟凭喜怒；用人行政，漫无是非。省务会议，虚有其名；谠论忠言，无从上达。令出独裁，势同专制；主权在民，纯饰虚声。当今之世，首领顺应民众以谋公共幸福，其道必昌；首领操纵民众以图少数便利，其道必亡。远观古鉴，近察新潮；跻滇省于富强，救人民于水火；但当改弦，不可蹈辙。若愚等久列部曲，渥荷栘嶬；反噬既不屑为，曲从又不忍出。钧座英明豁达，爱国爱乡，万望俯纳众意，宣布改组省政府，确现合议制精神；用人行政，取诸公决。最短期间，提前成立军事机关，军权先归划一，地方易保治安。并续商决民财各要政，务期共同组织，拥戴钧座，公开处理，滇省前途，庶几有豸。大局风云，瞬息千变；机不可失，时不再来。竭诚陈词，伏候裁决等语特达。天下兴亡，匹夫有责；栋折榱崩，侨将压焉！伏望各抒谠论，共树宏猷；急起直追，勿再缄默，云南幸甚！国家幸甚！胡若愚、龙云、张汝骥、李选廷等（名略）十五人暨所属官佐士兵同叩，真，印"云云。

唐继尧接到此电后，亦知形势严重，业已立允其请。计其内容，大略分为四种，解答如下：（一）对于省政府改组为委员制，迅组"军事"、"民事"、"财事"三委员会，允可照办。唯现当互相商酌，推选法学专家，迅为草定新政府组织法，以俟众议审核。（二）唐继虞、陈维庚既经出境，允予撤消。沿途暨城防警戒，各军亦□□遣返防次。（三）对于各军所请惩办贪官一事，除业经省议会弹核者，允予发交法庭审讯依法究办外，其余未经弹核诸人，应由要求者广为搜罗其营私枉法证据，俟提出时立交法庭惩办。（四）于最短期间成立军事机关一事，允可立刻召集胡、龙、张、李四使，开会商决。

十四日，胡、龙各将领又联名致唐继尧一电，略谓：奉钧处复电，已转知所属各官佐，均以政府既经悔误〔悟〕，俯纳所请，积愤稍息。惟陈维庚种种溺职，罪无可逭。现既离滇，未经明令停职，殊有未合，应请即日宣示，以慰群情。续陈各件，务乞克日实行云云。刻下龙镇守使已于日昨前往宜良会议，同时胡使亦在宜良，故省城中景况仍静寂，似大局犹在酝酿中也。〈后略〉

《大公报》（天津版）1927年3月10日，第2张第6版

莫名其妙的滇议会
应时变提甚么方案　四条拟议八面玲珑

云南政变情形，迭纪连日本报。兹续据昆明通信，云南省议会议员以本省时局关系，决定开非常大会，于阴历正月十二日举行开会式。是日，唐继尧暨昆明镇守使龙云等均未亲到，只派代表列席，景象颇为暗淡。

省议会于开会后，有致各机关法团一电，文云："顷复胡、龙、张、李各镇守使一电，文曰：蒙自胡镇守使、昆明龙镇守使、招〔昭〕通张镇守使、开化李镇守使，并分送各旅团长均鉴：微电敬悉。远佞亲贤，公开政治，此固世界各国郅治之道，尤为吾滇今日急要之图。来电痛抉时弊，仗义直言，谠论宏谟，良深佩慰。庄诵至再，樊虑为开。惟改革必须澈底，除恶务绝根株，若仅为图一时之补苴，断难收永久之效。本会外观大势，内察舆情，对于吾滇政治问题，应定改革方案如下：（一）公推唐联帅为云南总裁；（二）由本会议定省政府组织大纲，采用委员制；（三）由本会咨请政府，即日通令各县，停止征兵；（四）改良税则，实行财政公开。以上四端，均为改造吾滇政治之重要方案，本会现定于二月十三日召集全体议员，在本会开非常会议，众论上述方案，务期见诸实行，借慰滇人之望。诸公远瞩高瞻，尚希南针时赐。临电引领，勿任翘企。云南省议

会文印等语特闻,云南省议会文印。"

《大公报》(天津版)1927年3月11日,第2张第6版

滇政局新花样

委员制政府将成；张耀曾电辞委员

【京讯】滇省政变后,政府业改组为委员制。本月五日,由云南法团联合会,推选出委员胡若愚等九名,旅京滇人王人文、张耀曾亦被举为委员。滇省已于日前来电促驾,惟张以病体初愈,路途遥远,已复电辞谢。兹照录往来电文如下:

△来电(一)特急。北京云南同乡王采臣、张镕西先生鉴：滇政已改为委员制,两公均被选为委员。请速命驾南归就职,无任企盼。胡若愚、龙云、张汝骥、李选廷,同叩,歌。(五日)

(二)万急。北京云南公会转王采臣、张镕西先生鉴：近因滇政不纲,全省军民呼吁改造,胡、龙、张、李两〔四〕镇守使,根据民意,拟定《云南省政府组织大纲》,交本会议决,函准省署公布。查《大纲》第三条载：省政府设省务委员会,为最高行政机关,以委员九人组织之；第十二条载：省务委员由各法团联合选举之等语。兹本会于三月五日开会,依法票选两公及胡若愚、龙云、张汝骥、李选廷、王九龄、周钟岳、马骢为省务委员。两公德高望重,久为滇人钦仰,尚祈早日命驾回滇就职,以符众望,并盼电复。云南各法团联合会,鱼。(六日)

△去电(一)云南各法团联合会公鉴：鱼电敬悉。省制革新,谬荷推选,深佩尤感。耀曾对于滇事,素无诿谢,惟久病未痊,不堪跋踄。委员任重,敬乞另选贤能,俾免延误。报命效力,期之异日,谨复。张耀曾,蒸。(十日)

(二)云南胡、龙、张、李各委员均鉴：歌电敬悉。省政革新,深佩毅力。弟于滇事,素无诿谢,惟久病未痊,不堪跋踄。委员一席,已电请法团联合会另选,重辱敦促,至深感谢。弟耀曾,蒸。(十日)

《大公报》(天津版)1927年3月12日,第1张第3版

虎头蛇尾之滇政变

省务监察各委员举出，莫名其妙的一个通电

滇中此次政变，初起之时，来势甚猛，一般人无不为唐继尧操心。盖唐氏在滇积恶多端，此次各将领发难，又以"兵谏""清君侧"为言。以常情论，其目的固在"君"之"侧"，而对"君"则殊不能谓为全无恶意也。乃事举之后，唐氏一再疏通，各将领亦几经会议，至今日所谓"云南新政府"之省务员，已经选出，唐氏虽名落孙山，而总裁之推戴，似各将领情甚殷，唐氏继主滇政，或亦意中事耳。年来各省政局变迁，事不澈底，莫逾于此。谓为"虎头蛇尾"，谁曰不宜？而一方于此新政府成立声中，所谓"云南政变之四要人"，又联名拍发一电，同时致南北两政府，报告经过，文中"蓂帅"之称，仍不绝于口。观此则云南今日所谓"改弦易辙"之新政，其前途亦不难推知矣！兹据昆明三月七日消息，纪其选举省务员之经过与胡若愚等通电原文于下。

三月五日，云南五法团（教育会、商会、省农会、省议会、律师公会）开联合会，共合派出代表二十八人，在省议会选举云南新政府省务员。选举结果以"各法团联合会"名义，宣示于众。计省务委员当选者胡若愚、龙云、张汝骥、李选廷、马骢、王九龄、王人文、张耀曾、周钟岳等九人；又候补省务委员当选者由云龙、熊廷权、陈钧、丁兆冠、胡瑛等五人。选毕，复又选举监察院委员，当选者计有顾视高、彭嘉猷、杨士敏、吴锡忠、尹守善等五人；既而选举候补监察院委员，当选者赵钟奇、钱用中、张士麟三人。选举毕，燃放大炮一十八响，以志庆祝。

目下新政府已订于三月八日组织成立，兹觅得四镇使致南北当局一电，并录如后："万急。南昌国民政府、北京国务院、各省各特别区军民长官、各法团、各报馆、各云南同乡会公鉴：自民十四沪案变起，外潮汹涌，爱国之士，奔走呼号，咸欲息内争以御外侮。若愚等由桂旋师，匡辅蓂帅，安民保境，巩固国防。两年以来，夙夜竞竞；对北对南，初无歧视。乃有一二金壬，造作浮言，蒙蔽蓂帅；捭阖纵横，罔顾大局。若愚等深维川黔粤桂，壤地毗连；唇齿辅车，情谊尤切。欲谋安内睦外，必须远佞亲贤，爱集同袍，请求罢黜。幸我蒉帅英明豁达，除政治之障碍，谋滇省之革新，遣派代表马骢等，参加宜良会议，根据全民公意，商订云南省政府改组大纲。易辙改弦，公开庶政；闾阎不惊，秩序如常。现正依照新订大纲，组织委员制政府。日内成立，另行宣布。诚恐远道传闻失实，特先电闻，诸维鉴照。云南蒙自镇守使兼东南边防督办胡若愚、昆明镇守使兼东北边防督办龙云、昭通镇守使张汝骥、大理镇守使兼开广临时善后督办李选廷，暨所属官佐士兵同叩。感。印。"

《大公报》（天津版）1927年4月2日，第2张第6版

换汤不换药之云南政局

唐继尧果就总裁职；唐生智劝告四镇使

云南此次之所谓政变，颇贻虎头蛇尾之消，胡若愚等对唐（继尧）氏，前倨而后恭，自亦有其隐衷。盖云南形势之在今日，内有国民党人以及反唐各派之潜伏，外有驻外滇军范石生等之窥伺，四镇使与唐，终有利害共同之点。前者发难，事后未始不反悔，故一经酝酿，而所谓新省政府者，仍系一换汤不换药之局面。

胡等此举，盖全为自私自利之一念所趋使也。据云南近讯：唐继尧果于三月八日业就所谓"省政府总裁"新职，各省务委员亦发出就职任事通电，哄动一时之云南政变，至此可谓告一段落。

惟另据湘函：云南此次政变结果，名为改良组织，实际上含有拒绝外人侵犯、仍保唐（继尧）氏地位之意。胡若愚、龙云等，近曾联衔将此次改组政府情形，电告唐生智。唐氏以胡等此举，颇有涂饰耳目、借阻范石生入滇之阴谋，故特剀切去电，劝其澈底改革，受国民政府节制，勿再拥唐；一面并致电范石生，请仍积极准备入滇，肃清滇池，以固后防，如有所需，当尽量援助云云。是则西南形势，此后或不免另有一番风波。兹将云南省务员报告就职与唐生智致胡龙四镇使两电原文，再为照录如次。

△云南省务委员会就职通电：（衔略）窃维立国有常，必整纲而饬纪，与民更始，贵广益而集思。远稽历史成规，博考各邦法制，未有不公开庶

政、上下一心，而能固邦基于弗坠、进民福于无疆者也。吾滇改革以还，遭时多故；频年动众，图治未遑。内忧外患，险象环生；瞻顾前途，惶悚交集。昨者，各军本群众公意，联电请求改良政治。承唐省长完全容纳，电复照办，当由各军根据民意，拟具《省政府组织大纲》，采取委员制，提交各法团联合会议决，并经联合会照大纲规定，推举唐省长为省政府总裁，选举胡若愚、龙云、张汝骥、李选廷、王人文、王九龄、周钟岳、马骢、张耀曾九人为省务委员，于三月八日成立省务委员会。唐总裁暨胡、龙、张、李、王、周、马七委员，均同日就职。除王人文、张耀曾二员尚在北京，已寄送证书，催其回滇供职外，所有省内外各机关人员，均应一律照常办事。此后用人行政，既大公而无私；理财治军，必兴利而除弊。嘉言求其上达，庶乎兼听则明；凡事举可告人，惟以推诚相见。邦人君子，其共鉴之。云南省务委员会，佳（九日），印。

△唐生智致胡、龙、张、李四镇使电：蒙自胡镇守使、昆明龙镇守使，并转张、李两镇守使勋鉴：感电敬悉。四五之际，袁逆称帝。滇省首举义旗，西南闻风响应，帝制为摧，士夫交许。自是以后，冀夔挟封建思想，行并吞计画，勾结北洋军阀，蹂躏西南各省。卒之丧师于外，敛怨于内；往日光荣，扫地以尽。今诸公兴清宫之甲，决保境之计，用心固善，为谋可图。环滇以外，皆隶国民政府版图，滇如仍自翘异，不受节制，实与国为敌。冀夔叛党，其恶已稔；党中同志，久欲得而甘心。如仍拥戴为主，实与党为仇。斯皆恶因，讵有善果？如果励精图治，必须澈底革新，否则虽有改良组织之举，人将视为涂饰耳目之谋。大信未昭，后患安弭？拙见所及，敢不以告；诸公明达，惟图利之，临电不胜翘企之至。唐生智叩，巧，印。

《大公报》（天津版）1927年4月4日，第2张第6版

范石生不容于粤

【电通社广州二十二日电】范石生在粤以接近左派，颇为粤桂军首领所忌。近李济琛、黄绍雄，均有联合滇将领保固地方之意向。而滇将领龙云之代表在粤，尤攻击范石生，不遗余力，故范部已受粤当局注意侦察，极不自由。

《大公报》（天津版）1927年4月24日，第1张第2版

唐继尧之死耗？

云南自本年二月内部发生变化，唐继尧几为龙云、胡若愚等所逐，旋听调停，始允唐以虚名，仍居云南。但一般人以为唐不出滇，则其生命上实有危险。后此数月中，滇省内部纠纷，迄未宁息。据路透社二十六日北京所得云南外人方面消息，谓已得有唐继尧之死耗，则今兹此项消息之来，殆亦意中事也。

按唐继尧，字蓂赓，云南人。日本士官学校毕业，回国后任云南讲武堂教习，旋供军职于黔。辛亥年蔡松坡等起义，民元任贵州都督。蔡辞滇督，荐唐继任。四年，袁世凯谋称帝，蔡由京潜赴滇，与唐共谋反对帝制。十二月二十三日，唐与任可澄首先通电，拥护共和；二十五日，宣布云南独立，起护国军讨袁，设事务院摄行政府事，唐被举为抚军长。袁氏取消帝制，唐仍督滇，旋兼省长。六年，唐起靖国军讨督军团；七年，被选为广东军政府七总裁之一；九年，岑春煊取消军政府，唐与孙中山、唐绍仪通电反对；十年，云南内乱，唐避香港；十二年，回滇，任云南善后督办，实行废督，任云南省长；十四年，组建国军入桂；十六年二月五日，几为龙云及胡若愚等所逐，旋经调停，仍得拥虚名居滇。

《大公报》（天津版）1927年5月27日，第1张第2版

清党声中云南之表示

【昆明通信】云南省政府各委员，近发出拥蒋护党通电云：

（衔略）吾中国陷于次殖民地之地位久矣！诸同志秉承总理之遗训，大张北伐之义师，历摧大敌，屡克名城，列强为之惊心，国贼因而丧胆。脱离帝国之压迫，摧毁军阀之老巢，克奏全功，指顾间事！此固由于吾党同志之努力，与国民希望革命之迫切，亦因总理三民主义之适合国情，足

昭全国人民之信仰故也。

云等服膺主义，匪伊朝夕。虽形格势禁，表示无方，而信仰坚纯，则始终不愉〔渝〕。吾滇此次改革，即以赞助北伐为目的，与从前护国、护法诸役，殊途同归。盖统一全国之局既成，则建设人民自易。殊于战事吃紧之时，即闻党见有纷歧之说。〈中略〉

夫怀二心者，决不可使之虱处吾党；扰乱地方安宁者，决不能与之共同革命，不待智者而决也。敢掬赤忱，敬标三义：（一）蒋总司令为国民革命之柱石，吾党忠贞公正之领袖，凡属仝志，理宜一致拥戴，完成革命工作。〈……〉（三）定都南京，为总理未竟之志。顾武汉已为叛徒所据，应请中央迁宁施政，以维国本，而便指挥。滇省从国民政府之后，为国奋斗，只知奉行三民主意〔义〕，而不知其他。其有持过激主义，以引起国民之反感、障碍北伐之进行者，惟有与海内同志铲除篡党蠹国分子，以贯澈先总理之遗志，而完成建国之全功。用特电闻，尚祈共鉴。龙云、胡若愚、张汝骥、李选廷、王九龄、马聪〔骢〕、周钟岳、王人文、由云龙同叩，虞，印。（五月十一日发）

《大公报》（天津版）1927年6月2日，第2张第6版

滇政府发表大政方针宣言（续七日）

以裁制过激剔除积弊为号召

滇为山国，矿产最丰，自应筹集厚资，以谋开发。然农工商业不发达，虽日用饮食之品，亦多仰给于外货之输入，实为一大漏卮。宜疏浚水利，提倡垦荒，以兴农业；奖励种棉，设置纱厂，以织土布；强迫种树，保护森林，开发煤炭，以繁木殖而裕燃料；普设平民工厂，以广工艺；设立农工银行以便民。此皆为人民生计所关，故一面宜开发天然之富源，一面宜振兴普通之实业，以纾财力而厚民生。

（九）关于交通。滇省交通梗阻，百业不兴。仅有滇越铁路，又受制于外人之手。亟宜修筑三迤干路，以谋省内交通，并筹建"滇蜀""滇邕"两路线，以为内出长江、外通海岸之地步。至现在所修迤西、迤东汽车大

路，由政府力为补助，俾得早观厥成。一面实行兵工政策，修筑三迤省道；利用民力，责成各地方官兴修各县之道；设立路工专门学校，养成交通人材；统筹全省交通道路，勘定路线，分段同时举行，期以六年完工。

（十）对于风化。吾滇风气，夙称纯朴。自海外通商以后，习俗渐趋奢华，生活程度日昂，遂至廉耻道丧。兹值革新之际，改良风俗，尤为要图。自今以往，与民更始，亟宜提倡俭朴，砥砺廉节，实行以次推及于全省民众。盖大法小廉，古有明训；上行下效，自易推行；转移风化，端在于此。

以上十端，迭经本委员会会议决定，已饬由各主管机关拟具详细办法，核定施行。本委员会尤有欲郑重声明者：此项行政方针，期在实力奉行，而非以涂饰耳目。故一面列举纲要，以为办事之准绳；一面宣布周知，以冀各方之督促，庶可见诸实事，而不至徒托空言。全滇民众，其共鉴之。省务委员会委员：胡若愚、龙云、张汝骥、李选廷、王九龄、王人文、马骢、周钟岳。（完）

《大公报》（天津版）1927年6月10日，第2张第7版

云南又乱

【北京六月十六日路透电】 前云南督办唐继尧总参谋胡若愚军长，经三小时之战斗，将其敌人龙云军长驱逐后，业将云南省城占据。三月前胡与龙曾与他派联合，谋倒唐氏，惟皆彼此互相倾轧，希图攫得该省政权。据该处外人传来消息，谓胡氏现虽颇占优势，惟未来之骚扰与战争，仍属难免云。胡氏曾声言负责保护当地外人，但滇越铁路业已中断，该处颇以为虑云。

《大公报》（天津版）1927年6月17日，第1张第2版

龙云、胡若愚反对范石生回滇

电请蒋介石设法制止

【云南通讯云】 此间自接蒋介石电，委任龙云、胡若愚为第三十八、

卅九军军长。〈后略〉

《大公报》（天津版）1927年6月19日，第2张第6版

胡若愚电中之滇变颠末

【国闻二十八日上海电】滇讯：寒（十四日）早，胡若愚缴龙云部械。胡应法领请，保龙安全离境，双方死伤五百余。胡通电本省：前次改革，误于龙作梗，毫不澈底。兹奉国民政府密令，将该部缴械。龙亦通电：谓患目疾辞职。龙已离境。

《大公报》（天津版）1927年6月29日，第1张第3版

滇军解决龙云之详情

宁政府密令发动，半日间全部解决

【六月二十一日云南通讯】滇省政象，近年因造成独裁制，并群小朦蔽、倒行逆施之结果，政治方面弊窦百出，军事方面纠纷时起，是以酿成"二六政变"一幕。"二六"以后，各军长对于本省军、民两政，本具澈底改良之决心，欲一举而廊〔廓〕清积弊，另布新局，无如旧时舞弊擅权之政客群小，为其本身利害计，乃以前此手段之施于唐继尧者，又转而施之于龙云。龙对于旧时现状，本主顾全，至是更多坚持。以是省政府改革，徒有虚名，更为一般人所不满。故国民政府复电令滇省澈底改革，以完成革命工作。龙于唐逝世后，复欲得唐直辖部队，以自固其权位。缘是各军长乃有决定澈底改革、解决龙氏之计划。

六月十三日，海关税务司夜宴本省各重要官吏，胡、龙各委员以次均往，因定期于十四日午前一时为开始发动时期。胡部十、十一各团及机关枪卫队，又张部十七、十九各团，李部十、二各团，并翊卫队王洁修部，分别派往围攻龙之住宅，及镇使署、第一旅部、宪兵部、龙云警卫营、北较场之一、二两团，及十四、十六各团。此外，若拥龙之孟友闻、卢汉、周文人、杨德源，亦派兵往捕。

龙部全无准备，各军部伍，均于午前二时余到达各处，于三时开枪发动。龙及各部属因变起仓卒，艰于应付。步十四团及十六团团部人员，均远扬无踪，仅由各营长率兵拒战于城外。北校场及虹山破荷叶一带，拒战死亡极多，省军亦伤亡不少。嗣经宣明政府倒龙意旨，并对其部属一律看待办法，大部分即缴械投诚，一部分则向西北方面溃退。至一旅各部及昆明镇守使署警卫营，则均无大抵抗，即行缴械。卢汉、周文人、孟友闻、杨德源、白之瀚均闻变远扬。宪兵各区队即改隶王洁修统辖。以上各部，至午前十二时，即已完全解决。城内外各街巷、要隘、城门，均由各军派队驻守，维持治安，当无意外情事发生，只作战士兵略有伤亡耳。

至困攻龙云住宅之部队，因龙尚有卫队数十，军械枪弹极伙，虽放火焚去大门，一时终未攻入。并闻朔卫队在五华山放炮轰击，有一炮落其住宅院中，惟未开花，故自十三夜直达次日，各队仍均围攻。及午，龙知不易抵抗，即发函声明自愿下野，请法、日领事代为调解，保其生命财产之安全，即出住宅。当由各兵将函传出，随由法领事、日领事商准省政府方面，即持抵龙宅，扶之而出。各军即时停止攻击，时已午后六时矣。龙妻随龙出，均至省政府，在光复楼上。闻龙云左眼部受弹微伤，其余各人则无恙；住宅仅大门毁去，玻璃窗打碎而已。至龙现听候政府处理，不日出省。

当日省垣秩序，由王季莲大队长负责维持，犹幸鸡犬无惊，安静如恒，人民亦均未受骚扰，仅在天明时，不明真相，吃一大惊。并闻步十五团长张凤春、步四团长朱旭，均已倾心投顺；其步十三团及步十六团，虽尚在禄丰、曲靖，然大势已去，自不难分头派兵解决。故省政府委员会乃快邮代电云："省城各厅长、各机关、各法团、各报馆、各父老、各昆弟诸姑姊妹均鉴：现奉国民政府密令：'本省各军解决反革命军阀龙云，克期肃清，早日完成革命工作'等因，遵于本月十四号午前开始动作，未及半日，即克全城。该反革命军阀龙云，现已解决。所有各机关人员，着仍照常办事，无得自惊擅动，擅离职守，致干查处。除惩办该渠魁外，其余部属仍皆一体看待，概不深咎。人民务须各安居业，倘有宵小乘机骚扰，一经查出，即以军法从事，决不宽贷。特此电令，着即一体遵照无违，切切，此令。云南省政府委员会，寒，印。"

又龙与法领事至五华山，晤胡主席。原定十七晨出境，不料龙之十四团、十六团，因战败退由富民县一带而去；孟旅之一、二两团，除缴械者不计外，亦退由此路而去，沿途不免有骚扰情事。政府以余孽未尽，恐生意外，故数日来，除任命张汝骥军长为临时戒严司令官，前翊卫队长为宪兵司令官。六城城门，除南门已辟为马路，不能关闭，照常通行；其余五门均多关闭。人民至夜间八时，即不准通过。故市面虽热闹不减平日，然森严景象，仍不免令人畏惧也。

六月十七日为省务委员会会议之期。是日议决之案，于善后有关，故录如下：是日会议，出席者主席委员胡若愚，委员张汝骥、李选廷、王九龄、马骢、周钟岳、由云龙，议决事件：（一）关于死伤官兵事项：（甲）由各部队长官及陆军医院切实清查呈报，分别抚恤奖赏；（乙）死者安埋，伤者调养，由军医课长主办；（丙）负伤官兵各发宽大衣服一套，由军政厅办理。（二）关于省城治安，应将军警督察处改为临时戒严司令部，以张镇守使兼任戒严司令，以镇署人员兼办；凡驻省军队、宪、警，均归戒严司令部命令指挥、监督、约束。（三）此次出力官兵，自营长以下，以四万元分别奖赏，详细办法，由军政厅拟定。（四）通令各部将收编建制部及零星人员、武器、马匹、公物，限一星期内详细造册，据实具报，由军政厅速办。（五）追悼此次阵亡官兵，由总务处会同军需局拟订办法，定期追悼。（六）对孟、高、刘、朱各部，委派大员分往宣慰，由参谋处办。（七）迤西三团仍催赵道尹照前令前往宣慰。

《大公报》（天津版）1927年7月11日，第2张第6版

滇局平定　龙云恢复势力

【北京七月廿九日路透电】云南来讯称：前者胡（若愚）云（龙）之战，大都为私人之衅隙，及各具野心之结果，并非为政见不合之动机，刻已归于平静。前云南督军唐继尧在生时之云南府护军使龙云氏，现已恢复其原有势力，当地亦已恢复原状云。

《大公报》（天津版）1927年7月30日，第1张第2版

云南党潮

三处党部同时取消，当局派员另行筹备

【云南通信】此间自同盟分子在省议会开倒唐军事委员会议，派人赴粤而后，于是王复生随与俱来，另立门户。军政方面遂借委员调合为名，迅速加入。旋该会再请粤分会派员助理筹备党务。越月，张禄等至，又立一省党部筹备处，登报征集党员。于是一省三党部并立。

"六一四"而后，龙云部溃逃出省，所有龙派之加入党部者，什九具函退出，或隐匿不干党事。至是而议会内一部之党权，再为纯洁的份子所主持，顾人才则转为缺乏。七月初间，蒋介石代表余祥炘邀集议会方面之杨大铸等在得意春与张禄等茶会，并约刘小谷等商议统一党务。席间议有端倪，杨等乃立返议会，召集职员会议。众意均以服从中央执行委员会命令为是，且该派前此曾请粤分会派员指导。乃张等拒不到会，转称当局委员调解为委员筹备，实为遗憾。今既觉误〔悟〕，实应竭诚欢迎。事方通过，讵张禄一方面迭次宣言，仍拟自立门户，同时对于王复生等攻讦尤烈。

当议会开会时，张并发布省师及省中等学生脱离王复生等通告。至第二日，王派省中学生即围攻张禄等所设之圆通寺街党部，一时械斗之声遍传。议会方面是日方为讨论合作问题，开党员大会。会尚未毕，而戒严司令部军警已至，云奉张军长命令，现当党潮剧烈，制止开会。

次日，戒严司令部又令将三处党部招牌收去。唯议会方面向来只事宣传主义，此番又未惹事，准予仅将招牌卸存。目下张禄、王复生两方，暗潮甚烈。胡主席恐酿巨变，遂一面布告无论何级党部，一律均停止执行职务；一面复用政府名义，委派委员从新筹备党部，闻新党部有择定在市礼堂之说。

省务委员会胡主席等并发出一通电云"（前略）若愚等谨再郑重声明曰：三民主义者，先总理心力之结晶，亦举世所认为救时之良剂，我滇省全民所当奉为毕生圭臬者。军事之服从，即服从是；政治之训练，即训练是；教育之信仰，即信仰是；党部之遵守，即遵守是。倘有反是而托附伪党,倡为邪说,以惑世扰民者,与同志共弃之。青年之学子,心志纯洁;劳动之同胞,思想单简。尤愿各同志迎机引导,纳入正轨,勿使误入邪途,以为真正之民党所累。所望海内同志,赐之援助,俾得达到与社会阶级合作人民真正自决,参加世界革命平等革命之地,斯不仅一时一地之幸矣"云云。

《大公报》(天津版)1927年8月1日,第2张第6版

此亦小沧桑　胡若愚、龙云之代起

【东方社北京二日消息】据云南之报告:胡若愚二十五日率部下八百名,离开省垣,逃至黔境,系龙云部下军队进逼省境之故。一时有将发生巷战之形势,日侨均避难领事馆。当胡离省时,龙亦由省垣逃出,旋自途中折回,此后省垣秩序将由龙方维持。

《大公报》(天津版)1927年8月3日,第1张第3版

龙云已受南京委任

又据香港电,粤接龙云微(五日)电称:前奉宁委为三十八军长,因被胡若愚拘禁,未得就职。幸本军齐集驱贼,胡及张汝骥逃遁,本人脱险,微(五日)已就职。

《大公报》(天津版)1927年8月10日,第1张第2版

龙云再起前

旧部张凤春之活动

【云南通信】龙云、胡若愚二氏,同为国民革命军军长,同立于革命旗帜之下,亦同为倒唐之人,在理原应相亲相爱,共同努力于革命事业。不料"二六政变"之后,胡、龙两氏渐不相能,致有六月十四夜驱龙之举。

当时胡若愚本与张、李两军长联合,势力较大,故战斗未久,龙部败

走。乃事仅一月，龙部势力骤增，竟有反攻省城之谋。胡氏闻讯，即派欧、林两旅长率部出省抵御，在云南驿被袭，奉令暂退。胡氏初意稍示退让，可望不致冲突，讵知龙部得寸进尺，愈逼愈近。胡氏至此乃派张汝骥为迤西巡阅使，令其剿抚兼施，担任前方，然不久即有张部在禄丰败退之报。

而前任龙军十五团团长之张凤春，因于六月十四前与胡若愚联合，一月之间，擢升师长，驻军阿迷。胡氏以形势紧张，将其调往个旧。将及开拔，而阿迷谣言繁兴：有谓龙氏受害者，有谓龙已潜逃者。张以急于救龙，竟于七月二十一日自由开拔来省，于是省垣人心大起恐慌。幸省中各界绅耆已就省议会设立各界联合保卫团，推举代表与法国副领事乘车前往阻挡，要求暂退，俾免与胡军接触，省城糜烂。张允稍退，惟要求胡若愚将龙云交与法领事保护，则彼当罢兵，听候命令办理，否则誓不释兵云云。记者作此信时，尚在交涉中。依大势观察，龙氏回省，不过时间问题。惟能否避免战祸，则殊不可知耳。（七月二十六日）

《大公报》（天津版）1927年8月15日，第2张第6版

龙云再起滇局一变

龙骂胡若愚反革命；胡在扬〔杨〕林宣布北伐

龙云自六月十四日为胡若愚击败被囚后，其部下胡瑛、孟友闻等即力图倒胡，拥龙再起，卒于七月二十五日攻入省城。胡氏挟龙逃窜，其亲信李选廷、王洁修两部，均被缴械。胡旋将龙云释回，自赴扬〔杨〕林宣布北伐。

龙于本月四日回抵省城，发出通电，大骂胡若愚反革命。原文如下："吾滇自'二六政变'，奉行三民主义，参加国民革命，主张会师北伐，叠经通电在案。对于本省，则力求澈底改革，期于实现廉洁的、公开的民主政治。方冀本此主张，共同努力，于以造福乡邦，效忠党国。不意胡若愚等封建余孽，狼子野心，阴谋倒行逆施，毫不度德量力，突于六月十四日，派兵围攻云及三十八军各将领住宅，并暗袭所属部队。彼时云以不忍省垣重地，构兵糜烂，为民请命，挺身作质，并饬所部退让，委曲求全，

仁至义尽。殊胡等必欲消灭异己军队，铲除革命势力，迭派重兵，穷追所部。我军为自卫计，迫不得已，回师反攻，连战连捷，直捣省门。胡等势穷力蹙，卷款潜逃，省垣克复，云亦脱险。查胡等敢于甘冒不韪，同室操戈，实缘意见相左，积莫能容。云以吾国积年致乱，军队私有，实为厉阶，主将所有军队，改归政府直辖；胡则欲扩充实力，力主瓜分。云对于用人行政，力主公开，任官惟贤；胡则欲将大政把持包办，揽权怙恶。胡历镇南防，纵兵淫掠，开赌自肥；云屡以为言，彼竟老羞变怒。职是数故，济之以封建割据、军阀独裁之思想，遂致出此卑劣手段，演成自杀奇祸。云德薄能鲜，感导无方；脱险生还，不欲问世。徒以军民环请，固辞不获，即日复职，安抚军民，并贯澈前此主张，整饬部属，听候北伐。至胡等前此通电诋云为'反革命'，谓'奉国府密令解决'。查滇省参加革命本云主动。改革而后，努力工作，准备北伐，心迹昭然，薄海共见。胡等竟敢捏辞'反革命'陷害同志，而彼则暗派代表，潜通武汉，背叛党国，逆迹昭彰，则'反革命'之恶名，彼陷人适以自陷。现胡等溃逃在外，倘能翻然悔悟，听候调遣北伐，自当许以自新，并仍引为同志。倘仍包藏祸心，招聚土匪，甚至勾结外兵，为祸桑梓，则云为贯澈国民革命、保持本省安全计，自不能不大张挞伐，以期戡乱除暴。谨布腹心，伏维朗照。国民革命第三十八军军长龙云叩，支。"

《大公报》（天津版）1927年8月25日，第2张第6版

滇局近报·胡若愚忽推重龙云

【云南通讯】此次龙云回省后，龙部诸将一再宣言，"军民分治"，由人民澈底组织政府，膺政务者立须解其军职，并禁止军人占住民家。对于胡若愚部在省军官眷属，并设法支给伙食，绝不念及胡军前此抄其家财之仇，因此滇人颇为爱戴。胡［瑛］代军长并于日昨约同城中耆老，欢迎龙云复职。目下省务委员马骢、周钟岳、由云龙、王九龄等，已与龙云一并复职，大局粗定。

同时胡若愚、张汝骥二人亦来电，请龙氏"勿灰壮志，出而主持大政"，其电云"（衔略）均鉴：我滇自'二六'改革，迄'六一四'以还，

发生种种误会，实缘于少数人之阴谋播弄，致使同室操戈，地方被其影响。直至今日，各军将领始悟堕入术中。故本二、十两军长决计出师北伐，为国效命，将滇政交由龙军长主持，以谋地方福利。应请志洲〔舟〕军长克日出任艰难，勿灰壮志；尤望各将领蠲除私见，同心合作，勿再轻启阋墙之斗，惨生池鱼之殃。本军复得以专力北伐，忧无后顾，吾滇庶有豸乎？区区苦衷，希共谅之。胡若愚、张汝骥叩，世，印"云云。

胡等此电，语似漂亮，然而若辈离合无常，好恶莫定，亦足见其一斑也。

《大公报》（天津版）1927年8月30日，第2张第6版

云南前途究竟如何？

李宗黄通电请息内争；各法团拒绝客军入省

【云南通信】滇省自龙云再起，胡若愚率部离省、宣布北伐后，政局表面似已粗安，而内幕暗潮，仍未平息。近且盛传某氏乞援外省，希图一逞，并有川黔两省军队已入滇境之报。李宗黄氏以情势险恶，通电各军将领，请息内争。总商会、省教育会等并致电川黔两省，反对客军入滇。兹分志如次。

李宗黄通电："（衔略）支电谅达。昨以事实与时间之必要，已于麻日同龙军长、政务委员胡张两君代表、各界绅耆，开会讨论，促进和平。曾得龙军长当场表示如下：（一）中央有命令制止军事行动，绝对服从；（二）中央代表同政务委员、各界绅耆如能负责对方集中后，决不反攻，亦可停止军事行动等语。但子嘉、伯群两兄开拔在外，未知真相如何，无从负责。今公举景星五、杨化中两君代表，前往接洽。若得同意，望即明白答复，俾便负责。现三十八、[三十]九两军，同隶国民政府，同属国民革命军，似不应各逞意气，继续争斗。除专电中央查核外，特闻。李宗黄叩，佳，印。"

龙云通电："（衔略）顷接委员诸公庚电暨李代表伯英佳电，关怀桑梓，力主息争，心苦语长，极深赞佩。此次我军不忍萁豆相煎，再犯而不

较，倘非相逼太甚，何至同室操戈。往事追维，叹息无既；各电主张纯为爱护乡邦起见，鄙意极表赞同。惟于最短时间划出区域、路线，为北伐集中地点。而彼方有无诚意，如何保障？以事关全滇安危，此不能不特请加以注意者。云此番脱险归来，谬承军民过爱，勉负艰巨，目前专意从事收束军事，滇政自当公诸人民。倘胡、张各部愿留主滇政，即由云率师北伐，固亦夙深愿也。敢布区区，即希公鉴。龙云叩，真，印。"

各法团致南京政府电："南京国民政府钧鉴。窃滇省二六政变，乃各军将领外顺革命潮流、内徇人民要求，自动改革。倾向国民政府，奉行三民主义，态度显然，滇人有目共睹。迩来各军虽有两次冲突，发生变故，然不过彼此意见，发生误会，至于根本主张一切设施，悉本国党精神，始终一致。乃者闻川桂黔有出兵来滇之议，并闻黔兵已开到罗平，滇人闻之，不胜惶骇。查西南各省均隶属于钧府统治之下，奚容操戈同室，自相残害，妄耗国帑，牺牲健儿。且滇省连年以来，兵连祸结，天灾频仍，民生已蹙憔悴不堪，奚能再罹兵灾？应请钧府俯念千七百万颠连困苦滇民，火速电令川桂黔制止发兵，全滇人民皆感大德于无既矣，不胜迫切待命之至。云南总商会、云南省教育会、实业改进会、省立六校教联会等五十余团体同叩。"

各法团致周西成等电："贵阳周主席、各将领、各级党部、各报馆、各团体鉴：（首节与前电同，从略）迩来滇政虽稍有变故，现已解决，不成问题。全省军民，悉本党国精神，努力革命。乃闻贵省不知因何事故，出兵滇境，已达罗平、宣威、平彝。滇人闻之，不胜愤激！查西南各省均隶属于国民政府统治之下，当此革命尚未成功之时，奚容操戈同室，重增人民痛苦，妨碍革命工作？应请贵主席立即电调入滇军队开回黔境，以息干戈而重民生。若有人敢假借任何名义，乞援邻省，或无故出兵，以便私图，皆属人民公敌，全滇人民誓不承认。合并奉闻，临电迫切，伫候明教。云南各团体联合会叩"云云。

此外并有致刘湘、赖心辉、刘成勋、刘文辉等一电，文与致周西成等电同，不录。（八月十二日）

《大公报》（天津版）1927年9月6日，第2张第6版

滇池政闻：省垣局势粗定　省内战事未息

【云南通信】云南自龙云与局务委员会复职以来，省城省势，大体安定，惟省内战事，则未收束。张汝骥所部方进扑鸡街，意在占领蒙〔自〕个〔旧〕。幸该处驻有南防革命军一部，并由总司令江映枢及省中派往之朱〔旭〕孟〔友闻〕各师赶到，地方乃得无恙。目下省当局已委江氏镇守蒙〔自〕个〔旧〕临〔安〕阿〔迷〕十一属，盖以此等地方不仅为全省精华，抑且为省中咽喉，无论军事政务，关系均极重大也。至江氏所部，什九系民团，原为倒唐重要份子，军誉颇不恶，故一月以来，省中陆军官佐前往投效者，已达百人。军中且有一部分同盟会人代彼主持，闻训练一二月后，或将加入北伐，龙氏对之倚畀甚深。

八月九日省务委员会开会，除胡瑛具函辞职外，出席委员计有龙云、马聪〔骢〕、周钟岳、王九龄、由云龙、熊廷权六人。龙云主席，提出声明二事：（一）此次自己与各委员均拟退隐，不再与闻政事。嗣因各界督责，若不出而维持，将蹈滇省于无政府地位，危险实甚，不得已与同人勉为其难，暂出维持。惟是委员会主席本系临时公推，并非固定。自此以后，本会主席应由委员轮流充当，以免流于独裁专制，致失会议精神，此应声明者一。（二）本日议定军费数目，以伙食经常费计，月需七十余万，责成财政厅勉力筹措。但云南财力不过如此，而现时仅陆军费已达此限，若加以省军，当再加一倍，何能担任？云谨声明：无论如何，应尽三个月内尽力收束，以期就此范围，此应声明者二云云。

《大公报》（天津版）1927年9月12日，第2张第6版

黔军分路入滇

龙云电请胡、张息兵

【云南通信】黔军准备三师入滇，业已证实，且其出动并非一路。故此间政界因于八月二十三日致电胡若愚等，促将黔军谢退。其电云："特

急。昭通胡军长子居〔嘉〕、曲江张军长伯群钧鉴：吾滇历来安内攘外，事功人格，彪炳寰区。是固由我先帅之威灵，而亦我滇军袍泽敌忾同仇、一致对外之所致也。'二六'改革，同志交勉，原冀努力革命之工作，借收靖〔国〕护〔国〕之全功，不图激于一时意气，竟至兄弟阋墙。试返初衷，同深悔憾。板桥所订各款，当即逐一履行；各方亦主调停，并经同意赞助。东防所部，立予调回；南防本军，亦经停进。盖以多年患难袍泽，不忍长此箕〔萁〕豆相煎，息事宁人，谅邀同感。不料尊处前此急不暇择，竟尔请援黔军。现黔军乘隙入滇，节节进逼，意在乘我兄弟小嫌，遂彼渔人大欲。事一至此，痛哭何云！吾滇历年用兵，声威远播。今滇省犹是护靖之河山，滇军犹是护靖之旧侣，先帅□骨在堂，奄羌未安，讵可开门揖客，自损省际声光？矧滇□我父母之邦，庐墓所在，身家所托，千七百万同胞息食共命之所，又安可徒逞一时意气，拱手让人，宰割我辈？倘不即此激发天良，息争御侮，则不特护靖前徽，从兹永坠；而'二六'改革，直毫无意义。金碧山河，行将变色，陷我千七百万同胞于奴隶臣妾之境，致我数万滇省健儿于亡省自杀之痛，其谓滇人何？其谓天下后世何？在前此相煎太急，意气用事，饮鸩止渴，容非得已；而今则事过境迁，调停有望；北伐、留守，一唯自择，更有何万不得已而必欲借重客军？我辈自反良心，为人格计，为身家计，为千七百万同胞计，亟宜趁此大敌当前，诚心悔祸，释嫌□忿，善遣客军。系铃解铃，非异人任。倘或失此不图，因循坐误；甚或意存侥幸，起而作伥，则是悍然孤行，一误再误。云忠告无效，挽回乏术，亦唯听之而已。然滇为全滇民众之所共有，凡有血气，自无不同深悲愤，共起锄奸御侮。云系属滇人，一息尚存，为保全同胞、悍卫桑梓计，为勉承先帅志事、维持省际地位计，自唯有纠合护靖旧侣、革命同志，保滇御侮，大张□〔挞〕伐，唯力是视，生死以之。用是披沥陈词，涕泣而道；转祸为福，争此俄顷。尧跖分途，间不容发；言尽于此，伫候裁答。龙云叩，梗。"

龙氏除拍发电报外，并以胡等招引客军入省事，警告民众。故一时人心甚为激昂，纷电胡、张，乞先退黔兵，再为计较云。

《大公报》（天津版）1927年9月16日，第2张第6版

滇局纠纷未已

【国闻十六日上午十时香港电】 胡若愚向黔周（西成）共请兵十八团，与龙云部开战已半月。周又增兵六团，龙向粤乞援，李济琛不愿左右袒，只允调停，拟由政治分会解决。

《大公报》（天津版）1927年9月18日，第1张第2版

滇局未可乐观

川黔军入滇助胡

【云南通信】 黔军入滇之说，此间言人人殊。据昭通消息：黔军已有三师集中滇边；而官中则称：黔军此来，实受胡若愚之请，彼此互有条件。因此罗平一路黔军，虽中道为滇边民众、自卫军司令董鸿铨所拒，暂时退去，而曲靖一路又复发现。

日来昆垣各界，除分向龙、胡、张三军力请和平外，同时南京代表李宗黄亦一再电黔诘问。初得贵州周西成复电解释，并无其事；但其第二次复电，意颇含混。滇人深感不安，乃决定由胡、张二办事处代表会同龙云代表，面见胡、张接洽，俾战事早日停止；并许张军假道，集中所部北伐。脱有不便，即由龙军北伐，借保桑梓安宁。胡军代表窦家法亦由宣威来电，谓伊已到达羊街，沿途未见贵州一兵一卒。似此，则省中喧传"胡军勾串黔军祸滇"一事，的系讹传。应请通电严辟，并严为示禁云云；就表面言，滇局和平无问题矣！

乃据消息灵通者谈：最近不只黔军已分数路深入腹地，即川军亦正在集中，向滇进发，致此间人民咸有皇皇不可终日之感云。（八月二十九）

《大公报》（天津版）1927年9月21日，第2张第6版

云南又一战

唐继虞攻昆明，被守城军击退

东方社云南二十三日电云：唐继尧物故后，其弟继虞逃往迤西，秘密勾结唐之旧部唐继麟、欧阳如谦等，拟一举驱逐龙云军，收复省城。本月十八日，使一部队攻击呈贡；越廿一日未明，攻至省城。龙云得市民之援助，极力防御，据城壁交战。至翌廿二日午前六时，攻击军死二百，官兵死十数名，市民死数名，始向西方退却，有再袭之风说，人心汹汹。龙云军出动呈贡及曲靖之部渐次开回，此后唐军再来相攻，恐亦未易攻陷。

《大公报》（天津版）1927年9月28日，第1张第3版

昆明城外之战　唐继虞再来攻

东方社云南二十四日电云：为龙云军击退之唐继虞军，二十三日午后八时再向省垣袭来。龙军据城防御，北西南门三处，同时开战。流弹向城内飞来，战斗较二十一日夜之役，尤为激烈。翌二十四日午前一时起，枪声渐稀薄，胜负未决，双方无妥协之望，唐军当更前来攻城。城内电灯、自来水之供给，一律断绝，人心汹汹。

《大公报》（天津版）1927年9月30日，第1张第3版

范石生对滇乱之主张

对内，龙胡二氏一任北伐，一任留守；对外，劝周西成中止出兵，以弭战祸

九月三十日广州函云：滇省龙云、胡若愚迭起纷争，最近胡又有勾引黔军周西成入滇举动。龙云日前曾派参谋长刘师尚来粤，将滇省内情向粤当局报告，并趋谒第十六军长范石生，面递龙氏书函，请范率军回滇，实

行以武力调停。范氏答以滇省内哄，应听国民政府解决，本人碍难率军返滇，但必要时本人或只身回滇，以个人资格出任调处，以息滇省战祸，亦未可定云云。最近范氏为调解滇事，已分别致电滇省各团体，及电止周西成出兵入滇。兹将原电录次。

致滇省各团体电：云南省党部、省政府、各法团、各军师团营、各县党部、县知事，暨全省父老均鉴：奉电谓黔率师犯滇，闻耗震惊，曰祸果发矣！夫以素称唇齿之省，而又处同一政府之下，义不得遽出于战。今既干戈相寻，则宜求祸之所自发，以为探本之谋。盖犯固出黔，至祸则酿自滇。苟不将祸源抉而出之，何能已乱？石生质直性成，援救心切，一出所见，昌言无隐。若随俗以饰词调解，祸乌能弭？或好勇而挟武周旋，乱必愈滋，皆非良图，亦邦人所不取也。吾滇之祸，实出于两雄不下而相厄，故其后极纵横裨〔捭〕阖之能事，以酿成今日战争之局。石生昔持吾滇只可编一军、不容有两军之说，以进陈当道。区区苦心，窃惧种祸。乃人微言轻，未蒙采纳，不幸而言中，思之弥增痛楚！往事重提，非以相衔；弭祸之道，仍必循此而求。爰述夙昔愚鲁之主张，以供目前解决之办法：凡隶革命政府旗帜下者，当尊重国纪党纲，以武力为北伐之用，不得挟之以私争雄长。比者继续完成北伐之议，已翕然一致。滇宜乘时共趋，勿落人后，以任何一军留滇，以一军速出北伐。不聚两雄于一隅，斯战祸不解而自止，第有当申明者。北伐滇军，其饷械当由滇省政府负陆续供给之责，不可复蹈从前移兵就食之恶列〔例〕。非是而犹思据地穷兵以逞者，乃自绝于党国，国法公论，胥有所归？愿我滇省诸公暨父老兄弟速起图之。此石生解铃系铃，还求自己之意。然一面则已径电黔周，请其止兵勿进，静待滇事之自决。至若商榷治术，以供治滇之咨采者，厥有四端，别为详书寄陈，亦善后一得之愚，庶滇人可不再罹今日之祸。临电毋任想望太平之至，倘有需石生以为用，必悉力是助。范石生叩，有。

致周西成电：贵阳第六路总指挥勋鉴。滇政失纽，内呈纠纷。劳公率师远来，欲以救灾，乃乡人不明，相惊伯有，遂日以文电来呼援。石生谊关桑梓，理无坐视，爰就过去历史，与乡人心理，及现代趋势，为执事一约略陈之：往者唐继尧专政，日逞其部落野心，厉行侵略，杀人流血，固非所惜。惟以辟地而统治他人为快意，于是以贵州为其弟继虞分封之所，奴视黔人，等于被治者；宰黔土为殖民地，黔之婉转呻吟于虐政下者有年矣！今公师涉滇境，邦人浅陋，莫测高明，遂群相号召曰：非以恤邻，乃在复仇。人懔亡省之危，众切必死之志，战端脱肇，为祸奚极？此则历史所诏示，乡人疑不能破者。石生举此相渎，冀公憬然于往事，寝兵于今日；毋使仇雠相寻，至无已时。夫以滇黔素称唇齿之省，今又同隶于革命同志下，纵有柄〔枘〕凿，宜诉诸公，以待政府之判决。倘不此之求，而或出于战，则不但贻识者笑，且尤与现代民族自决之义相背驰。盖以土地为地盘者，死地盘也；以人心为地盘者，活地盘也。故存略地治人以自雄之心，无不倾覆相继，如出一辙。公纵瞻横览，陈迹在怀，固勿俟石生之哓哓为也！特掬诚挚，敬为乡人请命，恳公下令停止贵部进行。滇事听滇自决，勿于其间而加以左右袒。凡我滇人，必持以和平之神，奉祀我公于无穷。范石生叩，有，印。

《大公报》（天津版）1927年10月12日，第2张第6版

云南各派罢战言和

【十月九日云南通讯】唐继虞近以龙、胡发生战事，黔军入境，遂潜赴迤西，召集其兄弟、妹丈唐、欧两团，并勾结素嗜人肉之张结疤，于九月二十三日，数次前来攻城，后又围城数日。当二十三日唐部攻城之际，龙部在沾益九龙山大战，击败胡军，抽调回省。十月初，龙部张师既到南防，革命军江映枢总司令亦率部回省，与唐军相对抗。唐恐被击，退往安宁。而同时又有黔军大部进至陆凉马街之报。龙云至是，乃以大敌当前，愿与唐部议和，业于二日发出通电。同时张汝骥在曲靖被围，亦翻〔幡〕然觉悟，于四日通电，自愿弃嫌修好，兹将两电录后。

△电一：（衔略）查云南前以梗、漾两电，吁请各同袍息争御侮。嗣接欧阳和亭宥电，暨唐夔赓、李达夫、吴光宗、唐建侯联名通电，主张大体从同。具见息争御侮，心理同然，佩慰无似。窃念吾滇政变迭乘，民生困苦，处阽危之地，非内讧之时。同在风雨漏舟之中，忍肇兄弟阋墙之祸？兴言及此，嗟痛何极！任何方面之军队，均是袍泽旧侣，并无莫大仇恨，何苦自相摧残。云酷爱和平，早经表示；今诸公既一致觉悟，云自乐

表赞同。惟西防各军，现既与三十八军一致结合，对于抵御客军办法，亟宜切实筹商。以后兵力如何使用，任务如何分担，悉应听候政府命令，俾便指挥而一事权。庶几团结一气，对付客军，外敌消灭，再图北伐，救滇救国，莫善于此。临电迫切，伫候明示。三十八军军长龙云叩，冬，印。

△电二：（衔略）吾滇前以奸人播弄，致肇"六一四"之变。戈操同室，追悔莫及。数月以来，战祸遍延三迤，哀哀吾民，尽盈沟壑。汝骥等分亦滇人，岂无叔伯；何罪何辜，同膏锋镝。内疚神明，实深悲痛，以至师次曲城，即一再声明：静候调处。嗣因黔军入境，种种关系，迄无成议。兹幸政府及省会各机关团体来电主张息争御侮，出师北伐；对滇对国，两有俾〔裨〕益。汝骥等质虽驽钝，爱乡爱国，曷敢后人？用特掬诚相见，恢复旧日情好。阋墙御侮，保持云南之光荣；拨乱黜奸，贯彻二六之主张。首先由汝骥等负责，会同子嘉制止客军，并于最短期间，率部北伐，借息内争，期于党国前途，稍有裨益。天日在上，实鉴此心。除率同将领电劝子嘉制止黔军，兼派陈旅长茂槐前往力阻外，特电奉闻，伫候明教。张汝骥、欧永昌、杨瑞昌、林丽山、杨有堂叩，支，印。

《大公报》（天津版）1927年11月1日，第2张第6版

滇局近闻：各属民军纷起　唐军忽又进攻

【云南通信】一月以来，云南省外各属，莫不土匪蜂起；而各属民军，又纷纷成立，割据土地，为军为匪，莫之能辨。人民尽其所有，供应柴米，犹尚不足，遂致十九倾家离散，逃亡痛苦，莫可缕述。

至滇省大局则以唐继虞所部，旋进旋退，城门时启时闭，城内外交通极感困难，商贾完全停业。龙云因于日前电请驻粤十六军长范石生加以警告，范乃致书唐继虞，劝其息兵离省，并将函稿抄寄龙氏，请为发表。兹录范氏致唐氏书如下："夔赓先生左右：闻诸道路，谓先生假奔丧回籍，利用翊卫队及迤西各团，暗中操纵各将领，欲使境内革命诸同志自相屠灭，先生坐收渔利，恢复唐氏基业。现胡、张两军败退迤东，而龙军亦岌岌可危。先生且弹冠上台，如少康氏中兴，幸甚幸甚！夫环境不知，谓之燕雀处堂、见利忘害，譬为螳螂捕蝉，先生今日之计画，其何以异于此？

曩者令先兄拥八省之司命，称抚军巨擘。方先生经营黔湘时，手握兼军，坐领疆圻，使唐氏果为王气所钟，则左提右挈，天下已为囊中物矣！夫何以春雷一震，冰山遽解；微日一电，遂放三苗于三危耶？（中略）要而言之，先生之实力不若令先兄远甚，令先兄且不能保，先生其又将何求耶？令先兄虽死而巨万万之私囊遗之子弟，尽可营菟裘于海外，以存龙种于无穷；又何苦作冤办孽，将唐氏一脉尽入漩涡？岂真天不欲存赵氏，一块肉皆不能留耶？石生固君家之所谓逆者，唐氏子孙夫何所爱，所以苦口者非他，恐金碧会师时，重苦吾滇百姓耳！维先生察纳谠言，为唐氏计、为云南百姓计，放下屠刀，以救千余万生灵，则一转瞬间，功德无量，后世子孙，必有兴者，固不必及先生之一身而享尽数世之福泽也。吾言止矣，先生其有意乎？范石生上。"（十月十六日）

《大公报》（天津版）1927 年 11 月 9 日，第 2 张第 6 版

龙云报捷

【二十二日下午一时五十二分上海专电】沪富滇银行接龙云（十七日）电，谓将川军完全解决，并将胡若愚、张汝骥两部击溃。

《大公报》（天津版）1927 年 12 月 23 日，第 1 张第 2 版

云南之共产党多集龙云部下

东方社汉口九日电云：关于云南之共产党现状，据华人所谈："粤案"发生后，共产党之大部分均来集龙云部下，其数已达四五百名。盖龙颇为省民所属望，故共产党一面攀龙，一面与广东之自卫军维持联络，以待时起事。云南附近虽有胡若愚军，但龙军之军纪较良，且得省民同情，胡方于龙等之行动，颇感威胁，而警戒不息。

《大公报》（天津版）1928 年 1 月 11 日，第 1 张第 3 版

宁府与滇局　命龙云为主席

【国闻社十八日下午二时二分上海电】昨宁府常务会议，决定任龙云为滇主席，范石生、胡瑛等为委员。

《大公报》（天津版）1928年1月19日，第1张第2版

滇黔战事告一段落

滇军转战胜利，黔周派员议和

【十二月三十日云南通信】滇省最近战事，自三十八军在易隆〔易龙〕、曲靖、十〔沾〕益大破胡、张及黔军后，形势已转移。十二月十五日，曲靖廖角山之役，为双方主力军之战。省军冲锋仅三小时，即将胡、张及黔军总指挥阮德柄部先后击溃，现胡、张部已全失战斗力，黔军亦溃入黔境。此间主张愤激者，颇主乘胜入黔。闻周西成虑滇军进逼，已派代表来滇协商和平。

日来省中内部战事已告一段落，前方军讯，较为沉寂。三十八军自龙、胡失和后，败胡、张于迤东，再败唐继虞部于省城，三败川黔军及胡、张部于曲〔靖〕沾〔益〕，以孤军转战各方，累摧强敌，勇悍善战，颇为各方所称述。该军现已为滇省战斗力最强之军队，其内容及实力，颇有可述者，兹分述于后。

查三十八军军长为龙云，前敌指挥胡瑛部队，最初仅二万余人，现已扩充至四万余；枪枝因屡次战胜，掳获所得，在三万枝以上。现共分六师四混成旅，师长为卢汉、孟友闻、朱旭、张凤春、张冲、王汝为，旅长郭玉銮、杨琨、袁昌荣、刘正富。此外收编之民团各部，如江映枢、李绍宗等，尚不在内。龙氏治军严明，颇得社会好感，师长如卢、孟、张等，均勇悍善战，尤以卢氏为全军健将。前此龙、胡决裂，龙被胡拘禁，卢氏逃走，胡、张皆引为深忧。卒之，卢氏终号召所部，逐走胡、张，故胡、张于龙部最畏卢汉。龙氏有此数将领，遂造成今日之地位也。

滇省此后之形势,有可得而言者,查数月来之战争,纯由龙、胡相持。胡部因累次失败,士卒迭亡,精锐丧尽。最近复受巨创,所存有限,在短期内已无恢复能力。川军入滇者,仅滇川军界之土匪招安军,自在东川击溃后,已四散退回。正式川军,事实上不致远来侵滇,惟周西成对滇颇萌野心。此次加入作战,被击溃之黔军,号称八团,此后滇省战事之能否收束,即视周西成是否悔祸,诚意谋滇黔之妥协,抑或继续增援、酿成滇黔之大战祸也。

《大公报》(天津版)1928年1月20日,第2张第6版

滇黔川军仍交战中

东方社香港二十四日电云:此间接海防确报云南之龙云军与黔川军对峙,目下在交战中。

《大公报》(天津版)1928年1月28日,第1张第2版

宁府议决案汇志

晋阎电请设满蒙部;大批军队改编发表

【电通社上海二十八日电】宁政府委员会第三十四次会议,决议如下:(一)北伐全军由总司令蒋介石统辖指挥,其兵力为国民革命军、冯玉祥军、阎锡山军及海军与航空军全部。(二)免吴淞炮台司令许康之职,另委龚师曾署理。(三)革命军所属部队改编如次:甲、金汉鼎之第九军改为第三十一军;乙、方鼎英之新编第十三军改为第三十六军;丙、陈嘉佑之第九军改为第十四军;丁、高桂滋之新编第十九军改为第四十七军。(四)新发表之任命令如下:子、仕龙云为总指挥,统辖第二十八、二十九两军;丑、胡瑛为第三十八军长兼第九十七师长;寅、卢汉为第三十八军副军长兼第九十八师长,朱旭为第九十九师长;卯、孟坤为第三十九军长兼第一百师师长,张凤春为一百零一师师长,张冲为一百零二师师长。〈后略〉

《大公报》(天津版)1928年1月29日,第1张第2版

宁府发表滇省委员经过

并调和滇、黔多方安排

南京政府日前议决"发表云南省政府委员，任命龙云、范石生、胡瑛、金汉鼎、陈钧、张维翰、马骢、丁兆冠、张邦翰九人为委员，并任命龙云为主席，陈钧兼财政厅长，丁兆冠兼民政厅长"一节，已见本报。兹据南京通信云：查最近云南省政府委员发表之经过，系由前云南省公署参谋处长李雁宾代表来宁，向国府方面陈述各节，经蔡元培、何应钦、朱培德、王伯群四委员拟具名单，提出议案，经国府第三十三次会议通过，原文如下："据云南代表李雁宾面称，云南自十六年二月改革以来，方期奉行三民主义，努力革命工作，效忠党国，不意胡若愚排除异己，借遂私图，于六月十四日兴兵构乱，大肆抢掠。又复勾引客军，糜烂桑梓，因之群情愤激，一致敦促龙云负责戡乱。迄今半载，已〔已〕将胡部完全击溃，驱逐客车〔军〕出境，回复地方秩序。惟省政府尚未正式成立，施政无由，拟请中央明令委任人员，克日组织省政府，以专职责，俾地方政治早趋正轨，以慰人民嗷嗷之望，而抒政府南顾之忧等情。委员等察该代表所称，尚属实情。云南省政府有早日组织成立之必要，理合拟具委员名单，提出会议。是否有当，应请公决。"龙云（前三十八军军长，现任滇军总指挥）、范石生（第十六军军长）、胡瑛（现任代理三十八军军长）、金汉鼎（第五路第三十一军军长）、陈钧（蒙自道尹）、张维翰（市政督办）、马囗〔骢〕（现省务委员兼军务厅长）、丁兆冠（内务厅长）、张邦翰（外交厅长）。

云南省政府委员任定后，宁当局以滇黔两省唇齿相依，为西南边陲之安危所系，特致电龙云、周西成两军长及滇黔两省政府，务望团结一致，共济时艰，各保安宁。其电由云南无线电台分转，文云："云南无线电台，分转云南龙军长、省政府、贵阳周军长、省政府均览：查滇黔环地毗连，休戚既关，团结宜固，磋磨共励，应共同仇。所望各将领、各有司，本其知能，恪循政令，遵民主国之精神，纳群伦于轨范；相亲相爱，各保安宁；一德一心，共臻郅治。各将领、各有司咸睹时艰，必能仰副政府期许之殷,共慰人民昭苏之望也。特此电达,其各勉旃。国民政府霰,印。"

宁府又将部署滇黔两省政府之统筹计画,电告刘湘、赖心辉,并望龙云与赖合作,维持川滇边防,电文如下:(一)刘总指挥湘、赖军长心辉均鉴:滇黔川壤地毗连,谊关唇齿;建国以还,迭树勋绩;袍泽同忾,实共成之。迩来滇黔多事,乃眷西顾,殊为怅然。除业经统筹部署政务,并令努力安民外,特此电达,尚望勉相维系也。国民政府,印。(二)云南龙总指挥鉴:迭电计达。接铣电,借悉近情。赖军长磊落精诚,向从命令,但能持安民之见,则纠纷自解,仰遵前令可也。国民政府,马,印。

《大公报》(天津版)1928年2月4日,第2张第6版

此番滇攻黔 西南割据战未已

【国闻社】十六日下午一时香港电:龙云有誓师攻黔通电。

《大公报》(天津版)1928年2月18日,第1张第2版

云南军事告一段落

河西土匪猖獗,龙云派兵剿办

【云南通信】"二六"改政,忽已周岁。当局因于一月二十九日,令知全城民众悬旗□贺,并通告各公署放假一日。仝时三十八军军长龙云,亦因黔军大部早经击溃,胡若愚、张汝骥等,亦逃往东川、白水、平彝,残部完全冲散。曲城下后,迤东军事,告一段落,诸军为国宣力,亟应亲往犒劳抚慰。〈……〉唯迤东事件了后,三十八军军力愈为充足。会河西近被巨匪杀烧抢掳,沿途村落,尽成丘墟。河民被捆去者数百名,难民逃亡,络绎于道。省政府因派张联升统率部下二团,攻取昭通,务将川军驱逐出境。又命团长苏赤侯率领全团,星夜赴河救援。一月十四日苏团已全部到达,匪徒闻风潜退。一部退县属东区四七街,一部退南区小街、九街

一带。经苏团进剿，该匪等不敢抵抗，即偷渡通海。次日苏团直由小街方面追击，至九街地方，匪等不支，即退入通城。苏团以通海为迤南首善之区，若围城猛攻，难免不伤民命，乃暂驻河西，一面设法救护人民，一面出奇剿办。预料此路匪患，当不难肃清云。（一月三十日）

《大公报》（天津版）1928年2月25日，第2张第6版

党军新编制

第一集团编定各军番号

【宁讯】蒋介石近月以来，会同军事委员会整顿各军，已将就绪。其新编制，系以师为单位，即自第一师至第某师，而以任何三个师编成一军。凡师之番号，不必尽依军之番号推算，以为将来废去军制之准备。

兹探得第一集团军已经编定之各军番号如下：第一军刘峙（三师二团），第二军鲁涤平（四师一团），第三军王均（三师），第四军李济琛（五师五团），第五军邓彦华（二师一团），第六军程潜（五师），第七军夏威（四师四团），第八军吴尚（三师），第九军顾祝同（三师），第十军杨胜治（三军），第十一军陈铭枢（四师四团），第十三军白崇禧（二师三团），第十四军陈嘉佑（六军三团），第十五军黄绍雄（五军），第十六军范石生（二师二团），第十七军曹万顺（三师李明扬帅部并入），第十八军陶钧（四师），第十九军胡宗铎（三师），第二十六军陈焯（三师，文鸿恩师并入），第二十七军夏斗寅（二师），第三十军魏益三（二师），第三十一军金汉鼎（三师），第三十二军钱大钧（三师），第三十三军张克瑶（四师一团），第三十五、三十六军（均湘军，待编），第三十七军陈调元（三师二团），第三十九军龙云（五师），第四十军贺耀祖（四师二团），第四十三军李燊（三师一旅），第四十六军方鼎英（二师）。其中间缺号各军，有尚待查验整顿者（如川军等），有撤销待补者（如四十四军等）。预计并各独立师警卫部，共计约五十军。

又闻缪培南部将编为十二军；叶琪、周斓所部，均将另行编制，以免

队数重复。

《大公报》（天津版）1928年3月19日，第1张第3版

南京最近政治会议纪事

任李济琛等为广州政分会委员

【宁讯】中央政治会议，于二十八日上午九时，开第一百卅四次会议。出席委员为谭延闿、李济琛、易培基、王伯群、于右任、黄郛、柏文蔚、李烈钧、叶楚伧、邵力子、何应钦、丁惟汾、阎锡山（赵丕廉代）、冯玉祥（张之江代）等，谭延闿主席。兹分录其报告、讨论、处理各事项如下。

〈中略〉

（四）国民政府秘书处函称：奉常务委员发下云南省政府主席龙云皓电，请简任周钟岳、王九龄为云南省政府委员。奉谕：送政治会议，请核议。〈后略〉

《大公报》（天津版）1928年4月5日，第1张第3版

云南新省政府成立记

龙云兼任省政府委员主席

【四月一日云南通信】滇省新委省务委员，于四月一日就职，并成立新政府，兹分志详情如下。

△委员名单：主席龙云，委员陈钧、胡瑛、马骢、丁兆冠、张邦翰、张维翻〔翰〕、金汉鼎、范石生（金、范二人在外省未到）。

△就职布告：案查本省政府，昨准国民政府令开"任命龙云、范石生、胡瑛、金汉鼎、陈钧、张维翰、张邦翰、马骢、丁兆冠为云南省政府委员，并指定龙云为主席，此令"等由，并将各委员任命状寄送到府。又准国府秘书处公函开"颁发贵政府木质镶锡大印一颗，文曰'云南省政府印'；象牙小章一颗，文曰'云南省政府委员会'，相应函送前来，即希查

收见复"等由。当即将任状、印章先后祗领各在案。兹定于四月一日宣誓就职，并于是日启用新颁印章，除分别呈报函令通电外，合行布告，俾众周知。此布（另有呈国府、军会电文与此同，不录）。

就职誓词："云等誓以至诚，服从党义，及国家法令，实心任职，始终不贰，谨誓。"

△云南省政府宣言：（前略）云南省政府于本日依中央颁行之组织法，改组正式成立。云等既承国府委任之重，并受乡人责望之殷，勉以棉〔绵〕薄，膺斯艰巨。固不敢好高而务〔骛〕远，亦惟有实事以求是。窃以吾滇此后施政方针，自当依照《建国大纲》之所指示，酌定步骤，以次进行。

今虽全省军事底定，已届训政开始时期。而建设前提，则为统一财政、整理金融〈……〉盖此诸端均为目前急要问题，必先提前解决，而后人民生活之秩序与保障，乃可得而言。余如确定军费范围，实行军队之改编也；严禁招安匪类，永绝地方之隐患也；妥订学校管理规则，矫正青年之迷惑行动也；剔除中饱，严禁官吏之营私舞弊也；戒断嗜好，一洗公务员之沓冗积习也，亦为目前当务之急，应与前述诸端，同时并举者。必此消极方面之整饬，已能切实办到，而后积极建设，始有循序渐进之可能。至若积极建设，固不一端，而适应吾□急切需要情形，其最先着手者，则为赶造路工人才，以筑全省之道路；整理农田水利，以裕人民之生活；保障教育经费独立，以谋教育之普及；实行考试制度，以为任官之标准。以上诸端，或已提前议决，或正从事筹画，而全部行政具体方案，则拟于最近期间召集整理内政会议，征求各方意见，再以公布于众，合力进行。

惟横观中外，纵览古今，无论何种良好之政策与计画，若无良好之政府以施行之，则亦等于空言。有良好之政府以施政令，若不得各方之谅解与赞助，仍不能推行尽利。故云等今日所敢负责宣言者，惟清白乃心，造成廉洁有为之政府，切实接受总理遗教，以澈底革命之真精神，排除目前障碍，减少民众痛苦，进而建设三民主义之新云南，以促国民革命之成功。然尤须得各方之切实谅解，亦同具澈底革〔命〕之真精神，以赞助之，而后一切政令乃能推行尽利，而后三民主义之新云南乃能实现，而后国民革命乃能成功。今当就职伊始，谨以至诚，为此宣言，以与我全滇千七百万同胞共相策勉。青天白日，实昭鉴之。

△省府组织：省府组织，仍旧设省务委员会，只用秘书三人。旧时秘书处各课改为各科，又将内务厅改为民政厅，交通、实业两厅合并为建设厅，教育、外交两厅未定，军、财两厅仍旧，司法厅早已取消，改为最高法院分院，昆明市政公所则改为市政府，增设公安局云。

《大公报》（天津版）1928年4月22日，第2张第6版

滇将张汝骥　归周西成节制指挥

【贵阳四月二十六日通信】第三十九军军长张汝骥，自同胡若愚在滇失败后，即来贵阳，其部队亦即暂驻黔边一带。现因胡氏已免职查办，张遂穷蹙无归，乃由周西成向宁府保委为独立第十八师师长，归第九路节制指挥，现已明令发表。闻张军即将改编，惟云南龙云终认张氏不除，为其腹心之患，乃使黄某、李某自称民众代表，请周勿予收容。

昨周氏当复一电云："昆明黄玉田先生、李正芬先生、陈性圃先生道鉴：顷接读筱电，敬悉一是。查此次伯群（张汝骥字）在滇，因政见不合，率部来黔。抵黔以来，即致力革命工作，对于滇事已极灰心。所云'派人在滇边一带招纳流亡'，殊非事实。且其部队既隶于青天白日旗帜之下，自应由中央主持。最近军事委员会已明令发表伯群为独立第十八师师长，拨归第九路节制指挥。命令煌煌，谅所共见。现在滇省战事甫息，建设方殷，诸公硕彦老成，人望所属，正宜大公无我，匡助进行。伯群治军，素有声誉，且实力犹在，似不必挑动恶感，致复启他日之纠纷。诸公英明，当不以斯言为河汉也。专电奉复，即惟公鉴。周西成叩，敬（二十四），印。"

《大公报》（天津版）1928年5月23日，第1张第3版

滇军今始准备北伐

龙云电宁请示路线

【云南通信】龙云近以滇省内部已无问题，拟抽调精锐二万参加北伐，

因于五月十日电宁，请示路线。其电云：（衔略）滇省自上年革新省政，即拟出师北伐，从国军之后，完成革命。不意有"六一四"之变，兵祸迭兴，调解无术，不得已派兵解决，业经一律肃清。当兵兴时，各师骤增至八万余人，现经裁汰改编，尚得精兵三万。顷闻奉军败创，尚图负隅，而日本又无理出兵阻挠北伐。本军系国民革命军之一部分，自当共同努力。兹拟以一万留守滇防，以二万锐师北伐，请指示路线，并令知经过地方，当克日出师，前驱效命。国民革命军第十三路总指挥龙云叩，灰，印云。

《大公报》（天津版）1928年6月8日，第2张第6版

黔东不免一战

李燊、周西成部在川境接触

【汉口通信】驻扎宜都之第四十三军军长李燊（黔军）月前率部入川。闻李部先锋队伍已开到来凤一带，与驻酉［阳］秀［山］黔［江］彭［山］之第二十五军周西成部王家烈师，业已接触。李部官佐士兵，久戍思归。而周西成前次曾发通告，略谓黔军在外有欲回籍者，着各县军警保护，并予量才录用。因此两方发生误会，遂以兵戎相见。周李两方虽声明黔军无论内外，总属一家，绝不至轻启战祸，周并派有代表谒李申述此意。李燊对人声称亦谓"本人与周谊属袍泽，岂有相煎之理。不过部下思归急切，本人亦难阻止"云云。

据闻李燊部因在外旅食维艰，早有回黔决心。而某方又复资助枪械、子弹、军费。滇省龙云，因欲报复前次周西成图滇之仇，亦助李回黔。川中将领如杨森等，因恐李部侵其防区，其盼李部回黔，较李燊本人尤为急切。故黔人虽有呼吁和平者，亦无何效果。目前李部确有二万余人，枪弹充实。周部驻黔［江］彭［山］酉［阳］秀［山］一带者为王家烈师，黔、彭距贵州下游铜仁等地甚近，若果两方大队正式接触，必在黔东一带也。小康二年之贵州，在全国缩军声浪高唱入云中，亦不免受战祸之苦矣！（三十一日）

《大公报》（天津版）1928年11月6日，第1张第2版

西南多事　蒋令制止龙云侵黔

【北平电话】国闻社十日上海电：蒋令驻京滇代表电龙云，制止出兵向黔，并着缩编军队。

《大公报》（天津版）1928年12月11日，第1张第2版

西南省区之私斗

一党专政，全国统一，而犹有私斗。而私斗之兴也，不知其何以兴；其已也，亦不知其何以已。如川滇黔之近状，诚大与国府威信有碍者也。李燊、周西成之私斗，历时数月。初则双方互讦，继而各称胜利，其代表皆在首都奔走，国府视之漠如也。

追本月二日，周西成通电：茶店之战，击破李燊。私家消息，亦证明其事，而国府查办令随之发表矣。然黔战之终止，乃周李决斗后自然之结果，非国府命令之力也。周李之争虽决，滇黔之事又起。盖龙云曾击走胡若愚、张汝骥而得昆明，胡入川而张附黔。周西成纳张，任为师长，使居毕节孔道，龙云不喜也。大抵因李燊之攻黔，龙云视为有机可乘，遂欲起入黔之师。近日如何，其事不详。日前国府有令制止，而制止后如何，亦不知也。

此外尚有更较滇黔纠纷重大者，为四川。四川省政府始终未成，上月国府发表新任命后，亦无结果。杨森初则免职查办，继而撤消处分，然川局危机，未因此少解。昨日京电：刘湘、杨森部已在重庆长寿间接触矣，而其真相如何亦不详也。

西南省区，久为杂阀割据，四川尤甚。旅长以上，各有造弹、造币之厂，以劣币括财，即以所括之财制弹，此又中国境内之别一天地也。然此辈杂阀，即以物质的武力论，亦殊渺小，又互相牵率，各不相谋，故无论川滇黔，皆无敢与中原大局抗者。是以易旗入党，事如反手；革命之声，三民之化，去春以来早遍于西南三省间。此辈杂阀固无诚，而亦可见其甚易与也。然惜国府当局，未致力于巩固中央威信之道。中央要人，对于西

南省区军人中，往往各有所袒，故每生问题，中央意志不能一致。杂阀知之也，初则分施运动，继则玩而忽之。所以任命每等于具文，查办亦终于无效。其不至实行接触也，则纯任其自然；其已开始私斗也，则坐看其结果。然后败者免之，胜者任之。中央之于西南，彷佛盟主之于诸侯焉。

夫西南杂阀，无所谓孰革命孰不革命。依政治观点，实极难辨其优劣。虽然，国府不容纳其势力则已，一旦俱容纳而任命之，则当然贯澈命令、维持纪纲。凡不得中央命令而开衅私斗者，自应课以最严厉之处分。有时虽不得已动员征讨亦不能辞。此无他，政府之职责固应尔也。乃观近月以来，国府对此类事件之处置方法，大抵有一定之公式：方私斗之将起，则下劝告令；及其方酣，则下查办令；追胜负已决，而后分别任免之。然任免令之生效与否，亦不再问。夫国府固多事，而内政问题尚有大于内乱者乎？西南省区之私斗，虽谓国府使之，无不可也。

《大公报》（天津版）1928年12月16日，第1张第1版

国府命令

特派蒋中正、胡汉民、戴传贤、谭延闿、孙科、阎锡山、张继、陈果夫、王宠惠、蔡元培、何应钦、李宗仁、林森、冯玉祥、李济琛、张学良、杨树庄、赵戴文、王正廷、宋子文、王伯群、孔祥熙、易培基、蒋梦麟、薛笃弼、于右任、张之江、许世英、钮永建、陈调元、周西成、刘郁芬、张人杰、朱培德、张知本、韩复榘、龙云、孙良诚、鲁涤平、商震、陈铭枢、孙连仲、门致中、刘文辉、金树仁、杨爱源、徐永昌、黄绍雄、翟文选、张作相、汤玉麟、张定璠、刘纪文、何其巩、崔廷献，为国民政府首都建设委员会委员，此令。

《大公报》（天津版）1929年1月26日，第1张第2版

官方公布之情报

【二十八日下午九时十分南京专电】龙云电京：已枕戈待命，所派卢

汉已到京。〈后略〉

《大公报》（天津版）1929年3月29日，第1张第3版

龙云宣布讨桂

谓已派兵三师向桂

【九日下午五时十分南京电】 龙云庚（八日）电蒋略云：统一告成，方深庆幸。武汉云作，实切痛心。国步艰难，讵忍复回十余年来旧路？钧座忍泪挥戈，国事得失，争此一着。大义所在，未敢后人。谨抒微悃，敬待复命。

又电：已派兵三师，向桂边出动。

《大公报》（天津版）1929年4月10日，第1张第3版

蒋令何键三路攻桂林　龙云亦由云南率炮兵攻桂

〈前略〉

【北平电话】 国闻社沪电，据粤电：粤将领联名电李宗仁、黄绍雄，促觉悟。广州有人发起联合各界，请中央派胡汉民回粤主持粤事。徐景唐在港对人言：本人辞职，不欲问政。又港讯：龙云率炮兵攻桂，任朱晓东为前敌指挥，限十日内出发。

《大公报》（天津版）1929年4月24日，第1张第3版

蒋对桂决积极用兵　对于中政会人选迄无复电

【二十四日下午五时十分南京专电】 前方讯：对桂决积极用兵，蒋促何键、龙云、陈济棠出兵。中央政治会议委员人选，谭［延闿］开单电蒋商询后，至敬（二十四日）中央党部尚未得复，有（二十五日）中常会仍不能议。

《大公报》（天津版）1929年4月25日，第1张第3版

讨桂后之川滇黔纷纠

四川战未终滇黔战将起

【二十六日下午十时发上海专电】龙云电宁：十六军元（十三）已开始动员，惟周西成有附逆行动，约赖心辉、张汝济〔骥〕等攻滇。故拟先肃清内部，再由龙州、百色攻桂。又赖在京代表声明，赖不欲预闻川战。〈后略〉

《大公报》（天津版）1929年4月27日，第1张第3版

粤桂形势紧张

〈前略〉

按广东沐浴革命理论最久，陈炯明叛孙中山，不数月而为中山驱逐以去。盖军阀行径，绝不容于粤人，而国民革命精神之深入人心者，其力殆莫可与京。桂系如在精神上别无可以挟持利用之工具，则虽有坚甲利兵，终不过赤裸裸的军阀争地盘而已，其必不崇朝而失败，可断言也。万一彼曹背后，尚有革命理论为之掩护，则政府除用兵以外，更宜从精神上为之剖析疏导，以免异床同梦者互相利用，引民众观感于殊途。昨传李宗仁已有起兵通电发表，如何措辞，殊难悬揣，此所宜注意者一。

据长沙专电：湘军入桂，綦为得手；惟桂林形胜易守而难攻。彼既倾全省之师，进略广东，则当务之亟宜从赣闽合力入援，不能以湘省攻桂为止境。现在张发奎之铁军方在赣边，而福建一省亦久苦军队复杂，事权不能统一。如由闽赣增援入粤，于大局必有裨益。此所宜注意者二。

广东夙为西南诸省之盟主，川滇黔三省内容，向极复杂。每省辄有二个以上之势力，常相对峙，每随省外潮流之升降，而局势缘以变化。武汉讨桂之战甫起，川中杨〔森〕邓〔锡侯〕二刘〔刘湘、刘文辉〕即以破裂。滇黔间龙云、周西成、李燊之关系，亦因以紧张。粤桂问题，如不从速解决，则牵动西南，必为党国大局之障碍。万一往年滇黔粤桂别成系统

之现象，复见于今日，则统一前途，宁堪设想？故政府对于粤桂，固应亟谋应付；对于川滇黔亦应预筹釜底抽薪之策，勿令有人操纵运用，更援大西南主义，以为统一之梗。此所宜注意者三。

〈后略〉

《大公报》（天津版）1929年5月8日，第1张第2版

龙云讨桂通电

【平讯】云南省政府主席龙云，被任为讨逆军第十路总指挥，业在昆明就职，并发通电云："四月巧日奉主座删电，任命云为讨逆军第十路总指挥等因，遵即于是日在昆明军次恭就本职。自愧轻材，难膺重任。惟同袍偕作，义自未敢后人；负弩前驱，势更无容返顾。昨闻湘变，知逆谋已著，国讨难稽，早经整率三军，敬候驱策。兹奉前因，誓慷慨以前趋，冀肃清于指日。倘有窥我远出，扰我后方，甘为逆敌之应援，借作义师之障碍，当暂移讨逆之劲旅，先除助逆之神奸。大义所在，性命以之，总期迅告肃清，无负委任。伏祈亮察，并候教言。龙云叩，巧。"

《大公报》（天津版）1929年5月9日，第1张第3版

促龙云征桂　蒋派员过沪赴滇

【十日下午九时南京专电】蒋派杨光灿随龙云之代表卢汉灰（十日）回滇，催龙出兵征桂。卢、杨午后乘车赴沪，留二三日即回滇。卢语记者，谓蒋允接济饷项军械，龙已与周西成接触，分左右两翼取贵州。左路归张旭指挥，率新纵队；右路归张逢〔凤〕春指挥，率旧纵队及陈团。龙自率高旅、张冲师，现在先头部队达炎〔贵〕州花江，李燊部队已进至镇宁一带。周西成确附桂，有三十团军力助桂云。

《大公报》（天津版）1929年5月11日，第1张第3版

湘南攻桂军捷报纷来

〈前略〉

【十二日上午十一时发长沙专电】何键自衡州电陈济棠、龙云报捷两电如下：

一、陈总指挥伯南兄、龙总指挥志舟兄勋鉴：顷据敝处罗指挥官自永州电话报称：我第二纵队罗树甲旅、戴斗垣旅于灰（十）日午击破全州庙头之敌而占领之，敌向兴安溃退，现正在追击中等语，特电驰奉。弟何键叩，真，辰。

二、陈总指挥伯南兄、龙总指挥志舟兄勋鉴：（一）顷据罗指挥官电称：我第二纵队罗、戴两旅，尤（十一日）占领山枣。敌人两团向兴安溃退，刘纵队司令到达全州，已令所部跟踪追击。张其雄旅已推进至黄沙河等语。（二）据侦探报告：兴安至桂林敌人约五团，正招集民团，在大溶江构筑工事，准备抵抗，李、白离桂林等语。（三）贵处情况，希即电告为盼。弟何键叩，文，辰。〈后略〉

《大公报》（天津版）1929年5月13日，第1张第3版

滇黔倒周西成

龙云通电就十路指挥，称讨逆劲旅可以暂移

【云南通讯】湘变突起，此间沉寂空气为之一变。省政府龙主席当即力主讨伐，一意拥护中央，努力为军事上之准备。讨伐令下，此间军政界莫不万分愤激，军事转运，倍为紧张。又近来外边忽有一种传述，略谓桂系退军刻已勾结周西成，将由贵州假道返桂，再图后举。因此黔人之留滇者非常愤激；而贵州革新同志会同时亦专电龙主席，请其发兵讨逆；并电知李燊请其与龙商定大计。电到而李军早已开拔，电云，云南志舟主席钧鉴：训政开始，经纬万端。滇黔唇齿，地处边徼；乘时共进，尤恐后人。乃周西成横生阻遏，穷武虐民，障碍统一。外危党国，内祸桑梓；流毒所

极,无远弗届。遥望筑山,眦裂发指;爰集众议,请剪凶顽。望公本救灾恤怜之意义,申除恶务尽之旨,整旅倒周,乡国利赖。迫切陈词,诸维鉴察云云。

龙接电后,早以周背叛党国、勾结桂系,逆迹昭然;近又陈兵滇界,显系别有异动,顷已飞令朱师(旭)会同李军前进,并将全滇所有劲旅陆续分别抽调。同时复由省政府议决:本省奉令讨逆,应即宣布戒严条例,委唐继璘为戒严司令官,即日从事戒备。

会中央适于此时任命龙为讨逆军第十路总指挥,龙即日宣布就职,并发出通电云:"(衔略)钧鉴:四月巧日,本主座删电任命云为讨逆军第十路总指挥等因,遵即于是日在昆明军次恭就本职。自槐轻材,难膺重任,惟同袍偕作,义自未敢后人;负弩前驱,势更无容返顾。昨闻湘变,知逆谋已著,国讨难稽,早经整率三军,敬候驱策。兹奉前因,誓慷慨以趋风,冀澄清于指日。倘有窥我远出,扰我后方,甘为逆敌之应援,借作义师之障碍,当暂移讨逆之劲旅,先除助逆之神奸。大义所在,性命以之,总期迅告肃清,无负委任。伏祈亮察,并候教言。龙云叩,巧(十八),印。"(四月二十六日)

《大公报》(天津版)1929年5月14日,第2张第7版

昆明杂讯·李晓炎、朱旭出发讨桂

云南通讯云:滇自通电讨桂后,第十路讨逆军总指挥龙原飞〔龙云〕令第三师长朱旭,率师会同前四十三军李晓炎,两路向贵州前进。不料至期此间迤东昭通一带驻军孟坤部突然发生变故,一时形势遽变,两军均暂缓出发。幸东昭军事,不久处置完毕,李晓炎部遂于四月三十号发动员令,朱师全部亦于次日开拔,向贵州跟进。

《大公报》(天津版)1929年5月22日,第1张第4版

粤战一片捷报

〈前略〉

【廿四日下午一时南京专电】龙云马（二十一）电报称：奉命讨逆，取道独山入桂，筱（十七）日在普安与敌接战。我左翼军大获胜利，生擒敌方前敌总指挥黄道彬，夺获枪枝千余，现正在追击中。〈后略〉

《大公报》（天津版）1929年5月25日，第1张第3版

滇军攻黔捷报

【廿七日下午五时南京专电】昆明二十六日无线电：龙云有（二十五）电各方：称我军之左翼军，已于本日占领安顺，俘获甚多。敌已纷纷溃退，现正向贵阳方面追击，约一周内可攻下贵阳。我右翼军有（二十五）占领兴阳，取包围贵阳之势。贵阳一下，即可移师入桂。又张汝骥违抗中央命令，进攻昭通，已派大军剿办云云。

《大公报》（天津版）1929年5月29日，第1张第3版

滇军占贵阳

龙云报称周西成退桂，滇省主席由胡瑛代理

【三十一日下午十一时发上海专电】龙云电蒋：感（二十七）占贵阳，周部退桂。

【同上】云南三十日电云：胡瑛顷电国府蒋主席云：属府龙主席云，奉命讨逆，已于日前督师出发。省府主席职务，经议决交瑛代理，并经呈报钧府在案。瑛遵于敬（二十四）日恭就代职，谨电肃陈。伏望时颁训示，指授机宜为祷。职胡瑛叩，陷。

【北平五月三十一日路透电】据昆明讯：滇黔二省军队正在开战，胜负未判。战事发生地点，在滇省东境及东北境，战事原因不明。不久以前，据闻两省均奉中央命令，合作讨桂。

《大公报》（天津版）1929年6月1日，第1张第3版

周西成死耗

【北平电话】中央社南京电、贵阳二日电：李燊东（一日）电总部报告：因周西成与该师抗争，在黄角大败，身受重伤，已落水毙命。

【北平电话】复旦社南京电云：李燊、龙云自贵阳分电国府：谓分属军人，不谙政治，请中央速派员主持黔省党务政治。黔省民众均希望于王伯群、何应钦二人中择一为黔主席云。

《大公报》（天津版）1929年6月5日，第1张第3版

滇传李宗仁眷属到安南

【四日下午十一时云南专电】桂军溃败讯证实，湘粤军已携手，梧州在包围中。传李宗仁、白崇禧及黄绍雄均下野，李眷属已抵越南东京，转道赴港。贵省政府宣称：龙云军入黔，围攻贵阳，周西成率部退入川境。

《大公报》（天津版）1929年6月6日，第1张第3版

湘军将进攻柳州　电龙云速派兵夹击

【五日下午八时三十五分发汉口专电】何键现正督刘建绪、周斓两部攻柳州，俟柳州下，即由桂林进赴柳州，约八路总指挥陈济棠，召开军事会议，协议肃清及结束并善后诸问题，请示中央核办，再凯旋清共。

【五日下午八时二十五分发汉口专电】龙云确已协同李燊进占贵阳，并分一部主力，由独山入桂。桂军残余已无去路，并传桂军由梧州向西溃窜者只七八千人。

【六日上午十时发长沙专电】何键电龙云云：探送龙总指挥勋鉴：冬电奉悉。贵军击溃逆敌，克复贵阳，敬聆捷音，曷胜佩慰。敝军范师及李明瑞师已于江（三日）进占梧州，现正令周、刘两师会攻柳州。务望贵军

向桂急进，用收夹击之效，并请将进展情形随时电告，俾资连络而期协同为祷。弟何键叩，鱼。

【北平电话】国闻社上海电：桂军大部集中桂平，粤总部令前方准备大举攻桂平。香翰屏微（五日）早乘飞机回省请示后返西江，陈济棠支（四日）晚因胃病入颐养院，总部事务由李扬敬代行。港传：顾孟余到港，晤李宗仁。

《大公报》（天津版）1929年6月7日，第1张第3版

黔战甫毕　川战复起
赖心辉突然攻江津　二刘代表谒蒋请示

【七日下午五时十分南京专电】南京接川电：赖心辉突率部攻江津（重庆上游），刘湘、刘文辉以其破坏和平，现一致动作，出兵抵抗。与赖结合之杨森同盟军助赖，由川东进兵。二刘驻京代表谒蒋报告，并请示应付办法。

【北平电话】复旦社南京电：蒋电龙云：滇军师长黄辉彬曾称服从中央，周西成部未附逆窜桂各军。如果脱离周逆，听候收编，应准其来归。

《大公报》（天津版）1929年6月8日，第1张第3版

昆明枪决要犯

云南通讯云：日前此间宣布正法大批内乱要犯十名，当行刑时，市街如临大敌，交通为之梗阻者约数小时。事后国民革命军第十三路总指挥部、云南省政府，即合出布告，文云：为布告罪状事。顷据昆明市公安局破获内乱犯伪少将指挥官穆凤岗，执行重要职务者，黄吉三、张家珍、洪朝佐、常汉卿、李子平、刘正之、王德云等八名，暨证物炸弹、任状、伪币、图章等件，解请究办前来。经饬处研讯该犯等，直供实施内乱情形及计画如下：（一）先由胡、张处运入百元伪票一二十万元，以作一切费用。

(二)就省置有胶印机一架，伪造两角小票，以作补助零用。(三)由迤南运来炸弹十四枚，已晋省七枚，藏于昆阳七枚。(四)分头联络各方盗匪，乘机扰乱。(五)一俟相当时机，即在省城暴动，实行暗杀，纵烧民房，破坏交通、电灯、电话，破坏监狱，劫出龙秀华、杨诚义二人，共图大举各等语。据此查该穆凤岗等八名，图谋内乱，供证确凿；龙秀华、杨诚义二名，亦实有与该等联络图逃之阴谋。值此戒严期间，依法均难宽宥。除将各犯罪证据，另案影印宣布，暨饬员密缉漏网各犯，务获究办，并通令遵照外，合将该犯穆凤岗、黄吉三、张家珍、洪朝佐、常汉卿、李子平、刘正之、王德云、龙秀华、杨诚义等十名，验明正身，捆赴刑场，执行枪决，俾张法纪，而维治安。特此布告，咸使闻知，切切此布。总指挥兼主席龙云。(五月二十三日)

《大公报》(天津版)1929年6月12日，第2张第7版

王伯群勉滇黔长官

【十二日下午十一时发上海专电】王伯群电复李燊、龙云，望于军事结束后，实行编遣政策。交还财政，厉行禁烟，澄清行政，停止招兵。

《大公报》(天津版)1929年6月13日，第1张第3版

湘军围攻柳州甚急

何键电宁："军饷已罄给养困难"

【十四日下午三时南京专电】刘建绪、周斓两部，围攻柳州甚急，伍廷扬在城内设防坚守，现仍相持。龙云、李燊均将抵梧州晤面，会商肃清桂系办法。何键元(十三日)、寒(十四日)有电抵京，报告军饷已罄、给养困难，恳请设法，免误军机云云。

《大公报》(天津版)1929年6月15日，第1张第3版

改革黔政意见

王伯群致李燊龙云电

【十三日宁讯】交通部长王伯群，昨电李燊、龙云云：贵阳李军长晓炎兄，并转龙主席志舟兄均鉴：黔人苦压迫久矣！周西成暴戾专横，奴视民众，充其部落思想之私欲，演出偶语弃市之惨剧。党务被其摧残，政权视同私产，顽愚自用，倒行逆施。妄以偏僻一省，抗命阻兵，自外党国，亡何足惜！只以一夫落伍，遂使吾黔之今日，几退入十九世纪以前之社会，戕贼青年，蹂躏学术，此则吾黔无穷之损失，其祸更烈于苛征暴敛、残杀无辜百倍也。兄等除兹元恶，出黔民于黑暗桎梏之中，俾复得居住生活之自由，有造于贵州诚大矣！周氏频年剥削，元气大伤，培养生机，刻不容缓。其一切苛捐杂税，虐政酷刑，首宜概予蠲除，使人民有苏息之会。更进而筹备训政时期之地方自治工作，促党化政治与教育之实现，养成全省人民运用四权之能力，此根本之要图也。目前军事善后问题，则残敌肃清，即当实行编遣，军权还之中央，防卫责于警察。确立预算，以节流为财政治标之方；开发交通，俾百业有次第振兴之路；输入文化，方求新知，使人才蔚起，则郅治可期。其余如厉行禁烟、澄清吏治、剔尽中饱、铲除贪污、保障农工、维护商运、减轻盐税、充裕民食、停止招兵、裕民生聚、服从民意、庶政公开，举凡周氏愚民政策之遗毒，皆当锄而去之，致吾民于光明之坦途，是又今日不可少缓之亟务，抑亦黔人之所切望也。至于党务工作，虽有中央所派之指导委员负责，亦希望切实协助，予以充分之便利，俾能积极进行。群以谊切桑梓，遂忘浅陋，聊贡愚诚，以代遥祝。倘荷采择，幸何如之！王伯群。

《大公报》（天津版）1929年6月17日，第1张第4版

桂局粤讯：香翰屏已班师　黄绍雄愿下野

【北平电话】粤讯：香翰屏电省，吕焕炎反正，在陆丰就十五路总司

令职，桂平残敌不日肃清。讨桂结束，粤军无驻梧必要，应否回防？省复电：候令返防。香本人十七日返省，所部回抵都城。

【北平电话】广州报载：黄绍雄电俞作柏，本人即出洋，所部任改编。龙云电告到昭通。

《大公报》（天津版）1929年6月20日，第1张第3版

贵州善后问题

滇主席龙云统筹黔政，派李仲公何辑五回黔，阻李燊追击周西成部

【二十二日上午十一时三十五分南京专电】国府令：黔省府暂缓组织，军民两政，由龙云以十三路总指挥名义，援战时办法，从权处理。并复李燊四十八军军长职，撤消查办处分。又国府令派李仲公、何辑五赴黔，与龙、李会商黔省善后。李、何一周内经汉渝入黔。[国]府并电李燊，不准再前进攻击周西成残部，静候中央解决。

【二十二日下午五时十分南京专电】王伯群电旅汉同乡，声明无意回黔主政。

【二十二日下午五时南京专电】龙云电总部：请免胡若愚、张汝骥职。

《大公报》（天津版）1929年6月23日，第1张第3版

刘震寰扰滇桂边

【北平电话】国闻沪电：刘震寰派旧旅长熊镐在黔桂边界，召集散兵二千余，上月二十四日，由剥隘进占百色，以十路讨逆军名义，向商民筹款。俞作柏以讨桂事已了，顷电龙云制止。

《大公报》（天津版）1929年7月5日，第1张第3版

黔战仍未有已

【七日下午一时发南京专电】据贵阳电：周西成旧部谋攻贵阳，江

（三日）在昭通一带，与李燊部冲突。龙云在昭通与李燊商议军事善后，力弭战祸。并黔省府主席及省委，将缓发表。

《大公报》（天津版）1929年7月8日，第1张第3版

黔省府主席　政委公推毛光翔

【十三日下午七时四十分发南京专电】贵州省政委会推毛光翔为主席。龙云、李燊内哄，两部均退。毛有电报告国府。

《大公报》（天津版）1929年7月14日，第1张第3版

云南政变一幕

胡张反攻，龙云回师解围，药库爆炸居民死伤数千

【北平电话】法国无线电：胡若愚、张汝骥自去年云南案后，即退入四川，并在川召得军人若干。今乘龙云入黔之机会，胡张率队回攻云南省城。龙云闻讯，星夜赶回，拟解省城之危。但本月十三日城中不知何故，发生爆炸情事，极为惨烈，居民丧命者一千余人，受伤约二千左右，无家可归者五千余人。法领事馆亦受损失，惟法人与越侨方面，至今未闻有何伤害。

【十六日路透社北平电】据云南迟到消息，略述省城发生剧烈纷扰，即胡若愚、张汝骥两部由贵州进攻至云南省城，与守军略有接触。约在七月十一日发生巷战，火药库爆发，受祸区域颇大。英国领事馆已炸毁，法领事馆损失颇巨，英领事克尔克氏受伤，但不甚重。至详细情形，迄今尚未得悉。

《大公报》（天津版）1929年7月17日，第1张第4版

张维翰谈云南炸城真相

仅系火药库爆炸，并未发生巷战事

【十八日沪讯】连日报载云南省城发生巷战，火药库爆发，震坏房屋

甚多，死伤人数不少，而详情如何，究未得悉。记者昨访滇交涉员张维翰氏探询，据云本日尚得云南省政府代主席胡瑛删日来电同时并接家属电报，谓全系火药库爆发，并无战事。兹将张氏所述情形分志于下。

△肇事地点。云南省城北门内圆通山，原有一火药库。在前清时，曾爆发一次，震坏附近房屋甚多。嗣后云南政府有鉴及此，凡所购制火药，均存于北城外三里许之莲花池附近一古刹内，城内遂无药库，该地风景甚幽。

△爆发原因。近因胡若愚、张如〔汝〕骥率所部复由川黔入滇，在大关一带将返攻昭通。龙云亦将所部朱旭、张凤春、张冲各师，集中昭通防御，省城留守部队甚少。本月初间，盛传滇南土匪吴学显、禹发起等，因受胡、张委任，将进袭省城。滇省府当局因此项火药，远在城外，恐为敌方所得，复雇丁移入城内，仍置于圆通山旧药库内。因管理人疏忽，致遭爆发。

△震毁情形。该药库既爆发，附近房屋多被震坏，余之住宅及英领事署、圆通公园、螺峰街等近山麓之房屋，颇有损坏。

△死伤人数。据余所得电讯，于死伤人数，尚无详实统计。但药库附近一带，地旷人稀，死伤人数，当不至如路透所传之甚。

△昆明市况。云南省城即为昆明市，昆明市城内共分三区：城南为第一区，系商业区；城中为第二区，系机关集中区；城北为第三区，系居住区，及高等学校区，圆通山即在该区东北方。该区西偏有东陆大学、第一中学、图书馆、兵工厂、造币厂，但离肇事地点较远，不致波及。东南偏有感化院、军械局，亦不致波及。圆通山附近，以地较清幽，风景绝佳，中产以上人家，恒乐居该处。此次肇祸，不无相当损失也。

《大公报》（天津版）1929年7月22日，第1张第4版

电讯汇志

【沪电】龙云电张维翰称：胡、张等部窜滇西，经追击，逃散三千人，一月内可肃清。

【又电】滇越铁路章程修改，须在越南约成立后三个月内。

《大公报》（天津版）1929年7月27日，第1张第3版

龙云电告　滇省已安

【平讯】龙云昨有电到平：张、胡逃窜，滇省已安。文云："（衔略）均鉴：云奉命讨逆，督师全黔，底定黔省。正拟移师入桂，乃张逆汝骥乘虚进犯昭通。适云进次威宁，当即派兵驱逐，克复昭通。云因讨逆任重，随复驰抵安顺。张逆探知，云师遄离滇境，乃复勾结胡若愚、孟坤两逆，再举犯滇。围塞昭通失利，遂绕窜东川，进驻省垣。云以此等残逆，若不迅予歼灭，影响大局，并且妨害统一，当即亲率一部回滇清剿。筱（十七）日抵省，适值逆敌窜散近郊，因于巧（十八）日饬部进剿，于碧鸡关附近激战，逆方伤亡极众，向迤西分头溃窜。当由卢、朱两师，衔尾追剿，沿途截获辎重甚多。逆众人械俱缺，现复窜入绝地，我方用兵跟追。仰托中央威德，于最短期间，不难根本肃清，永除滇省后患。谨电奉闻，诸维亮察。龙云叩，漾（二十三日），印。"

《大公报》（天津版）1929年7月29日，第1张第4版

兵祸连年之云南

朱幼卿　投

天灾流行，兵匪殃民，固所□有，尤于政治不清明、军阀制度未完全铲除之时，所难幸免。而民生疾苦，亦实古今中外所同悲，然从未有如吾滇省受兵匪交害之连续而且奇重也。滇省僻处边陲，一切均较落后，且以交通不便，鲜与外地往来。历年以来，兵祸匪患，更替不已；民穷财尽，难于聊生。特以交通及政治关系，人民呼吁苦楚之声，壅抑不闻于外。兹借此次省内之变乱，滇民无家可归之哀痛声中，特草此文，略述近二三年来云南政局之变化，以及人民此次受害之情形，以促国人之援助及中央政府之注意。

云南未隶国民政府以前，为唐继尧所宰制。唐氏先后统治云南，已逾十年，其间虽有护国、靖国之役，但财政枯窘，百业凋弊，金融紊乱，人民早不堪其苦矣！自北伐军兴，革命高潮激荡，文化闭塞之滇民思想，浸假而促成十六年二月六日之政变，龙云、胡若愚合力驱唐。唐见大势已去，无可挽回，遂退走。十余年来专横之西南大军阀，遂被革命潮流击溃无余矣。

唐死后，中央忙于北伐，对于云南政局，未能立时解决。于是龙、胡组织省务会议，处理政务，推龙云为主席。旋二氏因主张之纷歧，利害之不容，于六月四号发生内哄。龙氏被迫下野，兵退迤西，胡氏遂膺主席之职。双方军队实力不相上下，故无日不在戒备之中。龙部战将卢汉，率兵由迤西反攻，兵临城下，又造成七月二十三日之政变，胡又被迫下野，龙复主席之职，胡部由迤西退往川省。统计时间不上半载，而政局已三变，至此虽可告一段落，但复杂之西南政局，当难保今后之无事也。

中央奠都南京，任龙为省府主席及三十八军长，约计其实力，不下五六万人。已经中央明令委任之师长，有九七师孟友闻、九八师卢汉、九九师朱旭、一百师唐继灵〔麟，亦作鳞〕、一百零一师张冲，此外尚有未经中央任命之张凤春师。至于胡部虽溃不成军，但尚保有数千人，遂退入川境，休养生息，以谋反攻。年来云南政府觉局势敉平，方欲用其全力注意剿匪，及刷新内政，不料桂系谋叛，西南边省，几尽卷入漩涡。胡若愚、张汝骥借黔川之一部份势力，图谋窥滇。云南政府一方既须防土匪之暴乱，胡若愚、张汝骥之反攻，同时又须出兵贵州，与李燊部合灭周西成。主力军队如九八、九九两师，大部调至边地，军事上既感分配之难，而驻省之势力不免稍薄矣。胡、张乘隙反攻省城，实为可能，且早在吾人预料之中，但吾人至今尚未接到省内确实较详之报告，只得据日来报纸所载消息，再为披露，以求国人之注意。

本月十七日《大公报》载法国无线电消息，谓胡若愚、张汝骥自去年云南案后，即退入四川，并在川招得军人若干。今乘龙云入黔之机会，胡、张率队回攻云南省城。龙云闻讯，星夜赶回，拟解省城之危。但本月十三日城中不知何故，发生爆炸情事，极为惨烈。居民丧命者一千余人，受伤约二千左右，无家可归者三千余人，法领事馆亦受损失。同日路透电谓：胡、张反攻省城，约在七月十一日发生巷战，火药库爆发，受祸区域颇大，英国领事馆已炸毁，法领事馆损失颇巨。

此后十八至二十三日均有是项消息，其中可确信无疑者，即云南省政府秘书给省府委员张维翰之电，及省代主席胡瑛电张乞赈之情形。省府秘书龚自知宅，在学院坡头，位于园通山之前、五华山之后，距军械局甚近，其屋位居高处，且少与居民毗连，尚被炸毁，家人亦受伤，情形之严重，由此可知。

英法领事馆在五华山之右侧，居翠湖之滨，距园通山之火药局较远，且地较低下，房屋亟〔极〕其坚固，若非巷战，恐不至波及。向例发生变乱，大官富豪，多迁入领事馆，作避身之处。由领事馆之被害，吾人更敢断其非仅火药库爆发也。胡代主席之电中，未言巷战，仅谓火药库爆发死千人、伤六七千人。官方消息，已如此可怕，则此次之惨剧，断非简单之失事，而为凶猛之城市混战，可断言也。盖火药局位居圆通山之上偏，在城之东北角，附近居民稀少。若仅火药局爆炸，何至死千人、伤六七千人？政府亦不至特电乞赈矣。

噫！滇民何辜，遭此荼毒！每忆昆明市之混战，辄觉士兵布满街衢，昏夜追呼，寇盗纷纭，焚掠交加，人民急中走险，死里逃生，不死者几稀矣！此为省会之情形，至州县乡村，则受溃兵盗匪之劫掠，其苦痛亦不减于省城。嗟嗟，人非木石，睹此情形，能不悲哉？

滇民处于唐氏专横暴政之下，钱财银物，早被掠括殆尽。连年之用兵及内哄之相循，愈使经济枯窘，金融破产。现据政府宣布，滇省纸币，已过七千余万，币价低落，已达极点。滇票七八百元，始抵国币百元。云南一切日用货物，大半仰诸外人之供给，因此愈觉物价之飞腾。现米价将近十元一升，合一元余一斤；盐则一元七八一斤，猪肉一元三四一斤。普通用之牙刷，最坏者亦须一元六七一把；肥皂、牙膏，均非一元以上不可。中产之家，行将无以谋生；等而下者，只有坐而待毙矣！今更遭此惨剧，人民将何以为生乎？

然此皆往事，吾人亦仅能涕泣于全国人民之前，以求国人之援助而已。更有不能忍言者，即中央过去对于西南边省，因鞭长不及，往往抱承认事实及兼拉各方之态度，遂有养痈贻〔遗〕患之危险。今桂系已倒，西南政局稍较清平，中央对西南边省军事，应有一贯之政策。凡不知革命之军人，及专以称兵作乱祸国殃民为能事之军阀，应澈底讨伐，以昭中央之威信，并明革命之意义，则吾滇小民，或可有一线生机。若似过去之对胡、张，忽而免职查办，忽而委任要职，则滇省之循环变乱，真不知伊于胡底？而滇民之苦痛，将不堪闻问矣！其次云南金融，已频〔濒〕破产，际此内乱循环、变化无定、土匪充斥、商旅裹足、百业不振之时，单凭一省政府之力量，整理积久行将破产之金融，恐事实上一时实难做到。而金融一日不整顿，则滇民之苦痛加深一日。中央对人民苦痛，素既关怀，此轻而易举之事，当不至令吾滇小民再失望矣。

《大公报》（天津版）1929 年 7 月 29 日，第 1 张第 4 版

滇战告一段落

【廿九日下午九时上海专电】龙云电称：张汝骥、胡若愚部，经朱、刘两部在碧〔鸡〕关一带击溃，胡、张已逃。

《大公报》（天津版）1929 年 7 月 30 日，第 1 张第 3 版

中法越约争执经过

法方三理由均被驳倒；通过税问题终成悬案；外交界某君之谈话

【三十一日京讯】此次中法修约，共经会议二十二次，全约大体均已修妥，惟余"通过税"一项尚未解决，致使全约未克观成。现法使玛泰尔已在回北平途中，何时方能继续谈判，尚难逆料。记者昨（三十）日晤外交界某君，谈此次中法修约双方争持通过税之经过颇详，兹志于次。

吾人欲谈此次交涉"通过税"之情形，须先明了法国在滇越路越境征收通过税之状况。在中法旧约中，订明通过税征收百分之二，然法国从未照此征收。近年以来，征收各货之通过税率，靡不在百分之二十以上。如丝、茧等，近且达百分之五十矣。查云南及西南各省，为物产最丰富之省

区，法人如此苛征通过税者，实欲封锁吾国西南之物产，以绝吾国之富源，而达其经济侵略之目的也。

吾国受此苛税之痛苦久矣！故此次中法修约会议，我国提出取消，然法国为维持其权利计，坚持不允。在每次会议中双方争论，甚形激烈。在法国所持之理由有三：（一）法国修筑滇越铁路，所费甚巨，不能不征收通过税，以为补偿。（二）安南为法国之殖民地，财源大半依靠通过税，若将通过税取消，法国殖民地之财政将陷于无办法。（三）法国同美、日两国均订有最惠国之条件，美、日两国早有此议：若允中国取消通过税，美、日两国必起而效尤。此三项理由，均经我国外交当局一一驳斥，不能成立。

以第一项理由而言，法国修筑铁路之费用，若取偿于通过税，则中国将领土供给别人修筑铁路，而在铁路修成之后，复须倡办路警，以资保护。试问此种损失，又将取偿于何处？以第二项理由而言，法国对于殖民地之财政，自应另有正当办法，不应以侵略他国之经济，为维持其殖民地之永久办法。且即退一步言，此时若订立取消通过税之原则，声明于两年后实行，则法国亦不难对于殖民地之财政，有充分准备。以第三项理由而言，美、日对于法国，尚有此种要求，则供给土地、与别人筑路之中国，自应更有此项要求，毫无疑义！

在修约会议中，法国所持理由均经中国驳斥，法使乃允以后征收通过税照约办理，不再超过百分二〔十〕之税率。我方仍未应答，坚持完全取消。法使乃用其惯技，声言即日返平，意在中止修约谈判，以为要狭〔挟〕。盖法使犹以为今日之中国，仍可以用从前外交之手腕以要挟也。殊不知国民政府之外交，迥非昔日北京政府之外交可比。法使虽意在要挟，我方仍坚主取消，法使计不得逞，乃以请示政府为词，继续谈判其他问题。故此次中法修约会议，除通过税一项未能解决外，其余问题均有相当之解决。会议毕后，经双方签订且声明通过税一项，留待法政府训令到后继续交涉。现法使已起程返平，惟闻尚逗留青岛。王外长则已将此次中法修约之经过，在行政院会议，详为报告，闻行政院仍主坚持取消通过税。此为此次中法修约会议中，交涉通过税之大概情形。

于兹尚有一事足资可闻者，则为中法修约会议正在进行之际，法国驻云南领事忽致书龙云,谓云南交涉员张维翰,此次参与中法修约会议,态度强硬,殊非滇越友好之道,请将张氏调回云南。事为外部所闻,以驻云南法领事此举,实属荒谬已极,遂向法使提出抗议,请惩处该领事。法使先将该领事调任他国,不在中国任何地方充任领事云云。

《大公报》(天津版)1929年8月4日,第1张第4版

滇黔政闻:李何商组黔省府　龙云报告滇军事

【五日上午零时三十分发上海专电】李仲公、何辑五在黔正商组省府,龙云电告:张汝骥、胡若愚部退川边,决派队追剿,请蒋电刘文辉堵截。

《大公报》(天津版)1929年9月5日,第1张第3版

云南大绑票案详情

游击司令部张筵待客,列席之官绅均被绑去

【云南通信】本省迤南一带,民性倔强,多起为盗。强有力者,召募流亡,挟枪入伙,千百成群,自称"民军"。曾趁胡、张祸滇之际,要求政府,予以各县"守备大队""游击司令"等名义,在地方横行无忌,与土匪、绅士互相结合,施行绑票政策,地方常生恐慌情形,人民受害最烈。现当军事敉平,总指挥龙云乃派一百零一师师长张冲,调赴迤南,专任剿匪及解决民军事宜。殊大队尚未到达,民军即在蒙自大行绑票,政府委任官吏绑去甚多,为滇省自来未有之事也。兹将详情列下。

驻防蒙自之游击司令李应鸿(绰号龚铁匠)于九月三十晚,邀请各机关人员及地方士绅,到司令部内晚餐。其实李已暗地先赴临安(建水县),是夜系该部第二大队长李迎祥招待。讵料席甫散(约八时),大队长李迎祥即下绑客令,竟将列席之各长官、士绅概行绑捆,拉由北门外,派兵押乘临[安]个[旧]火车,向建水方面而去。计绑去者为一百零一师部派遣来蒙之代表董团副、滕副官,蒙自县长孙模,蒙自道尹公署科长陈焱,无线电台长缪和之,团保局长万钟祥,农会会长马骧,经费局长汤觐衡,

教育局长胡养真，两级小学校长李文宽，公安局代行拆李占云，分局长张香圃、毕汝霖，绅士闵助周、陈子谧，医官高永和，该进击司令部副司令孔宪康、副官席聘琨、参事王嘉续等，第四大队长陈自修亦在被绑之列。惟该部军需官刘德甫、第一大队长江桂森及充当该部参谋之地方士绅马承琳，皆临时逃脱。此外往司令部接客之兵役李元、孙学二人，亦被绑去。此外被邀未去者数人，皆得幸免。

本日上午，因第一大队部尚驻城内未去，人心惴惴不安。后因一百零一师第十六团将于一日进城，故是晚该部始分两批离蒙。开拔时，尚欲唱过街调（意即沿街掠劫），嗣以商团、民团、街团等，沿途防范，未得遂意，当晚乘个［旧］蒙［自］车行抵鸡街。席师龙团于一日午前九时抵蒙，而该部江大队长于午后四时始去，人心安堵，秩序如常。

二日午后二时，被捆官绅家属回蒙四人，略述被捆情形云：三十日夜八时半，被捆离蒙，沿途即将身边银钱、衣服、鞋帽搜脱干净，仅得少许破滥军服蔽体。夜十一时半抵鸡街，即下车，赤足步行。二时半，抵石岩寨，仍步行。官绅皆年在七八十，加以阴雨连绵，自幼又未受过苦痛，有数人烟（鸦片）瘾甚大，故沿途狼狈之状，难以言喻。倘行走稍缓，即被老板（匪兵）持枪托在后追打。一日午前十时，抵麻栗村，官绅至此俱不能行动。县长孙模原有病在身，至此已昏倒于地；万团长气病复发，要求不再步行，即被老板们痛击以枪柄；胡局长倒地不起，李校长骇得目瞪口呆、惊惶失措。瘾发者多方恳求，方得少许烟灰吞食，愁容惨状，难以罄述。而老板等大发雷霆，毫不容情，用绳拉走。赤足走不动者，俱饱吃枪筒。后经官绅全体环跪请求，乃蒙该司令官大发慈悲，由大田山派来车兜三辆乘坐。至午后二时半，抵缅甸，下车后，各官绅皆哭不成声，眼红目肿。步行至附近村落，略得粗饭半碗果腹，露宿旷场。二日即将吾四人（官绅家属）放回，讨取票价，而官绅等又被带往临安方面，有谓往金鸡寨者，有谓进云洞老窝去者，大约以后说为合。目前政府及张师全部，正计画围剿，以救各官绅云。

《大公报》（天津版）1929年10月28日，第1张第3版

云南省府改组　任龙云等为委员

【十三日下午七时十分发南京专电】元（十三日）中政会议，决议要案：〈中略〉（三）决议滇省府改组，任龙云、胡瑛、金汉鼎、张维翰、张邦翰、周采〔钟〕岳、卢汉、朱旭、张凤春、唐继麟、孙渡、缪嘉铭、龚自知为省政府委员。

《大公报》（天津版）1929年11月14日，第1张第2版

中常会之议决案

【十四日下午六时五十分发南京专电】寒（十四日）中常会议决要案：〈中略〉派龙云、卢汉、张邦翰、陈廷璧、裴存藩、陈至科、曾之省七人，为滇省党务指导委员。〈后略〉

《大公报》（天津版）1929年11月15日，第1张第3版

国务会议决议案件　任命滇省政府委员

【十五日下午六时三十分发南京专电】删（十五日）国务会议，主席谭延闿，决议案：（一）任命龙云、胡瑛、金汉鼎、张维翰、张邦翰、周钟岳、卢汉、朱旭、张凤春、唐继麟、孙渡、缪嘉铭、龚自知为云南省政府委员。〈后略〉

《大公报》（天津版）1929年11月16日，第1张第3版

越南商约与滇新税

增加入口税为整理金融，法使遂借词延宕不签字

【十九日下午十时上海专电】关于滇省府新征入口税问题，据滇籍某要人称：此事原因，系以龙云所发纸币太多，折价流通，商民交困，嗣经

金融会议议决，征加入口税，以资整理。滇省进口货，每年约三百余万，月计约三十万。征入口税百分之二十，月可得六万，于财政上自不无小补。现《中法越南商约》将签字，法使玛泰尔表示：此项入口税不取消，则商约不签字，借口延宕。但此税系普遍的，英、荷等国均无异议，法方之用意可知。又谓滇政局甚安，胡若愚残部仅二三千人，已派大兵剿办，不难肃清。滇省现设两殖边总局，一在腾越，对法属安南；一设蒙自，对英属缅甸。

《大公报》（天津版）1930年1月20日，第1张第3版

西南之魔死了两个

张汝骥被诛孟坤溺毙　胡若愚落水仅以身免

滇省之一幕丑战

【重庆通讯】滇省自龙云主政以来，胡若愚、张汝骥、孟坤等，即深为不满，刻刻欲直捣昆明，取龙而代之。去年夏间，胡等乘龙出师讨桂之际，即大攻昆明，卒以兵少饷缺，败退滇省腾越道之华坪、永北、蒗渠、永宁，及川南之会理、盐源、盐边一带，意在相机而动，一面招抚土匪、结纳蛮兵，并与驻节西昌等地之羊仁安旅（羊前为滇军师长，去夏转投二十四军刘文辉，改编为旅）互通声息，借此即渐与刘文辉相知。胡等颇愿受刘改编，惟因某条件未商妥，遂中止进行。滇龙以此更目胡等为腹心大患，常思有以剿灭。去年冬间，龙见湘桂川三省局势于最短期间尚不能波及滇省，乃抽调劲旅，组织西征军，冀将胡、张、孟等根本铲除。

本年一月初旬，龙乃率领雄师，下令西讨。是时胡等部卒共约万余人，惟半系川滇边之惯匪及西康木里之蛮兵，既少严格训练，事前又与胡等无深厚之结纳，故一经与龙军接触，始则勇气百倍，继乃望风披靡。胡、张、孟等号令又不统一，因之遂为龙军击败于盐源、盐边等地。胡等经此之后，决计退向木里，以图反攻，惟其部卒衣单天寒，不愿偕行，遂纷纷潜逃。张（汝骥）为鼓励奋发、身先士卒计，遂命其部下师长田钟

毅、林丽山等率其残部先行，己则率领卫队在后监督。事前为龙军侦悉，乃潜踪追击，除获得大批枪械及俘虏外，并将张生擒，当即解赴大理（因龙之行营即驻该地）。龙以张数次乱滇，愤不可遏，当即就地枪决，并一面加派军队，袭击胡、孟，以期永绝后患。

同时，胡、孟闻张被擒，亦不愿径往木里，乃同向打箭炉进发，随行部卒早成惊弓之鸟，为数仅千余人左右。甫至大渡河境地，突来苗匪千余，意图腰劫。胡等当时颇为惶恐，而渡口又少有船只，仅有二木竹筏停泊于彼。胡等彼时，慌不择路，竟群起挤登于筏上，筏至半渡，以不能任此重负，而苗匪等又追至岸边作吼，筏上士兵竟呆若木鸡，不知所措，以至撑篙无人，掌柁无主，所乘之筏，遂在水中翻身，胡、孟及其部卒因而全体覆沉。惟胡与三五士兵，于无意中握得木板在手，始得泅登彼岸。孟坤与其他大部士卒，竟葬鱼腹矣！

胡若愚与三五士兵庆生后，即兼程直奔打箭炉。惟胡因在大渡河逃生时，其腿部曾与河中竹木及乱石发生冲突，当时尚不觉其创痛，迨抵打箭炉稍事休息后，伤形大现，已不能自由行动。胡拟于伤势完好，即轻装赴成都，与刘（文辉）邓（锡侯）等会晤。

近闻龙云对中央诋其勾结乱党，意在祸滇祸国等辞，胡颇恐慌，曾由打箭炉电致二十一军刘湘，请其向中央代为辩白，并申述此次经过，实由龙云越境压迫，胡并未与任何乱党发生关系云。当胡、张、孟等被龙云击败时，其原有之匪队，仍退入川边一带之大山中，再度其绿林生涯。胡等原有之部卒，除投降滇龙及被二十四军羊（仁安）旅收编者外，亦有一小部随匪入伙。其余不愿伙并者，竟由西昌窜入庆符。原为胡若愚之部窦某统率，现闻窦已不知去向，其部卒有一小部则为庆符一带之护商队所收容，余则仍潜入川滇接壤处，独树匪旗。川滇两省当局，正谋绥抚之策云。（三月十日发）

《大公报》（天津版）1930年4月1日，第1张第4版

粤桂迄无大战　陈铭枢派员入京商军事

【国闻社十七日上海电】抚河桂军尽撤，驻浔张部向柳州撤退。陈策

语粤记者：我军迫近浔贵，前哨时有接触，迄无大战。陈济棠代表程环金由滇抵港转梧，谓龙云允出两师攻桂。陈庆云奉陈济棠、陈铭枢命，晋京商桂事。

《大公报》（天津版）1930年4月18日，第1张第3版

滇军攻百色

【国闻社八日上海电】刘沛□电告：龙云令卢、朱、冯三师开拔，冯越广南，朱到富川，陈旅到富明，俟大队到，即攻百色。〈后略〉

《大公报》（天津版）1930年5月9日，第1张第3版

陈济棠赴武林

对浔贵将下攻击令

【九日下午九时发上海专电】港讯：庚（八日）陈济棠偕陈策乘坚如舰赴武林，晤朱绍良后，即下攻浔［州］贵［县］令。滇军朱旭部抵桂边，龙云在广南设兵站。

【国闻社九日上海电】张桂军财力竭，议定五月起各自筹粮饷，弹药军费互用，张发奎电港索款接济。张桂大部仍在宾阳，调民团二千，增防浔［州］贵［县］。派雷飙率一旅，赴龙州、百色，抗滇军入桂。蔡师任攻浔渡河先锋，由广州封民船百艘，征铁锚□盘、缆二千丈，运桂为渡河用。

《大公报》（天津版）1930年5月10日，第1张第3版

湘滇军将协攻南宁

陈济棠赴武林总攻令将下

【十日下午三时四十三分发上海专电】湘军刘建绪、陈光中两部，已迫近桂林。滇军卢［汉］张［凤春］朱［旭］三师，已集中百色，备夹

攻南宁。龙云代表周伯甘抵粤，谒陈铭枢，日内赴梧谒陈济棠，商切实联络办法。

【国闻社十日上海电】贵县桂军撤向桂平，朱为珍师在大皇江与桂军莫树杰等部剧战，朱师及许旅庚（八日）派队赴前方应援。陈济棠定蒸（十日）偕陈策乘坚如舰赴武林督师，总攻令删（十五日）可下。陈济棠委黄任寰为平南命令传达所长，粤总部令，禁运铅、铜、铁、锡金属物及棉花、电器材料至平南上游。

《大公报》（天津版）1930年5月11日，第1张第3版

粤桂军事

【十六日上午零时三十分发上海专电】港电：至寒（十四日）止，六路军及蔡、李两师均渡河向宾阳，联络余香师，由兴业攻贵县。飞机探报，柳州有桂军数千，贵县亦有二千。

【国闻社十五日上海电】龙云电粤：先头部队达六诏山。

《大公报》（天津版）1930年5月16日，第1张第3版

粤军将入湘　陈济棠决派四师

【国闻社二十三日上海电】陈济棠、陈铭枢养（二十二日）电龙云，请滇军中止入桂。李扬敬个（二十一日）晚回广州，陈济棠任蒋光鼐为追击前敌总指挥，又令筹组兵站及北路电信交通队，征集全市骡马。飞机掩护队养（二十二日）出发，第二飞机队漾（二十三日）午起航。陈济棠决派四帅入湘，蒋、蔡与余香师各为一纵队。六路总部驻梧，行营已迁粤。陈济棠电宁：辞兼领桂政。柳邕间余桂军三四千。

《大公报》（天津版）1930年5月24日，第1张第3版

滇军两路入桂

六日已抵恩隆龙州

【六日下午七时二十分发南京专电】军界消息：龙云奉蒋命，率滇军东下，肃清桂省，上月中旬已出动。现据报：龙率部集中滇边，分两路进兵，鱼（六日）所部已抵恩隆、龙州，即向前进。

《大公报》（天津版）1930年6月7日，第1张第3版

桂战经过谈

吕竞存之谈话

【平讯】第一方面军总司令李宗仁特派吕竞存、温挺修及张某三人，北来报告军务，接洽一切。吕等业于日昨到平，记者昨在某处晤见吕竞存（前黄绍雄之参谋长），据谈第一方面军近况如下：

当第一方面军攻克长沙时，李总司令令各军向湖北进攻汀泗桥。适将攻下，得各方报告，谓蒋调鄂赣粤等省大部军队来攻湘省，我军为保全实力，遂变更战略，回守衡州。敌军遂三路进迫，自六月二十五日起至三十一日止，激战衡州附近。是时天气极热，给养缺乏，运输困难，不得已全军复退回广西。除少数湘籍军人逃亡外，实力无何损伤。我军既抵桂境，湘军亦跟踪而来。其预定计划，粤出平乐，湘入桂林。待至七月二十八日共党攻下长沙，湘军回师进援，粤军因无单独作战能力，亦退回广东。我军以此机会不可失，遂于七月底由桂林大举出击。

八月初滇军奉蒋令由卢汉率领号称三师之军队（实不过六千，枪万余），由百色新州出动。事前滇主席龙云有代表到梧，说明其出兵目的：一为蒋陈曾给以重金，叠促滇省出兵；二滇境困苦万状，纸币充斥，每八元换现洋一元，且云南大宗土产，无处出售。

李总司令以云南为广西邻省，有合作之可能，对龙之举动，允为默契。滇军遂分两路前进：一由龙州入滇安［南］、桂滇交界处，一路入北海（滇桂交界处，名为雅片路）。是时蒋复重新规定滇军取南宁，桂军攻

柳州，湘军入梧州。滇军以我军新由湖南退回后，亦大为心动，遂向南宁前进。嗣闻湘、粤两军后退，亦向后撤回，近闻滇军已与我军妥协矣，刻下平南、昭平以上已无敌军踪迹。我军现正整顿补充，从新编组，一俟饷项有着，即可复出湖北，再入长江。

李总司令刻在柳州，白（崇禧）黄（绍雄）张（发奎）等时往来柳桂之间，前敌总指挥部参谋长王泽民刻因丧由桂返沪。予等此来，系向阎、冯总副司令报告第一方面军近况，日内即行赴郑、汴并各处，或将暂驻该处担任军事联络云。

《大公报》（天津版）1930年9月5日，第1张第3版

龙云代表谒蒋

【南京电】龙云代表李西平，前过京赴前方谒蒋，有所请示，结果甚圆满。李日昨返京，日内即回滇报告。

《大公报》（天津版）1930年9月6日，第1张第3版

张发奎率部攻滇

邕宁守兵仅千余人

【二十九日上午零时四十一分发上海专电】龙云加调张逢春全师入桂助战，张桂军四千余，由张发奎率领攻百色，仅留兵千余及民团守邕。

【国闻社二十八日上海电】梧讯：张发奎、白崇禧率大部退滇边，如和平条件不妥，即入滇境。

《大公报》（天津版）1930年11月29日，第1张第3版

滇军反龙云　吴学显等迎唐继虞

龙云调入桂滇军返省

【国闻社二日上海电】滇军吴学显、李绍忠等，在迤南通电反龙云，

迎唐继尧回滇。龙派张奉是师讨吴，张抵迤后，与吴沟通，龙调入桂滇军回滇。

《大公报》（天津版）1930年12月3日，第1张第3版

和平恢复后之第一元旦　授勋大赦　公布选举法

首都昨日喜雨今日大举庆祝

【三十一日下午六时发南京专电】国府元旦公布授勋命令：（一）国家欣逢履端之庆，眷维党国宣力之贤，张学良、何应钦、朱培德、杨树庄，特锡荣褒，用彰丕绩，此令。（二）国家绥疆戡乱，端赖群材，秉总理之遗谟，作干城于党国。胜残除暴，聿着勋勤，庆洽履端，宜颂懋奖。刘峙、韩复榘、何成濬、陈调元、王金钰、朱绍良、陈济棠、徐源泉、王树常、于学忠、贺耀祖、张作相、顾祝同、蒋鼎文、王均、冯轶裴、张治中、陈铭枢、张惠长、贺国光、俞鹏飞、谷正伦、杨虎城、夏斗寅，着晋给一等宝鼎章。刘湘着给予一等宝鼎章。蒋光鼐、刘茂恩、马鸿逵、陈策、陈诚、蔡廷楷〔锴〕、范熙绩、陈继承、赵观涛、毛炳文、杨胜治、香翰屏、李扬敬、余汉谋、黄秉衡、陈季良、谭道源，着晋给二等宝鼎章。鲁涤平、龙云、张钫、上官云相、孙桐轩〔萱〕、曹福林、毛光翔、徐廷瑶、萧之楚、郝梦龄、周骏彦、陈仪、李鸣钟、刘镇华、张之江，着给予二等宝鼎章。李韫珩、曾以鼎、陈训泳，着晋给予三等宝鼎章。叶开鑫、胡宗南、胡祖玉、金汉鼎、钱大钧、谷良民、李云杰、许克祥、韩德勤、阮肇昌、刘和鼎、戴戟、阮勋弼、徐鹏云、武定麟、岳维峻、蒋锄欧、钱宗泽、何竞武、俞济时、林蔚、邱炜、王纶、张砺生，着给予三等宝鼎章，以示酬庸锡羡之至意，此令。〈后略〉

《大公报》（天津版）1931年1月1日，第1张第3版。（《大公报》所载授勋名录，与《申报》所载略有差异，录以备考）

滇已裁厘

【十四日下午一时南京专电】龙云电京：已遵令，东（一日）起裁撤

厘金。

《大公报》（天津版）1931年1月15日，第1张第3版

接济滇械

【二十二日下午八时发上海专电】中央接济龙云大炮十二尊、机枪二十架、枪炮弹二千三百四十箱，定漾（二十三日）由沪运海防。

《大公报》（天津版）1931年1月23日，第1张第3版

滇事如何

外讯传龙云已离省，但龙部又请其复职

【北平三月十八日路透电】滇省情势仍在混沌中。迫省主席龙云辞职之军官四人，关于组织省府事，意见不合。龙氏于十二日离省，该军官等现又请龙返省复职。

《大公报》（天津版）1931年3月19日，第1张第3版

滇局变化

龙云出亡行踪尚不明　张冲、卢汉暂维持滇事

倒龙运动系唐继虞、胡若愚主动

【十九日下午九时三十分发上海专电】滇局有变，龙云前日有电致沪某要人，现已三日未得电。最后之电，龙已离省，但犹未出滇境，一说在昭通，无从证实。传张冲、卢汉、朱旭等四人共组一委会，维持滇事，驱龙派态度不明。

【香港通信】据云南来客谈：自龙云所部滇军，由桂撤回后，滇中谣诼繁兴，缘两广间和平实现，颇谣传桂张军有入滇之讯。而滇中将领中，如张冲等颇有不稳消息，胡若愚、唐继虞更有乘机活动讯。关于前者，据

调查桂张军入龙州、百色后，其部队迄今未进滇境，龙云近亦颇从容整理其部，当无可虑。惟滇省之反龙派，如唐继虞、胡若愚等，则乘机运动倒龙甚急。但唐、胡二人，其兵力早经销失，倘欲倒龙，不得不借助省外兵力。顷据梧州政界方面传出消息，谓前数天唐、胡两氏，派有代表张某、杨某二人，取道龙州，已抵南宁。谓见李宗仁、张发奎、白崇禧等，运动桂张军，移师入滇。唐、胡等自愿在滇担任收集滇边之残部，及运动龙氏部下，以为内应。又闻唐、胡等自派代表入桂后，同时并派代表入川，游说川军协助倒龙。但川军各部份，互相牵制，唐、胡等此举，谅亦无效果之可言。至桂张军方面，对于入滇一事，尚未闻有积极准备，且李、白、张允即出洋，此事当不成问题云。（十二日）

《大公报》（天津版）1931年3月20日，第1张第4版

滇局尚安

龙云电京"军民挽留中止请假"；编遣不难办理

【二十日下午九时二十分发南京专电】府讯：龙云皓（十九日）电京代表李培天，称龙前拟请假回本籍，因军民挽留中止。编遣事办理并无困难，昨以将领中有对于政治不甚明了轻发议论者，故稍事整饬，不致生何问题。仍当仰体中央意旨妥慎办理等语。

【二十日下午十二时发上海专电】龙云驻港代表萧寿民，接龙巧（十八日）电称：请假回籍事已中止，已于筱（十七日）返省。滇中将领举动失宜，业经稍予惩处，已平靖无事。

《大公报》（天津版）1931年3月21日，第1张第3版

滇事真相如此　军队编遣互生误会

龙云返昆明后已归平静

【二十二日下午十时五十分发南京专电】蒋电饬卢汉、朱旭、张冲各部，仍遵照中央明令，实行编遣。同时电龙云：速将编遣情形，详报中

央，着安心处理省政。官方息：此次滇事纯系滇军卢汉、朱旭、张冲各部，对编遣部队彼此发生误会，无其他原因。龙云前向中央请假一月，嗣中央未准，龙现已回昆明。又滇省驻京代表李培天谈：龙离省休息时，卢汉假借朱旭、张冲等名义电中央，蒋立召前往。经陈明后，蒋非常明了，当由国府一面电四师长，严令服从命令，制止轨外行动；一面电令龙迅速返省主持。昆明各界，亦因龙离省后，乏人主持，即前往欢迎。龙奉中央电后，业于筱（十七日）返省，以前纠纷已告段落。

【二十三日上午一时三十五分发上海专电】滇将领卢汉、朱旭、张逢春皓（十九日）电旅粤滇人，谓滇变系唐继尧余孽捣乱，张维翰引用唐氏宵小为爪牙，挑拨军队，同恶相济，已电请中央澈查。龙公功在党国，与汉等久共患难，竭诚拥护。

《大公报》（天津版）1931年3月23日，第1张第3版

龙云电蒋　对四师长不满

【二十五日下午八时发南京专电】府讯：龙云号（二十日）电蒋主席：谨奉元电。职已遵于筱（十七日）回省，皓（十九日）已电呈。顷见报载，始悉四师长径呈中央文电一件，查所称多越权率呈，实属荒谬。现恳先予驳斥，以维纪律而重权责。至该师长等行动非是，及所指摘各员应如何办理之处，统俟另电详呈。

《大公报》（天津版）1931年3月27日，第1张第3版

昆明政变之一幕　龙云去而复回之经过

昆明通讯，滇省顷因改编部队、训练新军，致演龙主席出走昭通之事，今述此次事变于下：

△事变主因。第十路军讨桂旋滇，龙于三月六日在省府召集军政要人开会，协商要政。所得结果，并未公开，只有军事方面，决意缩编为七师。各师长皆不满意，被裁军官，尤为不甘，难免不怂恿各师长，以求出

路，此其一。龙主席起用与唐氏有关之人员甚多，为各师长所反对，此其二。唐继虞在香港，运动回滇甚烈；唐继鳞亦欲攫取教导团，以为内应；其他宵小，高踞要津，营私舞弊，政治紊乱，此其三。故遂演成此次之巨变。

△师长离省。三月十一日，九十八师师长卢汉、九十九师师长朱旭、一百师师长张凤春、一百零一师师长张冲，各带特务连，乘大车赴宜良会议，临行将龙委兼总参谋长孙渡及禁烟局长马为麟二人一并带往。十一、十二两日，由省到阿迷之火车，禁售客票。四师长赴宜良时，系乘专车四辆，于十一日上午七时启身，至十一时抵宜，驻城内法明寺。

△标语布告。各师出发后，昆明市内各街紧要处，皆贴有各师标语三条：（一）各师官兵，一致团结起来，始终拥护龙主席，服从中央命令。（二）驱逐宵小，划除唐氏余孽。（三）全体人民，各安生业，勿自惊惶。

又一百师兼省会警备司令张凤春亦出布告云：刻因本省军政重要事件，本兼司令官与卢、朱、张各师长，出省会商办法。所有省会治安，已责由何副师长世雄，督饬宪警，妥为维持。凡军民人等，务各安生理，勿得自相惊扰。倘有妄造谣言、扰乱治安者，一经查觉，即以军法从事，决不姑宽。合行布告，其各一体凛遵，切切此布。

各师长未离省之先，曾托全省通志馆主任周钟岳、兼农矿厅长缪嘉铭、教育厅长龚自知、富滇银行会办杨文清四人，代为陈报龙主席，说明各师长此次赴宜，并无他意。对于主席，始终拥护云。

△主席出走。龙主席月前曾有回籍（昭通）修墓之意，本日据报之后，立即饬令随从军士，须备行装，即欲出发。各省委、各机关长官及省市党务指委闻讯，即于上午十时赶到省府（因主席修理公馆，全家移住省府）谒见主席，陈明省中治安重要，一致挽留，请勿离省他去。但主席去志甚坚，未能容纳，各代表乃退出。

至午后二时，全城人心惶惶，百物涨价。各界公民及各团体代表八十余人，闻主席决定起身之说，遂齐集省党部商议，前往省府挽留。行至省府大门口，见缪、龚两厅长及杨会办，均伫立门口，被卫兵挡驾。继得值日副官传报，经李副官长鸿谟许可，乃相率而入。至副官处，请副官长转报主席，请求赐见。因主席通宵未眠，乃派李副官长代表接见，对各代表宣布主席意见。对于各界父老、公民代表之挽留，非常感谢。只以回昭修墓，早有决心，今日有此机会，决定回里一行。各位挽留一节，实难照办，尚祈谅之等语。各代表闻听之下，知主席不肯打消行意，一再请李副官长陈报，均不得要领，遂怅然出。

△电询意见。当即推出代表三人，会同省、市指委共五人，前往宜良，向各师长传达各界公民之意旨。一面先拍急电至宜良，询问各师长意见，其电文云：万急。宜良卢前敌总指挥，及朱、张、张各位师长钧鉴：公等走后，主席准备本晚只身回昭，意极坚决。各界挽留，亦无效果，又拒不见人。现人心惶惶，治安岌岌可危，务望以大局为重。公等意见如何，盼速电复。省党指委会及各民众团体叩，真，印。

是日各要人寓所，俱有卫兵把守，省府亦加派双重卫兵云。

△赴宜结果。十一日下午五时，各界代表由省府退出后，又在省党部会议。除议决公推代表起草公呈，挽留龙主席，并拍电宜良，询问各师长之真意外，复推代表即日启程赴宜良。各代表即于十一日午后六时，乘坐滇越专车出发。至午后九时半始抵宜良车站，由公安局派警持灯引导，至十时抵宜城，城门已下锁。由卫兵传达后，方得开城，引入法明寺各师长驻节处，由各师长延见。

各代表详述来意，询问意见，当由卢师长说明此次出省有不得已之苦衷，及始终拥护主席之诚意。张师长凤春亦表示：四个师长之态度，始终一致。至离省后，对军政问题，暨驱逐宵小等项，已先于本日午后五时，专电呈报主席，并有致各团体一电，请代为带省，转致各界，电中所言（电文另录于后）期能办到。至于主席方面，无论如何，均请各界竭力劝阻，勿使高蹈云。

谈至夜间二时，各代表因专车在站，升火待发，乃辞别返省，各师长派随行送至城外。各代表由宜启程时，已夜间二时半矣。至十二日晨，各代表抵省，已是上午五时半。时省中各界代表百余人，皆齐候于省府大门外，由省党委陈玉科入府，谒见主席，报告各代表赴宜询问各师长之情形，及各师长一致挽留主席之诚意。其余赴宜代表，则将情形报告省中各界，兹将各师长复各团体之电录后：

军急。云南省党务指导委员会及各民众团体均鉴：真电诵悉。汉等随从主座，奔驰有年；竭诚拥护，誓矢靡他。近因曲徇私情，竟被宵小蒙蔽。迫不得已，同齐出走。一切情形，曾请周惺甫（钟岳）先生、缪、龚两委员及杨会办，代为转陈。我主座爱滇情殷，慨蒙许纳，汉等均具良知，敢负初衷？务望各指导委员及各界诸公，坚词挽留，体念时艰。若不获请，汉等负罪滋多，只有同齐退休，海外远游，不愿再闻。谨此布覆，尚希亮察。卢汉、朱旭、张凤春、张冲同叩，印。

△龙氏离省。十二日上午六时，各代表百余人，齐集大营门，见有汽车五辆。直至十二时，龙主席始由省府而出。当由各代表上前致述各界公民挽留之至诚，请主席体念民情，切勿高蹈。主席立即对各代表演说十数分钟，大意谓回家修墓，事在必行；所有行装，均已预备，实难停留。言毕，遂偕其夫人李培莲女士、男女公子及李副官长鸿谟（希尧）同上汽车，开足马力，由马市口出大南门，直向大板桥驰去。是日同行者除李副官长而外，仅带眷属及随从十二名，皆备大小快枪、缅刀，共搭汽车二辆。另有行李车二辆，装载简单行李，先后开走。

至于沿途保护之部队，则有总部卫士大队之一中队，已先行出省等候。主席临行时，出有布告一张，其文如下：讨逆军第十路总指挥部、云南省政府为布告事：照得刻因本兼主席回籍省亲，所有省会治安及总部省府一切事务，由各主管机关负责办理。除电中央请假外，为此布告军民人等，一体周知，此布。兼主席龙云，三月十二日。

继又有宪兵司令部、警备司令部、昆明市政府三处，会衔布告安民，其词意与警备部所出者相同，兹不赘述。主席离省后，各界代表，遂于午后一时，在省党部组各界联合会，开会议决。以为主席离省后，省会治安甚为重要。当即公推省党指委陈玉科及各界代表八人，于午后三时，又搭专车赴宜良，敦促各师长迅速返省主持云。

△师长通电。十三日，省中各机关各团体接到各师长之联名通电，详述此次事变之原因，兹录于下：（衔略）吾滇自唐继尧秉政，任用非人，营私罔利，并敢勾结军阀，反对先总理主义，以致穷兵黩武、民穷财尽。全省军民，不堪言苦，乃有十六年二月六日之改革。讵意二六之役，除恶未尽，王洁修等乘机挑拨，复演六一四胡张之变。逮及前年，本军正事讨逆，而孟坤胡〔忽〕焉叛变，并勾结张逆汝骥，妨碍后方，此皆唐氏余孽

足以祸滇之明证也。今者胡、张、孟等，确已先后消灭，而唐继鳞、张维翰（省委兼民政厅长）、孙渡（省委兼总参谋长）等，仍系唐氏余孽。政府以其有一技之长，不忍令其闲散，乃量予位置，俾得力图建树。讵意该余孽等罔知后悔，结党营私，乘唐继虞勾结改组派反动之际，其弟唐继鳞营谋练兵（省委兼教导团副团长），意图攫取军权，以资内应；张维翰则引用唐氏著名宵小，以为爪牙（如徐之琛、张祖荫）；孙渡则挑拨军队，离散兵心；马为麟（禁烟总局长）把持禁烟，营私舞弊。其他如郭玉銮（军务处长）、袁昌荣（军械局长）、屠开宗（高等法院院长）、张祖荫（昆明市长）等余孽，无不窃据要津，暗图复辟。似此同恶相济，非特流毒滇省，抑且危害党国。汉等忝负国家委任（各师长皆兼省委），不为滇民依托，心所谓危，难安缄默，当于三月文日，电请国民政府及省主席龙公，彻查究办在案。诸公领袖群伦，代表民众，对于该唐继鳞等之大奸巨憝，知之尤确。尚望群起呼吁，一致主张，俾唐氏余孽，根本肃清，庶滇中隐患澈底铲除，民众幸甚！全滇幸甚！主席龙公，功在党国，与汉等久共生死，誓当竭诚拥戴，之死靡他。诚恐外界不明真象，误会频生，尚祈详加解释，以息谣诼而释群疑。一俟诸恶铲除，本案结束，汉等自当束身省门，负荆请罪，以谢越权强谏之惩。谨电奉闻，伏维垂察，并望时锡嘉谟，俾匡不逮，勿任企祷。卢汉、朱旭、张凤春、张冲同叩，文，印。

△龙氏回省。十三日晚九时，四师长应各代表之请，一同回省。至于孙渡，则在宜良由各师长凑给滇币二万一千元，令其即于十三日乘下行火车，出洋留学，并派人护送出河口，以后并允接济款项。马为麟则带至省城，拘于警备司令部内。至于民政厅长张维翰、教导副团长唐继鳞、军械局长袁昌荣、昆明市长张祖荫、高等法院院长屠开宗等，均已于十二日纷纷辞请，事务交由所属代理。

各师长及各民众代表回省后，于十四日早磋商，仍公推代表四人，及卢、朱、张（冲）三师长，亲乘飞机，赶往寻甸县，以待主席。至十四日午，主席到□，由各师长各代表一齐挽留，请勿回籍，说明此次强谏及拥护之诚，并□谢罪，主席方允回省，主持省政。省中接报，订于三月十七日十二时，在南门外古幢公园，欢迎龙主席入省。一场风波，遂告平息

云。（三月十六日）

《大公报》（天津版）1931年3月30日，第1张第3版

滇四师长免职
各师一律改编为旅

龙云电京称四师长大干军纪

【十二日下午十时四十分发南京专电】龙云灰（十日）电中央报告，略称四师长擅捕省委、滥发通电、聚众要挟，实属大干军纪。云为党国前途、贯澈编遣计，于阳（七旦）将张鸣〔凤〕春撤职拘留，卢汉、朱方〔旭〕、张冲一并免去师长职，降张冲为第九旅长，各师部即日撤销，改编为旅。大体已定，内部益臻团结，全省安定如恒。

《大公报》（天津版）1931年4月13日，第1张第3版

龙云慷慨请缨　请对达赖明张挞伐
为大金寺案而发

【十六日下午十时四十五分发南京专电】龙云电京、康、藏要人称：前藏达赖甘受英帝国主义者驱使，援助西康大金寺喇嘛，劫财夺产，肆行无忌，势非明张挞伐不足以惩其狂妄。云念滇康唇齿之谊，实难坐视不问，中央若有所命，自当亲率精锐誓赴西陲，解康民倒悬。望吁恳中央，速定大计，国防幸甚！西南幸甚！

《大公报》（天津版）1931年4月17日，第1张第3版

蒋在纪念周报告粤事　痛斥陈济棠图叛中央
何应钦等电陈作最后之警告　胡汉民血压过高愿赴美国休养

【十一日下午十时二十分发上海专电】蒋真（十一日）赴中央党部纪念周报告粤事，谓在国民会议开幕时期，适粤省发生不幸事件，吾人决不

愿以此事件而蒙羞。广东为革命发源地，经几许牺牲，才将反动势力消除。四监委弹劾本人案，在党的立场上说，应请中央查办，不意陈济棠通电响应，借题发挥，党员已不能听党的命令了。现陈铭枢已离省，陈济棠正勾结张桂及改组派，图叛中央，作陈炯明第二。广东现有军队不过五师，而军费每月达五百余万，一师所需，合中央军一师之三倍。现陈济棠竟裁撤财政特派员及营业税，显系破坏中央财政及裁厘。陈之行动，决不能成功，徒毁在党内之历史，中央自有处理办法等语。

【十一日下午六时二十分发南京专电】粤事四监委电后，陈济棠复到一江（三日）电。粤海关歌（五日）起重征，舆论哗然。连日国议会场空气，对此种破坏裁厘，愤慨尤甚。龙云电责，谓如妄动，必为赤匪造机会，糜烂大局，此间将领颇为同情。闻何应钦等，亦将发电忠告陈济棠，大意谓"粤省供应多年革命之费用，统一后，人民始稍苏复。今日重征厘税，民何以堪？且人民绞血汗完税，其结果反增赤匪屠杀之机会。君等以夙昔革命有历史之人，不应悖谬至此"。电文（十二日）可发出。

《大公报》（天津版）1931年5月12日，第1张第3版

秣马厉兵声

【十四日下午八时三十分发汉口专电】何成濬、李鸣钟及所属独旅长以上二十五将领，元（十三日）联名电复龙云鱼（六日）电，谓邓［泽如］、古［应芬］、陈［济棠］等竟于此时以虚无之词、门户之见，倒置是非，擅发通电，挑拨内乱，破坏统一。弟等矢忠党国，誓当奋起挞伐，以维和平，而免危亡。

【十四日下午十一时发汉口专电】寒（十四日）省府电复何、鲁等，极赞成真（十一日）电之主张。闻鄂省府亦将去电忠告陈济棠，电文俟府议通过即拍发。

《大公报》（天津版）1931年5月15日，第1张第3版

国府已改组　五院新任命

【南京十五日下午二时发专电】 十五日晨八时，中全会第三次会议，于右任主席，通过〈……〉二、关于政府人选决议案：（一）选任国府主席案，决议选任蒋中正同志为国民政府主席。（二）选任国民政府委员案，决议选任蒋中正、蔡元培、张人杰、胡汉民、丁惟汾、于右任、张继、戴传贤、林森、张学良、朱培德、杨树庄、何应钦、宋子文、陈果夫、叶楚伧、邵力子、陈铭枢、王宠惠、邵元冲、刘芦隐、韩复榘、刘峙、何成濬、刘湘、张作相、王树翰、吴铁城、张景惠、刘尚清、孔祥熙、王伯群、王正廷、马福祥、刘瑞恒、龙云、徐永昌、陈调元、何键、李济深四十同志为国民政府委员。（三）国民政府主席提请任蒋中正兼行政院长，宋子文为副院长；林森为立法院长，邵元冲为副院长；王宠惠为司法院长，张继为副院长；戴传贤为考试院长，刘芦隐代理副院长；于右任为监察院长，陈果夫为副院长，决议通过。（四）国府主席提请任张学良为陆海空军副司令案，决议通过。

《大公报》（天津版）1931年6月16日，第1张第3版

昨晨中央纪念周　王柏龄报告视察云南情形

【南京二十七日下午五时发专电】 二十七日晨中央纪念周，丁惟汾主席，王柏龄报告，略谓：

现在内叛、外侮、赤祸共鸣，表面虽严重，但安内可以攘外，内叛不生，外侮不来。石友三叛变，中央与东北已出大军合围，不出十日必可解决。粤方牵连着党的问题，须发挥党的正义；如有正义，则必无人敢再言叛。此次粤变，云南首先通电纠正，关系很大。兄弟曾二次赴滇，愿将云南情形略为报告。

欲求明了云南党务情形及今后建设之需要，必须详悉云南的环境，以及政治、经济、交通各种近况。考云南在三千年前即隶属中国版图，但始终是放任。直到明朝慕〔沐〕国公到滇，感觉人口太少，当移江南人民三

百万到滇,分布全省,休养生息。若干年来,土人亦多同化,惜仍属太少,故现在半开化之土人,尚不在少数。就地理上说,云南之面积若干,无人能知其详。地面多山,有行三十日尚未出一县境者,其面积之大可以想像。西接缅甸,缅滇划界,至今尚为悬案。自英人筑铁路至江心坡与片马后,高黎共〔贡〕山以西已非我所有;英人又筑一公路长数千里,直达西藏,将来之西藏亦殊危险。南接安南,划界之时因满庭〔廷〕庸昧,曾弃地三千余里。民初厉行禁烟,人民遂夜间移界,又损失了不少。此外东为桂、黔,北邻四川,瘴气特多。

自辛亥革命后,滇人乃得管理滇事。蔡松坡在滇建树特多,此后无大进步。法人东方汇理银行,在滇发行纸票,吸收现金,以故物价益高。论其气候,省城地方不冷不热,但边界上有极热的地方;西北又极冷,常常有雪。省内物产寒、热、温三带的物品皆有。矿产丰富,人民朴实耐劳。〈后略〉

《大公报》(天津版)1931年7月28日,第1张第3版

选举中委

【南京二十一日下午十时发专电】选举中委,六时开票后,迄发电时止,只开百余票。执委得票最多者为周佛海、夏斗寅、顾祝同、龙云、融〔萧〕吉珊等,监委为洪陆东、张学良等。

【上海二十二日上午一时发专电】京会选举结果,监委得票最多者,计张学良一零七票、杨虎九一、蒋作宾八九、洪陆东八零、黄吉宸六五、方声涛六一;次多者,纪量五四票、熊育锡四九、周利生十八、许崇愿十七;执委周佛海有百票希望,顾祝同、朱绍良、夏斗寅、段锡朋、罗家伦等约五十票以上,均有希望。

《大公报》(天津版)1931年11月22日,第1张第3版

当选中委　昨晨揭晓

【南京二十二日正午十二时发专电】二十二〔日〕晨四全代会八次会,

揭晓当选执监委如下：

（执委）：周佛海二零九票、顾祝同一四九票、夏斗寅一四九票、贺耀祖一四一票、杨杰一三七票、萧吉珊一三七票、朱绍良一三五票、龙云一三一票、谢作民一三四票、马福祥一二三票、钱大钧一一七票、段锡朋一一七票、郑占南一一五票、黄惠松一一四票、张砺生一零零票、戴愧生九九票；次多数李敬斋九八票、曾扩情九三票、王陆一九零票，共十八人。

（监委）：张学良一四九票、杨虎九一票、蒋作宾八九票、洪陆东八零票、黄吉宸六五票、方声涛六一票，共六人；次多数李次温五六票、熊育锡四九票。张学良执委亦得票一一四，因已当选监委，故以李敬斋补其执委。废票最多者为杨杰、何键、赖涟等。

《大公报》（天津版）1931年11月23日，第1张第3版

滇代表谒阎冯

【太原十六日下午八时专电】云南龙云代表钟勋，赴西会村谒阎〔锡山〕毕返并，定十七日赴汾阳访冯〔玉祥〕，商要公。

《大公报》（天津版）1931年12月17日，第1张第3版

广州三机关产生经过
粤府撤销时之特殊举措

【广州特信】自蒋中正氏通电下野、南京国民政府主席及各院部会长官人选决定、统一政府并定元旦成立，粤方独立局面亦决定同日撤销。广州中央党部及国民政府乃于十二月三十、三十一两日举行两度联席会议，计三十日决议要案十二件，三十一日六件。其中最重要者为西南执行部、西南政务委员会、西南军事分会三机关之设立，决定三机关委员人选，通过组织大纲、组织条例，并饬两广财政特派员，嗣后关税新增部分向两广税务司核收，解交西南政务委员会等各案。广州三机关问题，于目前时局关系极大，特觅录决议案全文，报告于关心时局之读者。〈中略〉

二十年十二月三十日中央党部国民政府联席会议决议事项：（一）广州国民政府及所属之政务、财政、军事、侨务各委员会、外交部、财政部等，于统一政成立之日，即同日宣告结束。（二）在广州设立中央执行委员会西南执行部（根据第四次全国代表大会第十次决议案）。（三）交国民政府在广州设立西南政务委员会（根据第四次全国代表大会第十次决议案）。（四）交国民政府在广州设立西南军事分会（根据第四次全国代表大会第十次决议案）。（五）凡第四届中央委员之在执行部所在地者，均为委员。（六）西南执行部常务委员定五人至七人，推陈济棠、白崇禧、刘纪文、陈策、李扬敬五委员充任。（七）推唐绍仪、萧佛成、陈济棠、邓泽如、李宗仁、伍朝枢、陈策、刘纪文、林云陔、黄旭初、张惠长、陈融、林直勉、林翼中、冯祝万、杨熙绩、程天固、毛光翔、龙云、张邦翰、罗翼群、李蟠、吴尚鹰、区芳浦、李晚生等二十七人，为西南政务委员会委员。（八）西南政务委员会常务委员定五人至七人，推唐绍仪、萧佛成、邓泽如、陈济棠、李宗仁五委员充任。（九）推陈济棠为西南军事分会委员长。（十）推李宗仁、白崇禧、张发奎、李品仙、叶祺、刘兴、张惠长、陈策、余汉谋、香翰屏、李扬敬、李福林、薛岳、徐景唐、陈章甫、缪培南、朱晖日、卢汉、毛光翔、龙云、张邦翰、唐绍仪、邓泽如、萧佛成、刘纪文、伍朝枢、林直勉等二十七人为西南军事分会委员。（十一）推陈融为西南政务委员会秘书长。（十二）请委杨熙绩充西南政务委员会审计处长。

《中央执行委员会西南执行部组织大纲》〈后略〉

《大公报》（天津版）1932年1月19日，第1张第3版

抗日之电

【云南三十一日上午十二时三十分发官电】慨自倭寇入侵、东北沦陷，国人正救国之不遑，不幸党内转起纠纷，以致中枢改组，元首因而易人，国难当头，无人负责。驯至锦州相继失守，津平震动；艳日上海又发生剧变，战事方酣。存亡之机，迫于旦夕；而国事未定，涣若散沙。云等前者恐蹈干政之嫌，欲言而不敢言；今日睹国亡无日，欲忍而不能忍。窃谓当此国家危急之机，宜有忍辱负重之人，方足以济兹大难。为今之计，惟有吁请蒋公介

石即日出山，重膺巨任，统筹一切，早定大计。俾有志救国情殷效命者，有所秉承，国人应协力同心，付予全权，以与日寇决一死战。如有空言责难不负责任、误大局而长寇氛者，国人应视同卖国，群起而攻，庶几步调齐一，可望同赴国难。介公出处，关系国家安危，应请一致主张，共相敦促。滇虽僻处一隅，而国防所关至巨，义切救国，势难苟安，迫切陈词，伏维公鉴。十路军总指挥云南省政府主席龙云，委员胡瑛、卢汉、朱旭、张邦翰、缪嘉铭、龚自知、周钟岳，总参谋长杨益谦，旅长鲁道源、龙雨苍、龚顺璧、张冲、刘正富、李菘、万保邦、安德化，殖边督办李曰垓、禄国藩，绥靖主任史华，宪兵司令曾恕怀等同叩，卅（三十日）午，印。〈后略〉

《大公报》（天津版）1932年2月8日，第1张第4版

西康乱事扩大

格桑泽仁犯理化雅江

【重庆十一日下［午］三时专电】格桑泽仁乱康扩大，滇当局以川属之盐源、盐边及康属之盐井三岩应归滇属。龙云派人到甘孜，迎刘赞廷入抚。格又派兵进犯理化、雅江。

《大公报》（天津版）1932年4月12日，第1张第3版

旧事重提之钦渝铁路

川滇黔三省主席会商建筑　并筹设航空现正募集资本

【重庆航空通信】川滇黔三省，在吾国西南，因地理与气候关系，俨成一特殊区域。曩年国府要人为发展西南建设事业，曾拟开筑钦渝铁道（由广东钦州起，经广西、贵州境地直达重庆）。前年丁文江来渝，亦复南行入黔，测勘一切。终以工程浩大，需款过巨，中止进行。最近川之刘湘、滇之龙云、黔之王家烈，为发展三省交通计，曾共同发起一西南民用航空公司，资本暂定一百万元，川省五十万元，滇省三十万元，黔省二十万元。由刘湘委派蒋逵（二十一军航空副司令）、吴蜀奇（二十一军航空

管理处处长）拟具募股办法后，开始募集，各界投资者颇为踊跃，第一期股款，行将收集齐全。同时刘、龙、王等，以钦渝铁路关系西南交通至巨，亦正电商建筑办法。俟定妥后，即联名电向中央请示。闻其经费，除仿用投资方案外，大部份仍拟利用外资云。（六月八日航空寄）

《大公报》（天津版）1932年6月14日，第2张第5版

川滇联欢

刘文辉派代表赴滇，因龙云丧偶尚未晤面

【云南特讯】四川省政府主席刘文辉，以滇川毗连、唇齿相关，合作则利益甚多，分则嫌隙常现。年来因胡若愚、张汝骥攻滇，彼此不无误会，虽经函电声明，难免芥蒂。近又因格桑泽仁与川刘发生恶感，互起战争，而格桑泽仁去年经过滇省曾受龙主席委任边事，并令调和滇川康好感，不料反因此致滋疑虑。故派其参谋长朱戟森，亲赴滇省面谒龙氏，陈述一切，俾益见亲洽。朱氏已于日昨偕其秘书戴溶江到滇，住昌新旅馆。惟到滇时，正值龙氏夫人李培莲因难产逝世之际，尚未晤面云。（彬彬七月十五日）

《大公报》（天津版）1932年8月3日，第2张第5版

龙云有子　勾结苗人与乃父为难

【重庆三日下午三时发专电】据昆明电：龙云原为苗族，有子其素极无赖，被龙拘押，乃逃脱后窜入西北苗区，勾结苗人，图与乃父为难，滇垣恐慌。

《大公报》（天津版）1932年8月4日，第1张第3版

川阀火并中　川民将无噍类

成都九日巷战之惨状

【重庆航空快信】川战愈紧，和平无望。本月十六日，二十四军以六

十团兵力向二十一军猛扑，发生大激战，二十一军刘湘部大败。

〈中略〉

而巴县、南川方面，又有黔军招安之队伍杨其昌五千余人，团练难以应付，而二十一军所留后方部队，势力亦难肃清，因此刘湘颇为辣手。同时杨森、刘存厚又虎视眈眈〔眈眈〕，因此二十一最军〔军最〕，近情形，实属危险万状。

刘湘乃运用其手腕，促黔省毛光翔早日复职，安定黔局，出兵协助攻击二十四军。毛光翔以目前黔局尚未入于完全稳定时期，对川事无法过问，然以与刘湘交谊颇厚，又不得不帮忙。于是乃派黔军侯师六团，助二十一军攻击刘文辉。刘湘又约滇省主席龙云，出兵袭击二十四军侧面，期将刘文辉消灭。龙云对二十四军，本无深仇，但因扣留刘文辉在法所购飞机，引起刘之仇视，深恐二十四军将二十一军打败，要兴师问罪，索还飞机，遂允帮助二十一军，派兵两师，屯驻昭通一带，俟隙而动。现滇军入川已有两团之众，刘文辉正分兵截堵。〈后略〉

《大公报》（天津版）1932年12月26日，第1张第3版

西南国防会问题

中央盼暂缓设立　但粤方决定组织

【香港八日上午一时发专电】中央对西南组国防委员会，以此规模宏大，特令黄绍雄转向粤方疏通：此会可否暂缓组设。西南表示：以中央素乏抵抗决心，西南之组此会，原为巩固国防、贯澈抗日主张计，实为急不容缓之举。一致议决，无论中央对西南态度如何，国防委员会决积极组织。又黄绍雄七日晚乘轮转港，白崇禧、叶琪定八日返桂。黔滇代表张冲、但懋辛七日返省，去电龙云：请参加国防委员会。〈后略〉

《大公报》（天津版）1933年2月8日，第1张第3版

云南实行征兵制

省府决议自二十二年起实行　详细办法咨请总指挥部规定

【昆明通讯】本省向采募兵制，流弊兹多，民众负担亦重。省府主席龙云于三二三次省府委员会提议，改定各县募兵办法，经议决。查现在政府募兵各地，乃多系雇用民丁，替代应募。似此办法，各地方人民负担过重，不堪其扰。现时户口调查，已有结果。自〔民国〕二十二年起，应实行征兵制，以资改革。其服务年限、退伍规定及其他详细办法，应即咨请总指挥部商定见复，以凭议决实行云。（一月二十一日）

《大公报》（天津版）1933年2月9日，第2张第5版

香港电文汇志

【香港九日下午十时发专电】王家烈电告：八日在贵阳宣誓就国防委员职，派甘嘉仪代表出席。

又电：政务会电令麦焕章暂缓回粤，由黔入川滇联络。

又电：邹鲁谈国防会易名军分会说，绝无其事，中央对组织国防会亦无微言。

又电：龙云七日复电，拒加入国防会。谓已请示中央，如允许加入，决当应命。

又电：蔡廷楷〔锴〕九日午乘轮回厦，临行谈十九路军本向来主张：对内不成问题，惟决心抗日；对国防会，则要纯正为国防而设，不能用以对内。〈后略〉

《大公报》（天津版）1933年2月10日，第1张第3版

黔乱未已　吴剑平等拟反攻

国闻社二十二日重庆电，王家烈派兵追击吴剑平，吴退守盘江，求救

于滇龙云，并联络车鸣翼、蒋在珍、犹国材各部，图反攻。

《大公报》（天津版）1933年2月24日，第1张第4版

云南募集救国金
总额以购战斗［机］七十架为标准　举办资产捐按财产比例分担

【昆明通信】云南民众救国会二十三日晚七时在省党部第一讲堂开全体代表大会，到各机关各民众团体代表百余人，省府主席龙云亦亲自出席训话，决议：一、通过募集救国基金办法；二、由省党部将所存去年剩余慰劳东北将士捐款三万余元，东陆大学将所存去年剩余慰劳沪战将士捐款一万余元，及抗日会将最近处置振昌号仇货罚金二万元，悉数拨交前方抗敌将士。兹录该会《募集救国基金办法》如下：

一、本办法依据云南民众救国会组织大纲第五条戊项子目规定之。

二、本会募集基金总额，以战斗飞机七十架为标准，暂定每机价值为滇银币十五万元。

三、本会募集基金，专作巩固国防之用，不得移作他项用途。

四、本会募集基金，即照飞机七十架分配成数如下：

（一）省会七十分之十四；

（二）外县及行政区七十分之三十八；

（三）发行救国奖券七十分之十四；

（四）其他七十分之四。

上列各项分配细数及奖券办法，另定之。

五、前条分配之飞机数若不便购缴飞机时，得照第二条规定价值，折缴银币。

六、各市、县、行政区募集基金时，得举行下列之各种捐款：

（一）资产捐。凡私人或团体拥有不动产资金者均应输捐，分下列之六级：甲、资产价值在现金十万元以上者，捐百分之十五；乙、在五万元以上十万元以下者，捐百分之十；丙、在三万元以上五万元以下者，捐百分之八；丁、在一万元以上三万元以下者，捐百分之四；戊、在五千元以上一万元以下者，捐百分之二；己、在一千元以上未满五千元者，捐百分之二。

（二）凡机关、团体或私人在上项规定范围外自由捐助者属之，并于本会各分会所在地设置木柜，专收自由捐款。

（三）过怠捐。凡官吏绅商有过怠行为者，得缴纳相当之特捐，由本会呈请政府免究，其金额由本会及分会分别配定之。

七、举行资产捐，本会及各分会应组织调查队，为资产之估计。如被估计人有异议时，得声请本会评定之，但一经评定后，即不得再行声请。调查队组织规则，另定之。

八、本会募集事项，尽三个月内办理完毕，各分会限文到四个月内办理完毕。遇必要时，本会并得派员分赴各地指导督促。

九、各分会所募基金，应限每月报解一次，不得停留。

十、本会及各分会所募基金，应每周列榜宣布。

十一、凡自由捐款为数在一千元以上者，得由本会分别呈请政府褒奖；其捐助飞机一架以上者，其飞机概冠以捐款人之姓名。此项飞机在平时作为商用，战时移作军用。

十二、凡有违反本会配定飞机数及评定资产价额者，除强制执行外，并得科以相当之罚锾，其强制及科罚办法另定之。

十三、凡办理募集事务人员成绩优异或办理不力及营私舞弊者，由本会呈请政府，分别奖惩之。

十四、本办法有未尽事宜，由本会常委会提请代表大会修改之。

十五、本办法自代表大会议决之日实行，并分呈党部政府备案。

财务人员捐薪一月

自云南民众救国会成立，发起救国捐款后，全省财务人员，由财政厅长陆子安领导，拟捐助飞机一架。其捐款办法经开会讨论，决定如下：

（一）本厅及所属各征收机关及营业机关、各清丈机关职员，薪俸在一百元以上者，捐俸一个月，以五个月扣完。

（二）各消费税局及官营机关，于应得奖金总数内扣，捐二成。

（三）各包商税局按照年额最低限捐助百分之二，续办者由续办人员负担；未续办者由新办人负担。凡已认捐者，地方捐款税局不再负担；能多捐者，分别捐数呈请政府分别褒奖。

（四）本厅及所属各机关长官职员，如能自由捐助者，分别捐数多寡，酌予褒奖。

（五）扣捐日期自三月一日实行。（二月二十五日）

《大公报》（天津版）1933年3月19日，第2张第6版

犹国材入滇　求龙云协助反攻

【重庆二十五日下午四时发专电】犹国材到昆明，求龙云协助反攻，结果未悉。

《大公报》（天津版）1933年3月26日，第1张第3版

黔战又起　龙云助犹国材反攻

【重庆二十八日下午六时发专电】龙云助犹国材兵力三团、步枪二千枝反攻。犹部前锋已抵黄草坝，与王家烈部接触。又蒋在珍亦由东溪来渝。

《大公报》（天津版）1933年3月29日，第1张第3版

犹国材部现在罗川一带

犹曾赴滇借得军火

【上海一日下午九时发专电】犹国才回滇，至二十八日止，确未与王家烈军开火。犹十六日到昆明见龙云，龙给以械弹补充，二十四日到罗平部署。犹部五千，现仍分驻罗平、宜良、平彝一带。入川之蒋在珍部，现驻南川。惟刘湘、龙云已分电王家烈，以黔军不宜久驻邻省，而为犹、蒋索驻地，俾得回省。

《大公报》（天津版）1933年4月2日，第1张第3版

黔局又变　川滇出兵助犹国材

【长沙十日下午二时电】新三十四师长陈渠珍七日由凤凰电省，略称黔省已起重大变化，滇龙云、川刘湘同时出兵，犹国材已率所部及滇军万旅由罗平出动，进驻兴义、兴化，先头进到平街定马营等地。王家烈部向关岭溃退中。

《大公报》（天津版）1933年4月11日，第1张第3版

昆明举行黔阀分赃谈判

【上海十七日下午九时四十一分发专电】但懋辛到滇见龙云，主张调解黔事。龙为邀王家烈、犹国材代表到滇谈判，拟以王任主席、犹任军长，安顺以西为犹防地。王、犹代表各请示中，能否和协，尚无把握。

《大公报》（天津版）1933年5月18日，第1张第3版

黔军和议　尚毫无端绪

【上海二十四日下午九时发专电】黔和议办法，原系龙云主张，限双方五日内答复，王家烈迄未复。两粤亦电劝王速了此一事。蒋在珍部现在遵义北四十里之地。

《大公报》（天津版）1933年5月25日，第1张第3版

王家烈愿让主席　黔北战事仍未止

【上海三十日下午十一时发专电】王家烈电蒋：愿让出主席。龙云调解，犹、王军事在停顿中。黔北战事似未停，蒋在珍攻遵义，已三得三失，最近系二十四日攻入。黔省府奇窘，学校多停，省府职员每日给米一

升、洋两角为生活。

《大公报》（天津版）1933年5月31日，第1张第3版

刘文辉求援

【重庆三十一日下午四时发专电】刘文辉由邛崃致电龙云，谓实力犹存，请予有效援助。又刘湘电邀杨森入省，会商善后事宜。

《大公报》（天津版）1933年8月1日，第1张第3版

刘文辉必要时将退入滇境

【重庆三十日下午八时发专电】雅安军事近趋沈寂，刘文辉率残部由西昌而南，必要时退入滇境。龙云得讯，派重兵在会理布防。

【汉口三十日下午十一时发专电】渝电：联军南路陈穆部已抄过雅州后方。王治易部由洪雅上逼，距雅州仅二十里。刘文辉部入西康者仅向育仁部六千余人，余均由刘湘收编。刘湘通令前方将领：八月底结束安川军事，待命剿赤。

《大公报》（天津版）1933年9月1日，第1张第3版

庐山商讨实际问题
宋子文提出经济建议案　汪蒋答复西南四大问题

【南京七日下午六时发专电】政讯：庐会对于国家之实际问题，将注重于紧缩组织、增加工作效率。如陆海军训练各部，拟划归军委会指导，俾统一管辖指挥之权。全国经济委会扩大，掌握全国财政经济权，财部缩小组织。美棉、麦借款将多利用于复兴工作，拨一小部分为赣剿匪治标治本之用，绝不挪作别用。

〈中略〉

【南京七日下午九时发专电】彭学沛谈：（一）此次庐会讨论范围，

不出财政、外交、内政等问题。至会议内容，未接电告。汪以京中公务猬集，三五日内即可返京。（二）藏兵犯滇省中甸县，国府已接到龙云来电证实，并请示应付办法。（三）黄河水灾救济会章程尚未审查完毕，约再有一二日当可蒇示，俟汪返京行政院举行会议时，当可提出通过。〈后略〉

《大公报》（天津版）1933年9月8日，第1张第3版

康滇边境乱事　中甸消息两歧

【南京十六日下午九时发专电】最近康滇边境发生扰乱情事，中央曾电令康滇当局调查真相。顷龙云已电复行政院报告，谓蛮匪围攻中甸各地，经派队进剿，飞机前往视察，现已告平息。但私人得电讯：中甸早已陷落不守，蛮匪啸聚四千余，背后有人指使，参谋本部对此甚为注意。

《大公报》（天津版）1933年9月17日，第1张第3版

蛮匪占中甸　龙云请派飞机协助清剿

【南京十八日下午六时发专电】龙云代表李培天称：滇北中甸确于上月下旬被蛮匪三千占据，夜半纵火，县长出走。龙云除派一独立营驰往兜剿外，现又加派驻大理之布团长兼程前进，另有本省飞机数架飞往轰炸。龙并呈参谋本部，请加拨飞机飞滇，协助清剿，匪乱不至〔致〕扩大。

《大公报》（天津版）1933年9月19日，第1张第3版

龙云电京　蛮匪被包围

【南京二十三日下午十一时发专电】龙云电京：中甸事蛮匪大败，已被我军包围，不日可全灭。

《大公报》（天津版）1933年9月24日，第1张第3版

滇北蛮匪　龙云报告击退

【南京三十日下午八时发专电】龙云电京：报告滇北中甸县于二十四日经所部克复，蛮匪逃走，现正办理善后。

《大公报》（天津版）1933年10月1日，第1张第3版

黔战又起　龙云助犹国材

【重庆四日下午八时发专电】黔战因龙云助犹国材兵力三团反攻，双方备战极忙。蒋丕绪在成都谒刘湘，传有相当结果。

《大公报》（天津版）1933年10月5日，第1张第3版

史家军渡江成功余荣
《中央日报》前午设宴庆功　滇主席龙云来电赠奖品

【南京二十七日下午六时三十分发专电】二十七日午，《中央日报》同人在鸡鸣寺宴史家四兄妹，邵元冲、方治、彭革陈、沈君陶等多人作陪。席间邵致词勖勉，恳切动听，史兴陆、兴鹭及瑞声，二十七日晚赴连。

【中央社南京二十六日电】滇主席龙云以史兴隆兄妹横渡大江，除电驻京办事处备品奉赠，以志敬佩外，并电王世杰、石瑛代致慰问之意。王世杰已于二十六日复电，详告史家三杰渡江游泳成绩优异情形云。

《大公报》（天津版）1933年10月29日，第2张第6版

中央对闽方针已定

〈前略〉

【中央社南京二十一日电】自闽变发生，时局紧张，中央深虑或有不逞之徒借口种种问题，希图扰乱公众安宁，破坏社会秩序。闻已严令京、

沪、平、汉各地军警机关，严为防范。不问其所持理由为如何，凡有逾轨行为，一律依法严办，决不宽贷。又电：滇驻京代表李天培谈：龙云拥护中央，决不参加任何无意识运动。何键现正剿匪，对闽事绝未与闻。黔对闽事亦决不参加。〈后略〉

《大公报》（天津版）1933年11月22日，第1张第3版

闽边战事在旦夕间

〈前略〉

【广州十七日下午二时发专电】陈济棠十五［日］晚在私宅召余汉谋、缪培南、姜西园、黄光锐、陈章甫、杜益谦等开谈话会。陈报告张继等南来交换意见经过，各将领对军事主严守边防、保境安民为主。又萧佛成、邓泽如、邹鲁、陈融、林翼中等在政务会开谈话会，讨论胡汉民提出意见，大体接纳。又各委以张继等南来，拟再发通电，表明态度。总部秘书程壁〔璧〕金由滇返省，携龙云致陈函，对闽主和平解决。

《大公报》（天津版）1933年12月18日，第1张第3版

英人在滇开矿

【南京十八日下午十一时发专电】滇主席龙云电呈中央，告〔报〕告英人在滇边开采矿山、不服制止详情。闻中央接电后，已令外部照会驻呈〔京〕英使馆提出交涉。

《大公报》（天津版）1934年2月19日，第1张第3版

龙云代表访胡汉民

【香港三十日下午十一时发专电】滇主席龙云代表龚自知三十日午乘车来港谒胡汉民，商五省联盟。

《大公报》（天津版）1934年5月1日，第1张第3版

滇黔边区将委龙云为绥靖主任

【南京一日下午八时发专电】 政府为安定滇黔边区，拟委龙云为滇黔边区绥靖主任。

《大公报》（天津版）1934年5月2日，第1张第3版

龙云任第二路总司令职

【中央社昆明八日电】 龙云主席奉蒋委员长电令，任命为剿匪第二路总司令，业于六日通电就职，并通令所属及布告军民周知。第三纵队司令官，已任命孙渡代理。

《大公报》（天津版）1935年2月10日，第1张第3版

各方电贺龙云就任新职

【中央社昆明十四日电】 省府议决：原有讨逆第十路总指挥部应呈请撤销，将该部改为剿匪第二路军总司令部。又电：龙云就第二路总司令职后，各方纷纷电贺，计有何成濬、刘湘、陈果夫、李宗仁、白崇禧、黄旭初、朱培德、杨杰等十四五人及党部、机关等七八处。

《大公报》（天津版）1935年2月17日，第1张第3版

粤桂写影　广西的一般观察

〈前略〉广西山水，著名古今，但是不以伟大胜，而以峭拔显，其民族性亦然，多有矫矫不群、不受羁勒的气慨。近代太平天国革命，主力多赖广西人士，即最近数年，广西迭遭外省军队侵入，结局悉被打出，如何键之仅以身免，龙云之两次大败，是其明证。盖因桂人有宁肯入山为盗，不肯屈服于人的气质，而山岭重重，易守难攻，尤占地利。我们只要认明

此点，就可以判断广西将来的前途。而该省富于农产森林之利，宜于农而不宜于工商，更为该省政治上难期发展的铁证。〈后略〉

《大公报》（天津版）1935年2月20日，第1张第3版

中政会开会通过上将任命

【南京二十七日电】中政会二十七日晨开四五零次会议，到汪兆铭、叶楚伧、居正、林森、陈公博、孔祥熙等三十余人，由居委员主席，决议要案如下：（一）行政院呈送修正《海部组织法草案》，交立法院审议。（二）考试院呈送《技术官任用条例草案》，交立法院审议。（三）修正《中央银行法》原则第四项，准先予施行，其理事员额修改为十一人至十五人。（四）通过《特级上将授任条例》及《上将任免施行条例》。（五）常务委员提请特任蒋中正为特级上将，通过。（六）特任阎锡山、冯玉祥、张学良、何应钦、李宗仁、朱培德、唐生智、陈济棠为第一级陆军上将。陈调元、何成濬、朱绍良、韩复榘、宋哲元、刘湘、刘峙、万福麟、何键、白崇禧、刘镇华、顾祝同、商震、傅作义、徐永昌、于学忠、杨虎城、蒋鼎文、龙云、徐源泉为第二级陆军上将。（七）追认特派张学良为军委会委员长武昌行营主任。

《大公报》（天津版）1935年3月28日，第1张第3版

二级上将　任命令昨发表

【中央社南京三日电】国府三日令：陈调元、何成濬、朱绍良、韩复榘、宋哲元、刘湘、刘峙、万福麟、何键、白崇禧、刘镇华、顾祝同、商震、傅作义、徐永昌、丁学忠、杨虎城、蒋鼎文、龙云、徐源泉任为陆军上将，叙第二级，此令。

《大公报》（天津版）1935年4月4日，第1张第3版

龙云昨晚欢宴蒋委员长

【昆明十一日下午十一时半发专电】今晚龙主席欢宴蒋委员长,由政界要人作陪。〈后略〉

《大公报》(天津版)1935年5月12日,第1张第3版

龙云请补助滇省政费

年约不敷百七十万

【南京二十日下午十时发专电】龙云电呈行政院,以滇省政费年约不敷一百七十余万,请拨款补助,俾禁烟计划得以澈底办理。行政院已交财部核办。

《大公报》(天津版)1935年5月21日,第1张第3版

昨日行政会议之决议

【中央社南京二十三日电】行政院二十三日晨会议,到孔祥熙、王士杰、朱家骅、陈公博、黄慕松、刘瑞恒、陈树人、唐有壬、陈训咏、曹浩森、陶履谦、刘维炽、段锡朋、吕苾筹、马超俊、褚民谊、彭学沛等,孔主席,决议要案:〈……〉(十二)云南省府主席龙云,呈请将本省实业厅归并建设厅案。决议通过,呈请国府明令施行。〈后略〉

《大公报》(天津版)1935年7月24日,第1张第3版

孔诞盛典　全国各地举行纪念会

〈前略〉

【中央社昆明二十七日电】本日孔子诞辰,本省举行祀孔典礼。黎明五时,龙云率领军政各长官约二百余人,亲诣文庙内致祭,礼节、祭物如

仪，气象庄严。是日各机关、学校休假悬旗，省指委会并印发告民众书。

《大公报》（天津版）1935年8月28日，第1张第3版

两广代表晋谒龙云

〈前略〉

【昆明电】两广代表但懋辛氏，由粤抵省，即晋谒龙云。

《大公报》（天津版）1935年8月29日，第1张第3版

全国筹委会今日举行全体会议

五日常委会议决，聘张学良等为名誉顾问，开幕时禁止啦啦队喧哗

【上海通信】第六届全国运动大会筹备委员会常务委员会，昨日上午十时在上海市政府会议室举行第十三次会议，出席者吴铁城、王儒堂、潘公展、王世杰（雷震代）、雷震、褚民谊、郝更生、沈嗣良、蔡增基（胡桂声代）、蔡劲军（汪大燧代），列席者邵汝干、马崇淦、张廷荣、吴邦伟、蒋湘青、徐致一、董大酉、李大超，主席吴铁城，纪录汪太煦。报告事项（略）

议决事项：（一）聘请张学良、张群、黄绍雄、阎锡山、李宗仁、陈济棠、陈果夫、班禅、熊式辉、邵力子、商震、朱绍良、龙云、沈鸿烈、马超俊、马鸿逵、刘湘、傅作义、林云陔、何键、刘镇华、刘文辉、韩复榘、黄旭初、袁良、吴忠信、秦德纯、陈仪、徐永昌、马麟、热振、李溶、胡文虎、云端旺楚克、徐东藩、程克、颜成坤三十八人为大会名誉顾问，提请追认案，决议追认。〈后略〉

《大公报》（天津版）1935年10月9日，第2张第8版

云南全省运动会

六十余单位一万数千人

【中央社】昆明二十五日电：今日为本省起义拥护共和二十周纪

念日，全省运动大会今晨在北门外运动场举行开幕典礼，会长龙云及杨文清、唐继麟、各机关长官均出席。昆华区参加运动团体、学校，计六十余单位，运动员达万数千人。十一时开始，行礼如仪。会长龙云致词后，由省指委报告云南起义意义，继全体职员及运动员行宣誓礼，并绕场一周，遂开始运动。全场空气极壮烈，参观民众逾五六万，洵本省盛举云。

《大公报》（天津版）1935年12月27日，第2张第7版

国府授勋举行庆典

【中央社南京三十一日电】国府一日令：（一）冯玉祥给予一等云麾勋章，此令。（二）钱大钧给予二等云麾勋章，此令。

【中央社南京三十一日电】国府一日发表授勋令如下：（一）蒋中正、何应钦、朱培德、唐生智、阎锡山、李宗仁，各给予一等云麾勋章，此令。（二）陈济棠给予一等云麾勋章，此令。（三）陈绍宽、刘峙、何成濬、朱绍良、刘湘、杨虎城、徐源泉、白崇禧、龙云、韩复榘、宋哲元、于学忠、商震、徐永昌、杨爱源、傅作义，各给予二等云麾勋章，此令。〈后略〉

《大公报》（天津版）1936年1月1日，第1张第3版

昆明机失踪

前日由贵阳飞往重庆，中途因气候突变遭故，地点在曲靖附近

【中央社贵阳六日电】中委兼黔党务特派员李次温，乘中航公司昆明机，五日午后二时四十分由筑飞京，至桐梓遇雨，西折飞昆明，四时许过盘县后即失踪。吴忠信特电滇主席龙云派机寻觅。

【中央社上海六日电】中航公司息：渝昆线昆明号机，五日午后二时五十分离贵阳回渝。飞近桐梓，因气候恶劣难进，四时十分折回。时贵阳气候亦突变，致机身被水雪凝结，五时五十分遂超越云雾，改向昆明飞

行。六时半在曲靖附近，忽电信中断失踪。贵阳事务所六日派机往寻，亦因气候不佳，飞至安顺折回，迄六日晚六时无消息。机中有机师二、电员一、乘客三。沪公司已电昆明站，派员由陆路向曲靖搜寻。

《大公报》（天津版）1936 年 3 月 7 日，第 1 张第 3 版

昨日行政院会议　孔祥熙代蒋主席

【中央社南京二十四日电】政院二十四日晨开二五五次例会，出席孔祥熙、蒋作宾、陈树人、刘瑞恒、黄慕松、王世杰、吴鼎昌、陈绍宽、何应钦、张群、孔主席。（甲）报告事项：伦敦中国艺术国际展览会筹备委会主任王世杰，呈报运往英伦展览之古物，现正装箱，拟于四月九日由英商轮运回，并由英派舰护送至亚丁，再由新加坡以兵舰迎护至沪。除电郑天锡随舰监护返国外，请鉴察备案案。（乙）任免事项：（一）军委会函请：以冯玉祥、阎锡山、龙云，兼任中央军官学校校务委员案。决议，通过。〈后略〉

《大公报》（天津版）1936 年 3 月 25 日，第 1 张第 4 版

国府命令

【中央社南京三十日电】国府三十日令：派冯玉祥、阎锡山、龙云兼中央军校校务委员，此令。

《大公报》（天津版）1936 年 3 月 31 日，第 1 张第 3 版

顾祝同赴滇黔考察

【中央社贵阳七日电】顾祝同七日上午十时偕韩德勤赴青镇机场，十二时四十分起飞赴滇，与龙云晤商剿匪军事。本省教厅长叶元龙、保安处长冯剑飞亦偕行。叶系与滇当局商讨边疆教育问题，冯系考察滇省团队组织，均短期间各返黔。赴机场欢送者有刘兴、徐源泉、夏斗寅、吴忠信、

万耀煌、郭思演等数十人。

《大公报》（天津版）1936年4月8日，第1张第3版

蒋委员长昨到昆明　晤龙云后日内仍返成都

【成都二十二日下午四时发专电】蒋委员长二十二日晨九时四十分到机场，顾祝同、吴忠信、刘湘、贺国光、夏斗寅、徐源泉、邓锡侯、刘文辉等均至机场恭送。蒋见刘湘到场，略致慰问之意，又与吴略谈，即上机。九时三刻起飞，飞昆明晤龙云，日内仍返蓉。记者因刘湘在养病中，不见宾客，遂借此机会与刘略谈。刘谈现在身体、精神均好，惟胃疾骤难全〔痊〕愈，仍须服药调理；关于推进四川军政各项，已陈明委员长，商有办法。现在最要者为肃清残匪及救济灾民二事，均在积极进行中。

【重庆二十二日下午八时发专电】蒋委员长二十二日午离蓉南飞，过渝时未停。

【中央社成都二十二日电】蒋委员长二十二日上午九时半乘自备机离蓉，钱大钧率随员等另乘二机随行，顾祝同、徐源泉、夏斗寅、吴忠信、薛岳、贺国光、李明灏、刘湘、刘文辉，暨在省师长以上将官、省府各厅委、党部各委，均往机场欢送。蒋上午八时起，在行辕接见刘湘、黄炎培等。上午九时十分，始由行辕乘车赴机场。刘湘等随行莅机场后，于军乐声中登机离蓉。至记者发电时，闻蒋委员长已安抵昆明。

【中央社昆明二十二日电】蒋委员长二十二日下午一时一刻乘飞机由蓉飞抵昆明。先是二十日滇军政学各界已得蒋委员长来滇消息，特发起盛大欢迎。是晨，各界长官、各部队、学生、民众等全体出动，前往飞机场一带迎候。直至午后二时半，知委座未成行，始各返城。二十二日晨复得确息，龙云以次各军政长官、党务人员、各机关科长以上全体千余人，仍准时到巫家坝机场迎候。军分校员生、近卫步队、民众团体、各校男女生，行列绵亘数里。午后一时三刻，蒋所乘飞机出现云霄，于万众欢腾、军乐悠扬声中降机。龙云率高级长官趋前迎迓，各官员亦在行列中敬礼，蒋依次答礼，旋分乘汽车入城，直赴省府光复楼行辕。全

市遍悬国旗，满贴欢迎标语，民众万人空巷。蒋车过时，一律脱帽致敬，秩序肃然，其爱戴领袖热忱可见一斑。旋龙云率党军政各重要长官赴行辕谒候。

〈后略〉

《大公报》（天津版）1936年4月23日，第1张第3版

蒋由渝抵蓉记

川民有来苏之感

征工缓一月农时以安，西南政治得新的推进

【**重庆航讯**】记得有人说过：蒋委员长近年每到一地，该地方无论政治上、社会上，好像有些朝气。这句话到现在仍可适用，这几天重庆市内的乞丐不知到那里去了，南岸山上忽然有簇新的白色大字"实行新生活"标语，从珊瑚堤飞机场上望去，更显得格外清楚。蒋委员长是昨天下午到的。他的行踪，本来不容易知道，更不许事前发表。即如昨天蒋到此地的新闻，此间各报纸先是奉检查所令，暂缓发表，记者发电也是受这四个字的限制。到十二点钟过，新闻检查所所长才由范庄行辕请示回来，通知各报，可以发表。〈中略〉

【**成都航信**】蒋委员长入川，此为第二次，川民欢迎热烈，不减于去年。当蒋十七日由渝飞抵蓉时，至机场欢迎者，不下四五万人，其盛况可知矣。盖去年蒋来川，使四川防区制打破，川政得以统一。〈中略〉

关于川政，蒋于到蓉之次日（十八日），即躬赴刘湘私宅，慰问其病，并劝其安心静养。昨晚复与刘再度晤谈，于推进川政各重要问题，均有所决定。其详不得而知，惟闻结果甚圆满。蒋对刘极推诚相与，刘亦惟命是从。说者谓蒋此次入川，不独医治川人之病，即刘主席之病，经蒋委员长诊治一番，亦当早占勿药矣！

至于黔政，据闻吴主席忠信奉召来川，迭与蒋晤谈，亦商有办法。黔事不如四川复杂，又兼以吴主席培养民力之主张，亦不难上轨道也。滇省现正被萧贺残匪蹂躏，龙云主席不能来川。蒋定于今日下午飞滇视察，便

向龙氏指导一切。〈后略〉

《大公报》（天津版）1936年4月25日，第1张第4版

龙云奉派为滇黔"剿匪"军总司令

【中央社昆明二十五日电】蒋委员长二十五日晨八时赴军分校，对全体员生训话后，十时赴机场，偕同来人员乘机离滇飞黔。龙云以次党军政各机关官员、部队，均到场欢送。

【中央社昆明二十四日电】龙云二十三日奉蒋委员长二十一日电，兹派该员为滇黔剿匪军总司令，委令饬厅另发，仰即将就职日期具报备查。

《大公报》（天津版）1936年4月26日，第1张第3版

龙云任滇黔"剿匪"司令

蒋先生昨日由滇到黔，并有将赴湘一行之讯。蒋先生这次巡视川滇黔等省，一般均期待他对于各该省的军事、政治将有新的推进。据昨日电讯：蒋令派云南主席龙云为滇黔剿匪军总司令，又派湖南省主席何键为驻长沙绥靖主任。这是军事组织的新布置，而滇黔两省之打成一片，在西南现势上也甚有关系。黔省贫瘠，在经济及军事上均不能自立，不附于桂，便附于滇。今年一月间，国府任命李宗仁、白崇禧二氏为湘桂黔边区剿匪总［司令］副司令，而李、白二氏迄未就职。龙云氏兹奉新命，大概就是一种补救办法。

《大公报》（天津版）1936年4月26日，第1张第4版

今后之川滇黔

自本月十六日蒋院长由汉抵渝，次日由渝飞往成都，于主持军校开学典礼之外，召见将领，慰问绅耆，既将川省剿匪军事，重加督励，更于四川民众疾苦，多所询问。以是小住六日，众情欢忻，刘湘已有病体霍然之

感，诸将齐振奋发报国之忱。而暂停征工，以维农时，复予地方以极良之印象，盖足证中央眷念川民，恫瘝在抱，其于结纳人心、增进团结，效力乃至宏也。二十二日离蓉南飞，直达昆明，与龙云以次重要将领、军民长官，款洽优渥，凡留五日而后飞贵阳赴长沙焉。

此次之行，视第一次飞巡三省作用尤巨。良以川省近来，感于财政困难，政情复杂，虽无内外隔阂之情，不无阻滞停顿之虑。长此放任，势将影响川省全局。蒋院长洞察及此，躬亲视察，分致训勉，坚地方长官积极负责之心，示中央政府廓然大公之意。由此而责成川省当局，整理军队，澄清财政，切实作到收支适合，以立改革庶政之基础，此盖极有希望之事也。

〈中略〉

综观蒋院长川滇黔三省之行，于国家统一前途，确有重大关系。惜乎黔桂相距咫尺，蒋氏两次到黔，皆未入桂，实为可惜。吾人以为李宗仁、白崇禧诸将领如能亲聆蒋院长最近政见，对于粤桂与中央之关系，必可大见改善。惜乎奔走团结运动者，于此未尝注意也。

最后吾人犹有言者，一国不能无领袖，然而领袖决非万能，故必赖各方协助，人人自奋，始克发挥领袖人物最大限度之能力。外国领袖，反对者未尝无人，赞助者皆有其道。中国领袖则反对者不免求全责备，赞成者则又直视为全智全能，一味倚赖，因之领袖责任，特别加重。即以蒋院长言，踪迹所至，社会改观，荣节一移，气象又变。有时以专阃大员，地方长吏之身分，且若小学生之需要严师督教者。如此领袖，毋乃太苦，而贤不肖相越，又何其太远？此次川滇黔三省政军各界，经蒋院长躬往训谕，必能感奋自效。然而一时刺戟，究能维持至若干时，不无疑问。吾人甚望各方负责人员，体念时局艰难，尊重领袖意旨，各就职责，努力自奋，务使将院长此行，得收永久之效果，则中国政治真进步矣。三省识者，尚其勉之！

《大公报》（天津版）1936年4月28日，第1张第2版

吴忠信昨过徐到京

【徐州二十七日下午九时发专电】吴忠信在陕晤邵力子毕,二十七日过徐赴京,报告黔政。

《大公报》(天津版)1936年4月28日,第1张第3版

行政院会议 任龙云滇黔"剿匪"总司令

【中央社南京二十八日电】行政院二十八日晨会议,出席孔祥熙、陈树人、蒋作宾、黄慕松、陈绍宽、何应钦、王世杰、刘瑞恒、张群、张嘉璈,孔主席。〈中略〉

任免事项:〈……〉(二)军委会函:请特派龙云为滇黔剿匪总司令,何键为长沙绥靖主任案,决议,通过。〈后略〉

《大公报》(天津版)1936年4月29日,第1张第3版

国府命令

【中央社南京三十日电】国府三十日令:(一)派胡世泽为出席国际防止私贩麻醉药品公约会议代表,此令。(二)特派龙云为滇黔剿匪总司令,此令。〈后略〉

《大公报》(天津版)1936年5月1日,第1张第3版

中政会昨通过追认特派龙云转职

【中央社南京二十日电】中央政委会二十日晨开十四次会议,到林森、孔祥熙、朱培德、邵元冲、马超俊、何应钦等十余人,由蒋副主席主席,决议事项如下:(一)通过《惩治偷漏关税暂行条例》,并准即日施行;(二)通过修改完成《沪杭甬铁路借款合同》;(三)通过《修正滇越铁路

合同章程》；（四）追认特派龙云为滇黔剿匪总司令，何键为长沙绥靖主任；（五）准拨八万元赈济蒙灾；（六）主计处局长杨汝梅，擅行发表不应发表之文件，交国民政府查明予以惩戒；（七）核定概算案五起。

《大公报》（天津版）1936年5月21日，第1张第3版

全国公祭胡汉民

〈前略〉

【中央社昆明二十三日电】 滇各界追悼胡［汉民］主席大会，已定二十五日至二十七日在省执委会举行。二十五日追悼，二十六日各部队、学校代表公祭，二十七日党员及民众团体公祭，龙云被推为大会主席。追悼期间一律下半旗，停止娱乐宴会，参加人员一律缠黑纱，并印发先生事略及遗像卡片，各报出追悼专刊。〈后略〉

《大公报》（天津版）1936年5月25日，第1张第3版

龙云就职滇黔区"剿匪"总司令

【中央社昆明五日电】 龙云前奉蒋委员长任为滇黔区剿匪总司令，现已于六月一日通电就职，即日将剿匪军第二路军总部改为滇黔区剿匪总司令部，内部组织，暂行照旧。奉到印信官章，即于是日启用。

《大公报》（天津版）1936年6月6日，第1张第3版

龙云致陈济棠、李宗仁、白崇禧电

【中央社昆明十日电】 昨传粤桂军已开入湘境，滇主席龙云九日特电致陈［济棠］、李［宗仁］、白［崇禧］，痛陈国是，盼粤桂将领省悟，原电云："广州陈伯南兄、李德邻弟、白健生弟同鉴：顷诵各电，备悉一是。当兹华北危急之秋，诸公主张抗日救国，忠义之气，溢于言表，实用钦佩。惟兹事体大，应先协商统筹，谋定后动，始于事有济。闻介公已径电

诸公，有所商榷，如能本此开诚商洽，俾众志成城，国可以救，匪可以灭。否则，使人愈有所借口，匪得乘隙。瞻念前途，实多忧虑矣！诸公高明，谅必有以明裁者。谨复。"

《大公报》（天津版）1936年6月11日，第1张第3版

两广时局无变化

【中央社上海二十九日电】同盟社息：据云南来电，龙云二十五日召集省垣学生训话时，极力责备粤桂之越轨行动，力主拥护中央。

《大公报》（天津版）1936年6月30日，第1张第3版

龙云公子到京

【南京一日下午十时发专电】龙云公子绳〔绳〕祖，上月随曾扩情飞陕，顷到京，代龙谒当局。

《大公报》（天津版）1936年7月2日，第1张第3版

龙云反对两广

近向滇省学生训话　说明对于时局态度

【中央社昆明通讯】自两广当局置国家纪纲、民族生命于不顾，假借抗日之美名，移兵进犯湘闽赣边境以来，此间军民极为愤慨。龙总司令曾于二十五日午后二时在北校场老营盘，对学生训话，发表"两广借口抗日行动越轨，本省拥护中央不背初衷"之政见，异常重要，训词要旨如次：

诸生皆曾受高等教育，思想纯洁，为将来国家中坚份子。余今日来此，原意在与诸生晤面，略为训勉，对于时局本不准备言及，惟思诸生皆系优秀青年，似有与讲时局之必要。但在未谈之先，余且问诸生此次两广的抗日举动，事属真耶假耶？（诸生立即高声答称"假的"）。诸生既知两粤此次抗日之举系假，余得将两广与中枢之局势，略为叙述。当九一八以前，两粤对于

中央意见已有不同，惟中央素以宽大为怀，是以双方信使仍络绎于途。吾滇虽与桂省接壤，然对于政见则始终不与之苟同。吾人切望国家之团结统一，深盼两广方面务以国事为重。然两广若不放弃其自私自利之心，则其与中枢之关系，殆难转佳。讵料月初彼方竟尔发动其所谓抗日勾当，举国人士洞悉其隐，知其言不由衷，卒未获得同情。现两广行动越轨，已成骑虎之势，将来演变若何，尚难逆料。然既系动机不良，则其结果自可想见。至于我滇所持态度，则以为一国虽系若干行省构成，然地方与中央非对立关系，而为统属关系。滇省对中央无论就法理与事实，均当为中央之命是听。吾滇政见，数十年如一日，征诸以往事实，在在可引为证。民十八时代国未统一时，桂系拥有半壁河山，但云南则始终反对，讨逆军即于其时成立。今两粤势非昔比，云南对两粤自然反对到底，只知拥护中央，完成统一，不背初衷。甚盼诸生澈底了解当局对中央及时局之态度，坚定信仰，勿轻信谣诼云。

《大公报》（天津版）1936年7月2日，第1张第3版

杨森谈滇省近情

【重庆三日下午八时发专电】杨森谈滇省近情：龙云对中央极拥护，两广代表刘震寰已回粤，滇省地方甚平靖，一切如常。滇军额少而精，甚可用云。杨留渝二周即赴黔。

《大公报》（天津版）1936年7月4日，第1张第3版

时局动荡中之川滇黔

刘湘表示竭诚拥护中央　龙云将再电劝李、白撤兵

【重庆航信】目前时局形势，各方俱注视湘赣，实则川滇黔三省情势，更不容忽视。关于三省消息，此间传说甚多，然查其来源，大半为失意军人、政客所散布，不足置信。记者连日向关系方面调查，大概情形如次：

［四］川行营主任顾祝同于上月二十七日曾飞往成都，与刘湘晤谈，已志前函。顷悉顾氏与刘晤谈，颇为融洽，顾、刘并联名宴请川省各将

领刘文辉、邓锡侯、唐式遵、潘文华、孙震等。即席顾报告时局情形，并指陈川省地位之重要，刘湘当表示无论外间有何变化，四川应竭诚拥护中央，遵照委员长暨行营顾主任命令以推进川政。盖刘氏以次各将领均感觉目前责任重大，不仅关系川省一隅已也。中央对刘颇推诚相与，刘亦欲借此机会将川省建为政治修明之区域，各将领亦愿各尽其责，努力剿匪。

川省最大难关，为财政与剿匪。财政问题大致已有办法，二十五年度新预算，已经中央核准，现在二十五年度已开始，今后在如何严格执行新预算。惟剿匪军费，前由行营负担，现在既由川省部队负剿匪责任，经费如何筹措，尚是问题。顾此次与刘已商定办法，现由刘航琛在渝与行营接洽。闻刘湘希望中央就川省国税收入项下，指拨的款，想可邀中央之批准。目前川省情势，刘湘正积极整理川政，二十五年度施政纲要，亦已拟定。行营所管事项，如处理烟毒犯及各军军事犯及非军人所犯军事案件，均交川省府暨四川善后督办公署办理。关于财政事项，省税收入亦改由财厅经收，不解联合金库，财政监理处不过处于监督地位而已。刘湘正督饬省府各厅振作精神，推进政治。如民政厅长王又庸之出巡各县，考核吏治，并令各军限期六个月肃清省境土匪。据上述各情观察，目前时局动荡中，川省地位，关系自属重要。刘湘已声明拥护中央，遵守蒋委员长命令，担负川省全责，外传种种，殊不足置信也。〈后略〉

《大公报》（天津版）1936年7月6日，第1张第3版

二中全会昨决议

组织国防会议　各省军事领袖为委员

【中央社南京十三日电】 二中全会十三日晨纪念周礼成，即于八时在第一会议厅开第二次大会。出席执委蒋中正、冯玉祥、孙科、吴铁城、叶楚伧、何应钦、居正、石瑛、孔祥熙、方觉慧、陈肇英、张冲、焦易堂、何成濬等八十人，列席监委林森、张继、蔡元培等二十七人，列席候补执监委吴开先、李敬斋、鲁荡平、雷震等五十八人，共计一六五人，居正主席。报告事项：〈中略〉

讨论事项：〈……〉（己）主席团提议（一）组织国防会议，并印附（1）《国防会议条例》。（2）依《国防会议条例》第二条第二项第三款所指定之会员名单如下：李宗仁、白崇禧、陈济棠、刘峙、张学良、宋哲元、韩复榘、何成濬、顾祝同、刘湘、龙云、何键、蒋鼎文、杨虎城、朱绍良、徐永昌、傅作义、余汉谋。〈后略〉

《大公报》（天津版）1936年7月14日，第1张第3版

组织国防会议明令发表

【中央社南京十日电】 国府十四日令：（一）特派蒋中正为国防会议议长，此令。（二）特派蒋中正为国防会议副议长，此令。（三）特派阎锡山、冯玉祥、程潜、朱培德、唐生智、陈调元为国防会议会员，此令。（四）特派孔祥熙、何应钦、陈绍宽、张群、张嘉璈、俞飞鹏为国防会议会员，此令。（五）特派李宗仁、白崇禧、陈济棠、刘峙、张学良、宋哲元、韩复榘、何成濬、顾祝同、刘湘、龙云、何键、蒋鼎文、杨虎城、朱绍良、徐永昌、傅作义、余汉谋为国防会议会员，此令。〈后略〉

《大公报》（天津版）1936年7月15日，第1张第3版

黔省府顾祝同任主席

龙云、薛岳任滇黔正、副绥靖主任

【中央社南京二日电】 国府二日发表明令如下：（一）滇黔剿匪总司令部着即撤销，此令。（二）特派龙云为滇黔绥靖主任，薛岳为副主任，此令。（三）黔省府委兼主席吴忠信，呈请辞职，吴准免本兼各职，此令。（四）任命顾祝同为黔省府委员，此令。（五）任命顾祝同兼黔省府主席。

《大公报》（天津版）1936年8月3日，第1张第3版

龙云代表飞庐谒蒋

〈前略〉

【中央社上海三日电】龙云代表刘显丞日前到沪,定六日飞浔转庐,晋谒蒋委员长请示。〈后略〉

《大公报》(天津版)1936年8月4日,第1张第3版

龙云将通电就任新职

〈前略〉

【中央社昆明四日电】总部三日接军委会电,委龙云为滇黔绥靖主任,闻龙不日将通电就新职。〈后略〉

《大公报》(天津版)1936年8月5日,第1张第3版

龙云代表刘震寰飞庐谒蒋

〈前略〉

【中央社上海五日电】滇黔绥靖主任龙云之代表刘震寰(显丞),五日晨由沪飞浔转庐,晋谒蒋委员长,有所请示。〈后略〉

《大公报》(天津版)1936年8月6日,第1张第3版

龙云代表抵牯谒蒋

〈前略〉

【中央社九江六日电】龙云代表刘显丞及云子绳武,五日抵牯。刘候期谒蒋,对滇黔绥署事有所请示。〈后略〉

《大公报》(天津版)1936年8月7日,第1张第3版

龙云就新职期未定

【南京十一日下午九时发专电】政息：李、白对蒋第二电迄无复电，桂军最近行动，似在夺一出海口，连日有窥钦廉之势。龙云就新职期未定。〈中略〉

【南京十一日下午十时发专电】龙云公子绳祖在庐谒蒋毕，十一日乘轮到京，准备漫游各地名胜，秋后返滇。据谈：龙云始终服从中央、拥护统一，如有机会，将来京谒中枢当局。桂事不久可解决，对滇不致影响云。张维翰奉命赴滇，谒龙云有所接洽。〈后略〉

《大公报》（天津版）1936年8月12日，第1张第3版

对桂仍努力和平

刘湘、龙云等有意见贡献

【南京十八日下午九时发专电】政息：桂局一时尚难决，惟亦不致即用兵。刘湘、龙云对解决桂事有意见贡献中央。〈后略〉

《大公报》（天津版）1936年8月19日，第1张第3版

桂局问题短评

桂局近颇混沌，何时解决及如何解决，俱难判断。中央仍本和平主旨处理，而李、白态度迄仍顽强。南宁近曾举行数百军官刺血宣誓，可见空气之一斑。近闻川之刘湘、滇之龙云，对桂事均曾向当局有所进言，故中央亦予相当考虑。

总之，桂局已属一隅问题，而中央则不能如李、白之负气，而须为周备之考虑，这是一个主要点。料想中央对桂事已有成竹，不过如何贯澈其和平政策，尚不无问题耳。

《大公报》（天津版）1936年8月20日，第1张第4版

中央军自桂边后撤

国府令准撤销陈、李通缉　熊、何抵粤　蒋召诸将会谈

【香港二十四日下午十一时发专电】熊式辉、何键二十四日上午十一时乘车抵省，余汉谋、黄慕松等均到站欢迎，下午即谒蒋委员长请示。蒋二十四日晚召余汉谋、黄慕松、朱晖日、蒋鼎文、熊式辉、何键、蒋伯诚等粤闽赣湘高级长官会谈，先交换奠定桂局意见，俟龙云、薛岳到后，再开会。蒋任陈诚为军委会驻粤特派员，陈已在省设办事处。又蒋电召张发奎来粤。蒋对李、白所提条件，分别接受与否，已拟定新办法，交刘为章携交李、白，促其接纳。〈后略〉

《大公报》（天津版）1936年8月25日，第1张第3版

滇黔绥靖公署条例拟呈龙云

【昆明电】滇黔绥靖公署成立后，对于区部组织问题，一日由廖参谋长召集总部各处长举行会议，一日议拟颁布条例，商讨已议决数要件，呈龙云决定。

《大公报》（天津版）1936年9月3日，第1张第3版

国大选讯

【中央社昆明十六日电】滇省国代推选候选人事宜，各属已依法办竣，呈报者达百二十六属，省选所连日赶办汇报，手续至十五日止，全省区选职选候选人名册均审核汇办完毕，投交航空，邮寄中央听候圈定。现正准备办理第二步工作，各区选票已分别发出。中央派滇选举视察员黄仲翔，十六日晨十时由蓉乘欧亚机抵昆明，午后四时谒龙云会谈。

《大公报》（天津版）1936年9月18日，第1张第3版

胡汉民葬礼　中央主祭人员即启行赴粤

【中央社广州十七日电】胡主席国葬办事处今接居正、孙科、叶楚伧、孔祥熙、许崇智、林云陔电告：受中央推定为主祭人员，即启行来粤。又该处接中宣部电告派罗刚，唐生智派陈芝馨，龙云派康寿民，闽省府派方正平，皖省党部派梁贤达、胡摩尼等为代表，南下致祭。王宠惠电知：恭献石刻鼎一座志哀。〈后略〉

《大公报》（天津版）1936年10月18日，第1张第4版

京滇公路周览会明春举行

【中央社南京二十日电】京滇公路周览会，原定下月内举行，龙云以滇公路平彝段路面未铺竣，呈政院请予展期。政院照准展至下年三月，并定二十八日上午在政院召开筹备会全体会议。

【中央社昆明二十二日电】滇黔公路修竣，西南国道完成，政院发起举行京滇公路周览会。省府得政院电，谓日期定明年三月间举行，请先期周到准备云。省府已令公路局限年内将铺路工程办竣，积极准备。

《大公报》（天津版）1936年10月23日，第1张第3版

贺电如雪片飞来

〈前略〉

【中央社昆明二十八日电】滇主席龙云二十七日专电，奉祝蒋委员长寿辰，并率文武高级长官致电申贺，各机关长官亦纷电称贺。〈后略〉

《大公报》（天津版）1936年10月30日，第1张第3版

由南京至云南仅需百廿小时

滇省群情奋发

【中央社南京三十日电】立委张维翰在滇公毕，因受滇主席龙云委托，赍函谒蒋委长有所陈述，并代表滇党政各界呈献彩云号飞机，已于日昨抵京。三十日出席立法院院会，记者遇之于议场，询以滇省近况。据谈：滇省庶政，近数年来得龙主席苦心擘画，已著良好成绩；自经蒋委长两次莅滇指示，群情奋发，一切更有长足进步。现在滇黔公路业已通车，由京至滇，仅需百二十小时。盼京沪人士时赴滇视察，以促进边疆与中枢之密切关系云。

《大公报》（天津版）1936年10月31日，第1张第4版

任可澄行踪

【贵阳电】任可澄定十日午赴安顺扫墓，即转昆明，组织监察使署，龙云已来电欢迎。

《大公报》（天津版）1936年12月10日，第1张第4版

龙云复电何应钦

〈前略〉

军政部长何应钦，十四日续接滇主席龙云、武昌行营主任何成濬复电，并录如左。龙云复电：南京何部长敬之兄：国家不幸，祸乱相乘，言之痛心。委座有无危险，如何营救？立候电示，弟龙云，元（十三日）酉，机，印。〈后略〉

《大公报》（天津版）1936年12月15日，第1张第3版

各将领请缨　拥护中央听命何应钦部长

〈前略〉

【中央社昆明十四日电】西安事变消息传来，全滇异常震愤，对张学良深恶痛绝。龙云、薛岳今日特电呈中央及通电全国，声讨张学良。〈后略〉

《大公报》（天津版）1936年12月16日，第1张第3版

龙云代表晋京谒何应钦

【中央社昆明二十日电】龙云接何总司令十六日电，略谓受命于危难之间，靖国救难，仔肩责重，一切事务诸待请益。望抽暇命驾莅京一行，俾得共商至计。如事繁不能分身，请派代表前来。龙十八日电复何，略谓因事变初起，为安定人心计，暂不赴京。已托黄实君乘机飞京，并再派高荫槐君克日趋谒左右，承教一切。黄、高到后，如仍须弟续来，自当束装启行。

《大公报》（天津版）1936年12月22日，第1张第3版

龙云代表黄实抵京

【南京电】余汉谋代表李煦寰等抵京后，即分谒孔祥熙，陈述余主任关怀蒋委长蒙难之至意，并报告治安情形。二十二日晨又谒孙院长，并访宋子文，探询蒋委长近况。又龙云代表黄实已自滇抵京，并已晋谒中枢各当局。

《大公报》（天津版）1936年12月23日，第1张第3版

龙云代表高荫槐赴京

【昆明电】龙云所派晋京代表高荫槐，二十六日午乘欧亚机飞蓉，转

赴京。

《大公报》（天津版）1936年12月28日，第1张第4版

中委提案陆续送会

【中央社南京十六日电】全会主席团十六日上午八时许召开第二次会，闻已决定十七日上午九时举行第二次大会，并于十七日大会开会前，主席团于八期再集议一次，讨论大会议事日程及审查报告等项。三中全会开会后，各中委均拟定提案送会讨论，以十五、十六两日为最多。据息截至十六日晚止，大会秘书处除收建议案不计外，所收到中委提案已达三十七件。

【中央社南京十六日电】三中全会开幕，一部分中委因事或因病不克参加，已纷电中央请假，业由秘书处提出十六日第一次大会报告，计有马鸿逵、香翰屏、刘文岛、陈济棠、林翼中、黄麟书、区芳浦、薛岳、龙云、宋哲元、程天放、傅作义、卫立煌、顾祝同、陈继承、张任民、李宗仁、杨爱源等十八人因事请假；王树翰、李扬敬、黄慕松、谢持、唐生智、韩复榘、蔡元培、王祺、顾孟余、阎锡山、丁惟汾、刘镇华、刘湘、赵戴文等十四人因病请假。〈后略〉

《大公报》（天津版）1937年2月17日，第1张第3版

龙云代表裴存藩离京返滇

【昆明电】裴存藩前代表龙云赴京慰问蒋委员长，顷以事毕，二十四日午由蓉乘机返滇。

《大公报》（天津版）1937年2月25日，第1张第4版

昆明举行革命先烈纪念会

【中央社昆明二十九日电】滇省指委会二十九日晨九时举行革命先烈

纪念会，到各人民团体代表四百余人，由龙云主席，报告革命先烈事略及纪念意义。全市下半旗，停娱乐，各机关学校放假一日。

《大公报》（上海版）1937年3月30日，第1张第3版

京滇周览团定五日出发　龙云来电表示欢迎

【中央社南京一日电】行政院京滇公路周览团决于五日出发，龙云一日电褚民谊，对周览团表示热烈欢迎，褚已复电申谢。翁文灏、秦汾、褚民谊、何廉特定四日下午四时欢宴周览团，庆祝此行成功。京市府并定周览团出发之晨，在中华门外联合中央各机关举行庆祝壮行大会，现正积极筹备，闻所定庆祝仪式极隆重。

关于团员报到，行政院已通告团员，于四日上午九时至十二时、下午三时至六时，亲至经委会报到，并持凭团证领取徽章等件。关于出发，准于五日晨在励志社出发，团员请于该晨准七时到达，九时出发。周览会办事处为测验周览新车安全与否，一日下午特举行试车，结果成绩极佳。

【中央社南京一日电】中国汽车制造公司所制造之植物油汽车，三月三十一日晨由沪抵京，将参加京滇公路周览会，由京至昆明，车上不带燃料，决在沿途就地采购，选用何种植物油类，亦由各省公路局指定。每加仑植物油可行二十五公里，速度每小时六十公里。

《大公报》（天津版）1937年4月2日，第1张第4版

滇公务人员训练昨开始

【中央社昆明七日电】滇公务人员训练今日开始，省垣各机关受训者共约千八百余人，编为八总队，今午后一律着深灰色制服，由各队长率领，齐集绥署大操场。龙云亲临训话，对公务员训练意义阐发甚详，讲话一时半始毕。受训每日四小时，两月受毕。

《大公报》（天津版）1937年4月8日，第1张第3版

龙云等表示绝对拥护中央

【本市消息】 新声社讯：军政部长何应钦谈：本人四川之行，暂时已无必要，因川省情形已告安定。中央对于川省，唯有希望川军国军化，主席刘湘已表示矢诚拥护领袖。云南省主席龙云亦表示绝对拥护中央，广西李（宗仁）白（崇禧）二司令在最短期内决定入京一行。此种国家统一现象，全国上下殊可欣慰云。

《大公报》（上海版）1937年4月17日，第1张第3版

中国交通史上新纪元　京滇周览团昨抵昆明
百零六小时行三千公里　热烈欢呼中步入昆明城

【中央社昆明二十九日电】 京滇公路周览团将抵滇，省府主席龙云特派代表杨森时赴平彝欢迎，云南分会派委员杨文清总招待，裴存藩等随同前往，已于二十八日晨十时分乘大小汽车同由省党部出发。

【中央社曲靖二十八日电】 京滇公路周览团二十八日晨八时离安南，经普安至盘县，略进午点，午后四时二十分入滇境胜境关。滇省府代表及各界代表杨文清兼总招待，裴存藩、平彝县长古梅白、中央社驻滇记者、省招待员等，均先到滇境迎候。褚团长下车一一握手，旋复上车。四时四十分抵平彝，进午餐，五时半离平。八时，各团员均安抵曲靖，当地军政人士、学生、民众夹道热烈欢迎者万余人。夜举行提灯会，全城辉煌，为曲靖空前盛况。

【中央社昆明二十九日电】 京滇公路周览团由褚民谊、伍连德率领，二十九日午后三时于龙主席、各军政长官、学生及十余万民众恭领中央德意之热烈庆祝欢呼中，平安到达昆明。全程计约三千公里，除在沿途休息九日外，仅需一百零六小时半，即顺利抵达最后目的地，此诚开我国交通史上空前纪录，为国家民族精诚团结之新纪元。各团员虽预知山河跋涉劳苦，但咸以为无负蒋院长之殷望起见，均不感分毫疲倦，精神焕发，欢欣鼓舞，浩荡入城。闻褚团长即电呈蒋院长致庆，

并报告行程。

《大公报》（天津版）1937年4月30日，第1张第3版

龙云谈话

【中央社昆明二日电】二日下午记者往访龙主席，叩询新政。龙氏政躬健旺，精神奕奕，首称，此次蒋委员长主办之京滇公路周览团，确属我国空前创举。龙氏嗣谓滇处极边，民力凋敝。顾自民元以来，护国、靖国屡次兴师，牺牲至巨，遂至财政破产，一切建设，无从进行。乃首先澈底安定社会，整理军队。办理以来，成绩至佳，乃开始各项建设。滇为工业重地，各种矿产俱备，望国内各实业巨子，自长江一带，移财力于西南，使滇成为国家工业中心。滇省目前金融尚平稳，迟迟推行法币政策者，在深虑人民生活问题。法币单位提高，货价必昂，则影响生计与出超至重。俟生产情形略好转，决即推行。滇教育甚落后，本人主张中央似宜将大学区平均分配，西南学子可得深造机会云。

《大公报》（上海版）1937年5月3日，第1张第3版

京滇周览团展览沿途摄影
滇省民众甚感兴趣　胡焕庸等分赴各处演讲

【中央社昆明三日电】龙云以周览团来滇劳顿异常，二日晚特派员恳切挽留，多住数日，以资休息。褚团长及团员今晨已决定多留昆明二日，并决定团员分组考察。该团今晨将此次所乘汽车十余辆，陈列于迎日公园，任人参观，并展览沿途所摄影片及安全图略，民众甚感兴味。

三日晚省教育会请胡焕庸教授讲演"京滇公路与国内交通"，林士谟教授讲演"原动力与工业之关系"，给听众以极重要之启示。又二日午，监察使任可澄在省党部欢宴周览团全体团员，龙云及绥署、省府各高级长官均作陪。褚团长、任监察使各致词，极为欢洽。午后四时，尚其煦、卫挺生两君，在省党部对受训公务人员讲演。尚讲"地方政治研究"，卫讲

"财政立法问题",备受欢迎。晚,科学研究会请裴鉴、吴泽霖两先生作学术讲演,裴题为"植物学与人生",吴讲"贫穷问题",听众极为踊跃。

【中央社昆明三日电】京滇公路周览团团长褚民谊,三日晨在扩大总理纪念周报告。首述到滇后之感想,略谓云南在革命历史上建立许多功绩;政治上龙主席始终拥护中央;国防上为西南屏防,武装同志极有精神,定能担负国防之责。又气候温和,蕴藏丰富,在昔少有人知,现经中央地方力谋交通发展。而云南各种建设文化,在龙主席埋头苦干之下,有迈进的表现。中央种种政令,龙主席均极力奉行。如云南税收所恃之鸦片,毅然施禁;保甲制度,努力实施。邦交之敦睦,三迤公路之完成,学生精神饱满、体格健全,教职员之穷干精神,实业之积极兴办,均足钦佩。将来铁路、公路愈形发达,云南之发展真不可限量。

次述半年来的几件大事:一、蒋委员长蒙难西安,与汪主席返国。二、三中全会宣言及议决案。

末谓在云南已经龙主席本着中央意志,努力苦干下去,为国家奠定了巩固基础。全省民众,要在龙主席领导下,向新的前途迈进,努力建设,精诚团结,共赴国难。龙主席是云南的领袖,蒋委员长是复兴民族的唯一领袖,林主席是全国元首,汪主席是功在党国,我们都要一致的敬佩和拥护,在他们领导之下,努力使中国趋于复兴之途云。

《大公报》(上海版)1937年5月5日,第1张第4版

京滇周览团　今日离昆明

十一日抵筑分两路返京　褚民谊前日往河口视察

【中央社昆明六日电】京滇周览团因龙主席恳切挽留,特延期两日,现准明晨离省。省府五日晚六时设宴饯行,军政各高级长官作陪,褚团长亦于七时半由河口归来莅席。席间特演唱京滇剧助兴,宾主二百余人,极尽欢畅,至十二时始散。童军理事会今午后一时在军分校举行童军大检阅,褚团长、龙主席为检阅长官,各团员及高级长官为检阅官,参加童军四六二二人。龙云定午后四时邀请褚、伍两团长,总副干事,各队长在省府茶会话别时,雅集社欢迎全体团员,特演剧助兴,并请褚团长表演踢毽

子绝技。团员何遂、宋仰痕、郑岳、陈方白、王侗趑五君,假民教馆开书画、摄影及金石展览会,多名贵出品。龙云五日午后亦往参观,备极赞许,将留数件,在滇作纪念。

【中央社成都六日电】京滇公路周览团全体团员定七日离昆明,十一日抵筑,稍留即分南北两路返京。北路回程由伍连德率领,团员共四十四人,十四日可抵渝,十五日在渝参观各建设文化机关,并出席公开讲演。定十六日起程来蓉,川省府六日召集会议商讨扩大欢迎办法,经费定为五千。

【中央社昆明五日电】京滇公路周览团为视察滇越边境实况,由褚团长民谊率一部团员乘滇越铁路汽油车经宜良开远,当日达河口,军长郝梦龄偕来。经各地民众悬旗结彩热烈欢迎,至开远午餐,该处学生献旗致敬。夜抵河口,商民持灯结彩列队里许,并开会欢迎,由褚氏向各界讲演。边疆人民得中央使节亲临慰问,咸欢欣鼓舞,认为空前盛举。铁路法国职员及越边官吏亦竭诚招待,滇越间邦交极敦睦。褚氏声望素为法人钦佩,此次来此后,尤予法人以良好印象,本日乘原车回省。

《大公报》(天津版)1937年5月7日,第1张第3版

京滇周览团昨午离滇 当晚止于曲靖

【中央社昆明七日电】京滇周览团七日午十二时离昆明赴黔返京,全市悬旗欢送,龙云及军政长官、男女学生、部队、团体、民众等数万人,由古幢公园起冒雨列队欢送。七日晚宿曲靖,十一日可抵贵阳。省府派杨文清、裴存藩及招待四人随车护送至平彝。又财厅、公路局、教厅、督练处派员四人,随该团赴桂考察。团员何遂、罗尔瞻等八人六日晨搭滇越车往安南转赴桂。褚团长临行前语记者:沿途各地及滇省建设之突飞猛进,甚感快慰。交通进步,感情文化,赖以沟通,中央与地方关系日趋密切。京滇公路通达,周览团使命完成,实为中央与地方团结一致之具体表现,深可庆幸。〈后略〉

《大公报》(上海版)1937年5月8日,第1张第3版

京滇周游记（十）·今日之云南

本报特派员　木公

五月一日，在中央军官学校云南分校参加阅兵典礼之后，龙云应同来各记者之请，茶话于该校花园，态度诚恳，词不矫饰，其得人好感，或在此也。

记者首赞其政绩，龙氏谓云南虽偏在西南，但在满清末年，即为清庭〔廷〕注意，编练新军，设造币、兵工等厂，均与北洋各省同时实行。当时编练之十九镇新军，一切装备及人才，视拱卫北京之各镇，有过之无不及。所用枪炮，亦均由德国购来。入民国后，滇军之参加革命、讨逆等战役，均赖有此精良武器。此项武器，今犹保存一部于仓库中。其为新军而设之兵工厂及大规模营房，今犹完整可用。且于练新军时，创立各级学校，并筹办若干新法实业。惜光复以后，数次参加战役，全省精华，损失殆尽。故于十六年奉命讨逆旋师以后，即将军队澈底整顿，以重质不重量的方针，废除军、师制度，缩编成旅。当时武器，颇感缺乏，中央虽有补助，为数亦不多。自念受中央付托之重，不能不保持若干精练之兵，故于历年樽节开支之下，始将所需武器，陆续补充完毕。其口径皆与中央规定符合，全军器械，亦感划一。同时又感觉雇工制度有种种缺点，饷多而兵少，且士兵久不退伍，则精神渐趋于颓废，故决定试行征兵制度。今日被检阅之兵，皆由征发而来，彼等不久即退伍矣。

惟军政与建设，均以经济是赖。本省经济困难，前此主要收入乃为特税。自决定实行禁烟后，定有三年禁绝计划，现已实行两年。自禁烟以来，特税收入大减，每年财政上短少一千余万元。故一切建设，均因财力支绌，不能如意发展。本省经济建设，在开发矿产及将各种特产输出。但此两事均有赖于交通便利，公路运输能力低而成本大，非筑铁道不为功。修筑铁道，需费綦巨，非本省财力所能办到。故一再向中央请求，已蒙蒋委员长面许。滇黔铁道之路线，近已着手开测，希望铁道部能即日照湘黔办法，将滇黔路同时修筑，庶两路能同时完成。则后此两省之经济，均获同时发展之机会矣。本人之意，只通至昆明，在经济价值上仍小。本省物产，偏于西部，势须横贯全省，修达缅甸边境，则国防上、经济上皆可如意进行矣。

近年以来，中央各省区之经济建设，颇有进步。本人意一国之建设大业，不应有所偏枯。边远省区负国防重责，亦为外人观瞻所系，边疆建设完成，国家力量，始能收对外之效。目前边疆均人财两缺，不但无足用之财，且乏能干之人。故在教育上，亦应与建设同样注重。将国立大学，分设于边疆省份，以国家之力，培植开发边疆人才。若目前各国立大学均集中一隅，边远省份之青年，就学实太不易。

又本省金融现犹在省钞与法币并行之中，如何改成法币本位，乃本省一困难问题。本省纸币之跌落，乃缘已往为受协饷省份，人民国后，不但协饷断绝，且以一省之力，数参战役，致用度大增，省币跌落。现在省币与法币之兑换率，旧票只合法币十分之一，新票亦只合二分之一。惟省币值贱，对省外贸易，反有利益，历年均为出超。如果立即改行法币，则物价陡涨，不但人民生活困难，物价腾涨，对外贸易，势将低落。故采用法币、省票并行政策，期逐渐进于法币本位。

本省因偏在西南，与英、法属地接壤。不明本省情形者，每疑本省所受外力压迫，与东三省相似，实则不然。本省对外关系，起于清末。幸当时主政者眼光远大，订［约］时力顾主权，故滇越铁道虽由安南通至省城，但除铁路本身外，未予法人以附带权利。该路之警察权握于省府之手，路产归吾负责保护，故虽握路权，而不起政治作用。对英缅交涉，尤能相安，省内一切权利，均未有外力侵入。

滇越路工程艰巨，故路轨只宽三公尺，运输能力甚低。当修筑时法人或别有作用，但现已成亏本生意。本省若干货物，向赖该路输出，致受安南过境税之剥削，成本大增，影响本省商业甚大。近因京滇公路修通，滇黔铁道亦将实现，法安南总督华文龙氏，于日前游滇归后，曾非正式表示，拟取消过境税，以促进滇越贸易。此事果能实现，于滇省商业，关系颇巨，而滇黔铁路实有早日完成之必要也。

云氏末称：本省气候得南北之长，故南北物产，无不宜于云南。其数量之多，据中外专家之考察，咸称不但在中国为首屈一指，即就世界言，各国所有者云南几尽有之；而云南所有者，或为他处所不经见。各来滇采集标本之专家，无不发现新品种，且有向未经人发见者，故常需赐以新名。本人对此愧无研究，所望国内专家及实业界、银行界，多来云南考察。需要云南政府协助之事，本人自当尽力协助。将来铁路通后，尤盼国内金融界，向本省投资，本省当以最大热诚及力量，尽保护协助之责。盼新闻界对滇省一切，多予批评介绍，使内地同胞知今日之云南，绝非历史上所记之不毛之地也。

《大公报》（天津版）1937年5月14日，第3张第10版

西南边疆协进会　积极筹备成立

西南边疆协进会自组织筹备会以来，已推定常务委员九人，并留夷苗土司代表高玉柱、喻杰才留沪一月，加入协助筹备。该会现已决定请蒋委员长担任该会正会长，湘省主席何键、川省主席刘湘、滇省主席龙云三人担任副会长。推由高玉柱晋京谒请蒋委员长允任。该会并组织随同入苗区之调查团，定下月六日举行创立会议。

《大公报》（上海版）1937年5月26日，第2张第7版

京滇周览印象记（二）

本报记者　木公

〈前略〉

云南在京滇公路所经各省，为比较最有前途之一省。因其人口稀少、地利未辟，加以开发，则可雄视西南。五金矿产之富，在各省中亦罕其匹，在工业化及经济建设上，足称一大原料金库。省内有终年积雪之高山，面积三五百里之湖泊，山水之间，皆夹有盆地。吾国山脉多由西而东，在云南境内则由西北而趋向东南，故其水流方向亦随之改易，由安南及广西入海。其西北部有亘古未经采伐之森林，西南部有淘洗可得之砂金，而全省人口总数，只一千一百余万人，且有苗夷等异族在内。移民开垦，虽增加现有之一倍，犹不为多。边疆省份中，以东三省之经济价值最

大，云南天赋之厚，不在东北之下。开发西北，事倍功半；开发西南，实最合于经济原则。

滇省富力虽次于四川，而民国以来，甚少分裂，故仍得保持其原气。滇军在川黔有乱之时，每出境作左右袒，如护国、靖国、北伐诸役，其战功且及数省。而客军扰滇之事，则未有也。职是之故，军政大权，得以集中，遇事统筹，令出有效。吾国边疆省区之长官，皆具有一致典型，即伸张个人权力，行使霸政。云南自民国以来只有两次递禅，唐继尧前曾威震西南，稳成盟主；龙云衣钵相承，对省内之事则步武唐氏，秉政将近十年。彼既生长于兹土，对兹土之认识，乃甚清晰。自秉政以来，革命军北伐节节胜利，全国政令趋向统一，龙氏亦举其权力，听命中央。〈……〉

滇省内政，无川省之紊乱，又视黔省富厚，无需中央助力，故除公文往还外，一切听龙氏之施为。龙氏在军职为主任，在政治地位为主席，故公文布告及治下报纸，均以"主座"二字代其衔名。每逢讲演时，提及"主座"二字，听者亦须起立致敬。其军队于统一省政后，将军［长］、师长等高官取消，以便运用灵活。现只有旅长，共有正规军九旅，每旅二团，及若干特种部队。近卫步兵二团，为龙氏卫队，装备训练，均近于法国兵。于二年前因感于招募之兵用久即疲，乃改行征兵制，每年退伍三分之一。惟此制须先有精确之户口调查、壮丁登记，此种手续未完成前，名为征发，实指派耳。

中央推行之组织保甲、实行"教""养""卫"之新政，在云南亦已推行；毅然禁烟尤值得推许。其办法系划全省为三期，每期三年。二十四年起先以昆明为中心之三十八县禁起，第一年禁种，二年禁运，三年禁吸。第二期由此向外推广，计四十七县。第三期则推及于边区各县，计四十四县，办法均与前同，定二十七年全省禁绝。云土畅销于长江流域，每年贸易确数不知，而官方税收近两千万，其价值实堪惊人。云南人民所受之利不及害多，故对龙氏之禁烟，莫不交口称颂。

云南地方气候宜人，昆明一切近于北平。生活程度，在西南为最低；青年男女之体格，均极健硬，一路所见，以此间同胞为最可亲爱。惜省财政支绌影响于教育，致各级学校，皆无专任教员，半限于人才，半困于经费，诚不得已。中学教员每授课一小时，支大洋三角，大学一元二角，皆按时计值。一教员为维持其收入，乃兼任多校，精力分散，效果甚难良好也。

《大公报》（上海版）1937年6月7日，第3张第10版；《大公报》（天津版）1937年6月9日，第1张第4版

滇省建立唐继尧铜像

龙云通电征集嘉言

【中央社昆明十二日电】唐继尧在护国、护法两役，功在国家，滇官民全体签议公葬建祠并建铜像，借表崇敬。现铜像已由义〔意〕大利铸就，运抵昆明，安建大观公园，并订六月二十日举行揭幕礼。龙云昨特通电全国，征集嘉言，并请于六月十五日以前寄滇。

《大公报》（上海版）1937年6月13日，第1张第4版

宋子文将飞滇　晤龙云商经济问题

【香港三十日下午十一时发专电】宋子文俟在桂公毕，拟飞滇晤龙云，商经济问题后，径由滇飞庐。宋留粤随员霍亚民、黄宪儒等三十日离粤北返，宋行李亦先运返沪。

《大公报》（天津版）1937年7月1日，第1张第3版

宋子文日内飞滇　留粤随员启程北返

【香港三十日下午十一时发专电】宋子文俟在桂公毕，拟飞滇晤龙云，商经济问题后，径由滇飞庐。宋留粤随员霍亚民、黄宪儒等，三十日离粤北返。

【广州三十日下午十时发专电】宋子文电粤：在桂事毕后，应龙云邀飞滇，然后返庐谒蒋委员长。〈后略〉

《大公报》（上海版）1937年7月1日，第1张第4版

龙云提倡木炭汽车　请经委会扩充制造

【南京一日下午十时发专电】滇省府主席龙云以我国公路发展，需要大量汽车汽油，每每购自国外，漏卮甚巨，特电全国经委会，请予设法扩充制造木炭汽车，该省府并愿加入是项制造厂股本，尽力推行。经委会电复，表示积极筹办。

《大公报》（天津版）1937年7月2日，第1张第4版

龙云电经委会　请提倡木炭汽车
以塞汽油大量漏卮

【南京一日下午十时发专电】滇省府主席龙云，以我国公路发展，需要大量汽车汽油，每每购自国外，漏卮甚巨，特电全国经委会，请予设法扩充制造木炭汽车，该省府并愿加入是项制造厂股本，尽力推行。经委会顷已电复，表示积极筹办。并悉木炭汽车经研究改良后，优良煤炭亦可燃烧应用。

《大公报》（上海版）1937年7月2日，第1张第4版

龙云长公子昨在津订婚

【本市消息】云南主席龙云（志舟）之长公子绳武，与滇省旅津名流胡珍府之孙女胡淑贞，于昨日下午七时，在永安饭店举行订婚礼，介绍人为前河口督办李希尧。龙绳武曾留法多年，专门军事，历在云南军界及军事委员会任职，胡女士则为南开大学三年级学生。订婚仪式甚简，除交换信物外，仅由双方家长致训。来宾到者有王采臣、孙保滋、钟慧生、卞白眉、姚丽桓、黄约三、张嘏臣、李吟秋等百余人云。

《大公报》（天津版）1937年7月8日，第2张第6版

龙云电邀何应钦飞滇聚晤

【中央社重庆七日电】龙云顷电何应钦,请飞滇聚晤。原电云:重庆何部长敬之兄勋鉴:密。晨间诵微(五日)电,借悉大旆安抵重庆,欣慰何如!二十余年与兄阔别,思欲一晤,如渴如饥。曾以支(四日)电致意,倘蒙公余飞滇一行,借得领教,快慰生平,当匪言喻。耑肃顺颂勋祺,伫候示复。弟龙云鱼辰。秘。印。

《大公报》(上海版)1937年7月8日,第1张第3版

唐继尧铜像举行揭幕典礼

【中央社昆明十日电】前军政府总裁、云南督军兼省长唐继尧,于民国十六年逝世。滇中各界人民,议定公葬建祠,并立铜像。当经滇省府拨款次第办理,现铜像已由义〔意〕大利运滇,建立于昆明大观公园。十日午后一时,举行盛大揭幕典礼。是日天气晴朗,参加人士甚众,由主席龙云揭幕,奏乐鸣礼炮并献花圈。首由龙云报告筹建唐氏铜像经过,继朗读林主席、蒋委员长、汪主席等中央及各省长官颂词,及滇军政各界颂辞,摄影礼成。

《大公报》(上海版)1937年7月12日,第1张第4版

龙云谈为国牺牲

【中央社昆明二十九日电】滇主席龙云,对记者关于日军侵华发表谈话,略谓蒋委员长对于中日问题,十七日在庐山二次谈话中,异常坦白,对内对外,明白表示。所提出四点最低限度之立场,不但得全国民一致拥护,国际间亦极表同情。刻下中央态度既经表明,凡我国民,在安危绝续之交,务须无远无近、无老无幼,应以最大之决心,准备为祖国牺牲,以求延续我国家、民族五千年之历史等语。

《大公报》(上海版)1937年7月30日,第1张第4版

白崇禧昨到京谒蒋

蔡廷锴亦启程北上　秦德纯昨抵京　刘湘即到

【南京四日下午十时发专电】白崇禧一行八人,四日下午四时半乘此间往迎之飞机抵京,到场欢迎者有蒋委员长代表钱大钧及张群、何应钦等。白下机不久,即往军校谒蒋。蒋、白暌违瞬逾八载,晤面倾谈,异常欢洽。白下榻陵园,军政界友好当晚往访者甚多,社会一般对白来京均极重视,并感兴奋。又刘湘已离川东下,五日或可到京。此外,龙云、蒋光鼐、蔡廷锴等日内亦将来京。闻阎锡山、白崇禧诸氏在京尚有三数日勾留。〈后略〉

《大公报》(上海版)1937年8月5日,第1张第3版

龙云即将来京

【中央社成都六日电】绥署顷接龙云电告:决八日偕卢汉等乘欧亚机飞蓉转京。

《大公报》(上海版)1937年8月7日,第1张第3版

刘湘到京诸将集议

昨日两度叙晤交换意见　邹鲁、蔡廷锴等今日抵沪

【南京七日下午十时发专电】刘湘七日午后乘机抵京,所有上周奉召晋京述职之各将领,除韩复榘已返鲁、龙云不及偕刘湘飞来外,均已先后到京。闻各将领因聚首非易,如白崇禧已离京十载,阎亦不常到京,刘湘则为第二次出川,今兹得此机会,均甚珍惜。同时为节省时间及彼此便利计,七日上午及晚间两次叙晤,互道契阔,并交换意见。至中日大局,我方未闭交涉之门,且于川越之来,犹有多少期待,故旅日侨民亦未撤退。但观各地日侨纷纷归国及驻汉日领将租界交我市府代管等等事实,则目前

情势之不能转变，已不待究问矣。〈后略〉

《大公报》（上海版）1937年8月8日，第1张第3版

龙云昨抵蓉　定今日飞京

【中央社成都八日电】滇主席龙云偕教厅长龚自知、党委裴存藩等一行五人，于八日下午五时三十分乘飞机抵蓉，定九日飞京。

《大公报》（上海版）1937年8月9日，第1张第3版

龙云到京　阎锡山、余汉谋返防
邹鲁晋京　蔡廷锴暂留沪

【南京九日下午十时发专电】时局紧张，已达极度，而其沈〔沉〕寂之状，亦殊不可形容。奉召来京述职之将领，以龙云出发最迟，始于九日下午五时半乘机抵京。阎锡山、余汉谋等则以事毕，已于八日、九日先后返防。

【中央社南京九日电】目前国难严重，已届最后关头，各地军政长官多于近日内纷纷来京，向中央当局请示重要机宜。云南省政府主席龙云偕教厅长龚自知、省党委裴存藩一行五人，于九日下午五时半由蓉乘欧亚班机抵京。京中各界前往欢迎者极众，有蒋委员长代表姚味辛，汪主席代表褚民谊，军政部长何应钦，交通部长俞飞鹏，陕行营主任顾祝同，陆大校长杨杰，立委吕志伊、何遂、张维翰，及各界代表胡若愚、周孝伯等百余人。飞机降落后，龙主席即偕员下机。龙氏身着灰色长衫，精神矍铄，当〔即〕与欢迎者一一握手致谢，旋同何部长乘车入城休憩。

记者往访，承龙主席发表谈话如次：龙氏首谓，此次为本人初次来京，沿途所睹市内一部卓著建设，至为钦佩，想其他部分建设定必尽美无轮。次谓，年来中央迭次召开各项重大会议，咸因远在边省，职务羁身，未获如期来京。现在国难异常严重，已届最后关头，故奉召遄程前来。关于国家大计，蒋委员长已有确定方针，昭示中外，本人除竭诚拥护既定国

策接受命令外，别无何意见贡献。事已至此，理应少说废话，多负责任。身为地方行政负责者，当尽以地方所有之人力财力，贡献国家，牺牲一切，奋斗到底，俾期挽救危亡云。

《大公报》（上海版）1937年8月10日，第1张第3版

龙云昨谒汪兆铭

昨晚应何应钦宴　何键昨离京返湘

【南京十日下午十一时发专电】龙云、萧振瀛、孙殿英等尚未谒见蒋委员长，十一、十二两日当可晋谒。何成濬、何键以在京事毕，十日晨分别离京，何键径飞长沙。

【中央社南京十日电】龙云初次入京，备受各界欢迎。白崇禧、张嘉璈等于十日上午往访龙氏，作普通拜会。下午一时，孙科、杨杰等并设宴招待，龙氏旋恭谒总理陵墓，并游览陵园诸胜，参观各项建设，叹为壮观。谒陵后入城，往谒汪主席，报告省政。晚间应何部长宴，并商国是。

【中央社南京十日电】云南省府主席龙云于十日下午四时晋谒汪主席，畅谈甚久。汪主席对于此次来京各方面长官皆属旧识，连日把晤，惟龙主席则属初见，叙谈达一小时之久。汪主席对于龙主席治滇政绩，极表钦佩；关于滇缅勘界等事，亦曾论及云。

《大公报》（上海版）1937年8月11日，第1张第3版

中政会昨日决议案

【中央社南京十一日电】中政委会十一日晨开第五十一次例会，到汪兆铭、林森、叶楚伧、居正、覃振、程潜、王宠惠、邹鲁、马超俊、孙科、于右任、冯玉祥、何应钦、陈公博、丁惟汾、钮永建、陈立夫、王伯群、李文范、陈璧君、谷正纲、梁寒操等，列席张群、曾仲鸣、柏文蔚、赵丕廉、龙云、蒋作宾、邵力子等五十余人，由汪主席。决议事项如下：（一）追认国府令，准兼中央公务员惩戒会委员长覃振辞职，特任王用宾

为中惩会委长。(二)鲁省办理土地陈报及试办地籍图测量,准照该省府所拟办法办理。(三)政院函为护路队兵之过犯及逃亡情事,请准适用军法办理,准予备案。

《大公报》(上海版) 1937 年 8 月 12 日,第 1 张第 3 版

龙云在京行踪

【中央社南京十一日电】龙云于十一日晨觐见林主席,主席特赠"一品锅",以示慰勉。旋列席中政会,是为龙氏初次参加中央会议,各委员均表欢迎。会后返邸,汪主席往访,谈半小时。龙氏于下午往谒孙院长。

《大公报》(上海版) 1937 年 8 月 12 日,第 1 张第 3 版

龙云谒蒋

【中央社南京十二日电】龙云于十二日上午十一时谒蒋委员长,报告省政。

《大公报》(上海版) 1937 年 8 月 13 日,第 1 张第 3 版

蒋往访龙云

【中央社南京十三日电】蒋委员长于十三日上午往访龙云,垂询滇政及国防建设情形,谈一时许。午间张嘉璈设宴招待龙氏,闻龙在京尚有二三日勾留。

《大公报》(上海版) 1937 年 8 月 14 日,第 1 张第 4 版

龙云昨离汉返滇

【中央社汉口二十日电】龙云于前日抵汉后,定二十一日晨乘专机飞返昆明。据龙氏对记者谈,本人此次晋京,数谒蒋委员长。委座精神健

旺，对今后之军事、外交均有整个完密的确定，必能挽回危局。日来上海战事，我方捷报迭传，此方面战事不难于短期内结束。又滇省近年盗匪肃清，一般生产建设，均有正轨发展，非常时期一切工作，如壮丁之训练、征兵之实施、军需工业之进行，皆具基础，此后更当加紧工作云云。

【中央社成都廿一日电】龙云偕龚自知、裴存藩等一行八人，廿一日晨由汉乘欧亚机经西安来蓉。过西安时，因机件发生故障，曾逗留三小时，游览西京市。于下午四时半平安抵蓉，定廿二日晨飞返昆明。

《大公报》（上海版）1937年8月22日，第1张第3版

龙云返抵昆明

【中央社昆明二十二日电】龙云偕龚自知、裴存潜〔藩〕、李希尧等七人，二十二日晨十时半由蓉乘欧亚机返省。龙下机后即返威远街私邸休息。

【中央社昆明二十二日电】防空协会二十一日开筹备扩大宣传会议，议定下星期三起至星期日止，分别在本市公共场所举行防空宣传。

《大公报》（上海版）1937年8月24日，第1张第3版

龙云任云南救国公债劝募分会主任委员

【中央社昆明三十一日电】省府接中央电，指定龙云为云南救国公债劝募分会主任委员，缪嘉铭副之。省府当于三十日午后召开临时会议，决积极扩大劝募，完成救国使命，并推陆崇仁、丁兆冠等十二人为委员，定九月二日开成立大会。

《大公报》（上海版）1937年9月2日，第1张第3版

蒋等电贺朱德、彭德怀就职

【中央社南京十一日电】第八路军总副指挥朱德、彭德怀通电就任新

职后，蒋委员长、汪主席、阎副委员长，暨于右任、程潜、刘峙、商震、何键、吴铁城、陈果夫、薛岳、余汉谋、刘湘、冯治安、陈仪、孙蔚如、贺耀组、何成濬、熊式辉、韩复榘、赵戴文、陈绍宽、龙云、蒋作宾、张道藩、何柱国诸氏，均有电致贺。蒋委员长贺电略谓："忠诚谋国，至为嘉慰。仍希一致团结，共赴国难为盼。"汪主席贺电略谓："敌忾同仇，至深壮烈；遥致敬意，并祝成功。"〈后略〉

《大公报》（上海版）1937 年 9 月 12 日，第 1 张第 2 版

国府派龙云为考试试务处处长

【中央社南京二日电】 国府二日令：（一）特派龙云为云南省县长考试试务处处长，此令。（二）派［王］孝缜代理国民政府参军处典礼局局长，此令。（三）任命陆军步兵上校魏继征为陆军第十六师步兵第四十八旅副旅长，此令。

《大公报》（上海版）1937 年 11 月 3 日，第 1 张第 3 版；《大公报》（汉口版）1937 年 11 月 3 日，第 1 张第 2 版

滇省府积极加强地方自卫力量

各县成立义勇保安各一队　富户及村庄得设保安副丁

【昆明航信】 滇省政府以现在军事日趋紧张，亟应加紧地方自卫力量，省府主席龙云，特于本月十九日召开省委会议，特提出议案，决定加强民众自卫组织，积极训练，并将具体办法大致决定，兹将该项议案志次：

（甲）义勇壮丁队：（一）凡督练分处所在之区域，应各成立义勇壮丁一队，每区人数定为六百名，由各分处长负责集中训练三个月退役。所需初级干部人员，概由各分处长就各地方退役军官，或高中军训毕业生中选择充任，并具报备案。此种职务，全系义务，只给伙食，不支薪金。（二）为体恤地方起见，此项官兵伙食，概由军费项下发给，其炊爨器具及卧具

等，概由地方制备或借用；枪支由政府借用一半，由地方借用一半。（三）待遇，官长每月给伙食新币十元，士兵每名六元。其有兼差者，概不发给。服装每期每兵由绥署发蓝布单衣一套，绑腿帽子俱全，退役免缴。至如何训练及教育，统由督练处负责拟办。

（乙）各县保安队：（一）为充实各县自卫力量起见，自明年一月一日起，每县成立保安队一队。一等县八十名，二等县六十名，三等县四十名。（二）所需枪支、服装及经费，概由地方自行筹备。（三）此项保安队，由县长督率训练，直接指挥。遇有联合剿匪等重大事件，保卫营长亦得调遣之。（四）所需干部人员，亦由各地官自行选择委用，呈报民厅备案。

（丙）保安副丁：（一）为使地方自卫力量普遍起见，各县凡有身家，其资产在新币二万元以上者，特准雇用壮丁，定名为"保安副丁"。每户雇用名额在一名以上、二十名以下。枪支、服装用费，概行自备。设置后，将姓名、年龄及枪支种类，报县登记。平时即作保家之用，遇地方有重要事件，县长得调用之。其详细办法及服装颜色，由民厅及督练处规定。（二）各县集团村庄中，如无富户，私家无力设置此项保安副丁者，得合力雇用若干名，其办法同第二条。

又省府以抗战工作日紧，管理壮丁为各县惟一之要务，此项壮丁在事实上不问战争至何程度，决不至如数需要。不过听其无知逃避，此风一开，效尤者必多，影响所及，关系实大。为使各县掌握确实起见，特分令民厅及团务督练处，转饬各分处及各县县长，在此秋收以后，除保甲遵章按月按户会团外，所有保卫团壮丁，亦须遵照规章，每月举行会操，借以清点人数。若无故不到者，即认为逃避，予以严惩，以资警惕。至会团时，所有地方治安及抗日工作，亦就此宣传，俾众周知云。（十一月二十日）

《大公报》（汉口版）1937年11月25日，第1张第3版

龙云代表——周钟岳抵重庆

觐见林主席并向中央请示　与川当局商筑川汉铁路事

【重庆三十日下午九时半发专电】滇省委周钟岳偕胡岳生三十日午飞

抵渝，据谈此来系代表滇主席龙云觐见林主席致敬，并向中央请示军事、外交、国防、交通各项机宜，一面与川当局会商川滇铁路之进行。滇对抗战准备正积极办理中，龙主席现忙于布置国防线及训练新兵。周等在渝稍作勾留，或将赴汉一行。

《大公报》（汉口版）1937年12月31日，第1张第3版

周钟岳昨觐见林主席

【中央社重庆三十一日电】龙云代表周钟岳三十一日晨九时觐见林主席，报告滇省政情。主席于垂询各情后，慰勉有加。

《大公报》（汉口版）1938年1月1日，第1张第3版

弥撒典礼

各方纷电蔡宁主教，表示谢意并致哀悼

【中央社讯】汉口天主堂追悼阵亡将士、死难平民及祈祷和平大弥撒典礼办事处，日来接到各省市政府暨前线各将领致电蔡宁总主教致谢及表哀悼。兹悉有湖北省政府主席何成濬、湖南省政府主席张治中、河南省政府主席商震、贵州省政府主席吴鼎昌、福建省政府主席陈仪、广州市长曾养甫、长沙市长陈国钧、滇黔绥靖主任龙云、李总司令宗仁、程司令长官潜、阎总司令率全体将士、商总司令震〈……〉临汾杨军长爱源、刘司令长官湘等二十余通（电文从略）。又九九老人马相伯氏，由桂林来电云：（衔略）届日在桂参加遥悼。〈……〉又闻该堂以大典日参加来宾势必拥挤，但因祭堂座位有限，故只能凭笺入堂，无笺者恕不招待云。

《大公报》（汉口版）1938年1月16日，第1张第3版

大弥撒昨举行

庄严肃穆典礼隆重　教皇代表亲临主祭

【本市消息】天主教为追悼阵亡将士、死难平民及祈祷和平，举行大弥撒典礼，昨（十八日）上午九时在汉口天主教堂举行，由罗马教皇驻华代表蔡宁主教主祭，并亲自举行弥撒仪式，情况亟为严肃。前往参加各界人士甚为踊跃，军委会电影股特派员摄取影片，以资纪念。警备部警察局特三区管理局均分派员警前往警备，秩序井然，并由法汉中学全体童军担任招待，兹将各情分志如次：

教堂大门左右分悬公教进行会赠送"追悼阵亡将士殉难平民，祈祷人类真正和平，方不负沙场热血；担起救国责任抗战到底，争取中华绝对自由，始对起大国英魂"挽联一幅。大门上端悬"追悼阵亡将士死难平民、祈祷和平弥撒大典"横匾一块，堂内两旁分置各方所赠花圈，祭台四壁满扎素彩，各方挽联、横匾满悬堂内四周。堂内居中安置追悼阵亡将士、死难平民安所台（即祭坛）一座，四周分置花圈，并围置祭烛十余对。安所台上罩以党国旗，全堂灯烛照耀通明，令人起敬。

昨日前往有何成濬代表彭介石、陈诚代表尹葆宇、何应钦代表晏道刚、阎锡山代表潘太初、顾祝同代表经纬、张治中代表万昌言、宋哲元代表戈定远、张嘉璈代表高大经、龙云代表王吉甫，中委谢作民、曾仲鸣、邵力子及武汉市长吴国桢，郭泰祺、董必武、钟可托，暨驻汉各使领代表、各军驻汉办事处、各机关团体、学校代表及中外来宾信友二千余人。

九时整，教堂钟声齐鸣，弥撒典礼即按时举行，由教皇代表、驻华代表、总主教蔡宁主祭，武昌艾主教、汉口希主教及南京战区张主教陪祭，同时教堂经楼由武汉各教堂司铎高唱祈祷经文，仪式亟为隆重。祭台侧设主祭席，装璜〔潢〕颇为华丽，各陪祭主教分座两旁，并由蔡总主教亲自举行弥撒仪式。

弥撒举行中，蔡宁并以腊〔拉〕丁文讲述渠代表天主教举行弥撒大典意义，嗣由总主教秘书张副主教以中文翻译。讲毕，继由希贤主教以英文讲演，大意为天主教同情此次中国抗战，尤其对阵亡将士、死难平民更为表示深切哀悼，兹为祈祷和平，乃由蔡总主教发起举行弥撒大典，并分电各教区同时举行，俾便全国教胞对抗战有一严正之表示。次对于参加各界，深致谢意云。

祈祷和平弥撒仪式举行毕，即举行追悼礼节，由主祭蔡总主教率领各陪祭主教齐至安所台前，朗诵追悼经文，经楼亦于同时随唱，历时约二十分钟之久，至十一时许始告完毕。典礼完毕后，蔡总主教即率同艾主教、希主教、张主教等立于教堂大门口，与各来宾代表一一握手致谢告辞。

《大公报》（汉口版）1938年1月19日，第1张第4版

周钟岳昨飞蓉转滇复命

【中央社重庆二十五日电】龙云代表周钟岳，日前赴汉，晋谒蒋委员长致敬，并报告滇省政情，已于日昨抵渝，觐见林主席致敬。二十五日午飞蓉，转滇复命。

《大公报》（汉口版）1938年1月27日，第1张第3版

周钟岳返昆明

【中央社昆明三十日电】省委周钟岳代表龙云飞渝、汉，谒候中枢当局。任务既毕，三十日晚五时已由蓉飞返昆明。

《大公报》（汉口版）1938年2月1日，第1张第3版

吴鼎昌在滇事毕　今日返黔

【贵阳十六日下午八时发专电】吴鼎昌十一日抵昆明后，与龙云晤谈甚欢洽，对今后滇黔两省军政交通上联络，均有所商定。现因黔政待理，决十七日东返，十九日可抵贵阳。

《大公报》（汉口版）1938年5月17日，第1张第3版

龙云抵汉　奉召来谒蒋委长

【中央社讯】云南省政府主席龙云氏，偕教育厅长龚自知、新富滇银行行长缪嘉铭、省党部执委裴存藩等人，于昨日下午五时半由昆明乘欧亚机，经川飞抵汉。政府长官前往机场欢迎者，有何部长应钦、徐部长永昌、贺主任耀组、中委褚民谊、军委会办公厅副主任姚琮、孔院长代表盛恩颐、张部长嘉璈代表赵祖康暨卢军长汉等五十余人。龙氏下机后，与往迎者握手致谢，旋乘汽车入城，至旅邸休憩。中央社记者晤龙主席于机场，叩询莅汉任务。承告称：本人此次奉命来汉，晋谒蒋委员长，请示有关抗战机宜，并报告后方种种设施。记者嗣叩以云南省近情，龙氏称：滇省民气振奋异常，抗敌情绪，尤为高涨云。

《大公报》（汉口版）1938年7月20日，第1张第2版

王缵绪昨到汉　奉召报告省政

【中央社讯】代理四川省政府主席王缵绪氏，于昨日午前七时由成都乘欧亚机直航来汉，十二时三十五分到达。赴机场欢迎者有何部长代表晏道刚、何执法总监代表徐承熙、军委会办公厅贺主任代表李副官长，及杨森、姚琮、康泽并川军各部驻汉办事处长黄应乾等约百余人。王氏下机后，与各欢迎者一一握手。据王主席语记者：此行系奉召向最高领袖陈述省政，并请示一切要公云。

何应钦、何成濬、钱大钧等昨晚七时设宴，为龙云、王缵绪洗尘云。

《大公报》（汉口版）1938年7月24日，第1张第3版

抗战中之云南
经济建设正努力进行　龙云昨谈已商定方案

【中央社讯】云南省龙主席云抵汉后，即晋谒蒋委员长，报告后方种

种设施，并分谒中枢各长官，晤商有关各项建设之方案。即将公毕，定于日内返滇。记者为明了滇省最近新政设施情况，特于昨晨往访龙氏于旅邸，叩询一切，承对记者作如下之谈话：

自我神圣抗战发动后，京沪平津各带大学，均先后迁至昆明，筹备开学。当时因□〔校〕舍不敷，至感困难，乃设法归并本省各校，腾出校舍，备各大学之用。经筹划结果，所有学校均得顺利开课。在此抗战中，以极短之时间，使各级教育不至停顿，本人至感愉快。至各工厂移入滇省后，曾分别派人相机会商，共同进行生产工作。本省近年对于煤、锡、铜、铁等矿，业已积极开工。但为求大规模之发展，外力尤在所必需。故现已有多数工厂参加开采工作，其余一部份顷正进行筹划中。总之，一切人力、物力均宜贡献于国力之增长，以使国防经济及产业建设与抗战中之需求，得以联系，万勿使之停滞而不用。

龙氏继称：自抗战发动之初，本人除严切注意训练军队，以便开往前方抗战外，即命建设厅澈底筹划交通网之开辟。一年来之努力，成绩尚佳，惟愿继续努力，以期实现原定计划，则对于将来之抗战，庶有最大之贡献。

龙氏末称：此次来谒中央各长官后，对于云南将来之建设，会商定更进一步之具体方案，俟本人返省后，即以明令公布实行，决不稍懈。记者嗣即询以滇省人民生活情形如何。龙主席则兴奋告诉记者云：自滇军出省参加抗战以来，全省人民至为振奋。除各军队均自告奋勇出省杀敌外，人民工作日益紧张，生活方面尤极端节约，而爱国运动，亦日形高涨。所以本人每向民众训话时，则谓在此抗战期中，吾等矢志救国、领导国民者，宜用最大努力克服自己、鞭策自己，做到绝对精诚团结，同时必须发抒精诚做到铜铁一般之紧固，然后可击败敌人，以复兴我中华民族云。

《大公报》（汉口版）1938年7月26日，第1张第3版

龙云飞蓉　稍留返滇

【中央社成都二十六日电】滇主席龙云赴汉晋谒蒋委员长公毕，二十

六日下午六时半乘欧亚机飞抵蓉,邓锡侯、刘文辉、潘文华及各军政首长均至机场欢迎。龙二十七日将与邓、潘交换关于川滇密切联络之意见,十八日飞返滇。

《大公报》(汉口版)1938年7月27日,第1张第2版

龙云今返滇　昨与川当局合谈

【中央社成都二十七日电】龙云二十七日下午一时与邓锡侯、刘文辉、邓汉祥等在邓邸聚会,集商川滇两省密切联系及巩固后防诸问题,其目的为欲在抗战建国总纲领下,如何汇合集中两省力量,以贡献国家。所商谈者,大要为:(一)兵员补充;(二)经济开发;(三)交通运输。

会议时,两省首脑意见极为融洽,思想集中,结果非常圆满。于原则方面,已获得完全同意之施行方案,以后具体实施,即本此随时函〔电〕商洽,逐步推行。

又龙主席在蓉公毕,定二十八日飞滇。

《大公报》(汉口版)1938年7月28日,第1张第2版

龙云返滇

【中央社成都二十八日电】龙云二十八日晨偕龚自知、缪嘉铭等飞返滇。

《大公报》(汉口版)1938年7月29日,第1张第3版

龙云抵滇　对记者谈来汉观感

【中央社二十八日电】龙主席飞汉谒蒋委员长,请示抗战大计及后方建设事宜毕,于二十八日下午二时,偕各员由蓉返昆明。中央及各省机关长官、团体代表、学生等均到机场欢迎。

龙氏对记者发表赴汉观感,略谓本人此次奉召赴汉,承蒋委员长于军务劳碌之际,优予接待,并得中央各院部长官拨冗会晤。对抗战建国大

计，除将管见所及掬诚贡献外，中枢军政各首要之尽忠谋国，更觉钦慰。现已不分党派，无间远近，共同在领袖领导之下，一致遵奉《抗战建国纲领》，努力迈进。相信不久将来，定达到抗战必胜、建国必成之目的。长江战局，近日以来敌人倾巢来犯，但我将士武器、地利均占优势，敌益深入，我益有利，大武汉当可保卫无虞。滇居后方，抗战发生，已积极从事交通生产之建设。兹赴汉复与各主管长官交换意见，对于今后经济、技术之合作，已较前更为具体化。望滇人士，其速努力赴之。

《大公报》（汉口版）1938年7月30日，第1张第3版

滇省丰收
滇南垦殖成绩甚佳　龙云亲赴开蒙视察

【昆明十二日中央社电】滇省府主席龙云，十二日晚偕陆崇仁、缪嘉铭等，由开远返省。据随行者谈：主席于八日离省赴开蒙垦殖区视察，当晚抵开远。九日晨视察矿业公司、水电厂工程，下午视察草坝垦殖局，十、十一两日视察绥靖河、黑冲口等处水利工程。十二日午视察毕，即由开远，仍乘米士林快车返省。向所谓"开蒙垦殖区"，即开远、蒙自所属之大庄坝、蒙坝及草坝三处草原荒地。省政府曾于三年前设局垦殖，并建设永丰渠，引导大屯、长桥两湖湖水，以供灌溉。至今草坝已能种殖，今年稻作成绩甚佳，全部计划即可次第实现。

《大公报》（香港版）1938年9月14日，第1张第3版

侨代会改今晨闭幕　昨通过大举义捐
策动全球华侨预计可捐一万万　余吴定今日分别接见代表慰劳

【广州专访】华侨抗×动员总会第二届会员代表大会，原定昨（廿二）日下午二时举行闭会礼，临时因事改今（廿三）晨六时在省民教馆举行，兹将选出二届侨抗总会执监委员及通过聘请顾问名单等录后。〈中略〉

顾问题名录：

昨（二十二）日上午九时，侨代会代表继续举行会议，到会主席团有邢森洲、邝挺生、陈炳权、何平吾、黄文山、谭信暨全体代表一百三十余人。主席团推黄文山主席领导行礼如仪后，即通过拟聘顾问名单如下：翁文灏、何香凝、周启刚、香翰屏、徐景唐、陈策、梁寒操、宋子良、龙云、庄雨言、王俊、张郁才、郑介民、黄旭初、许念曾、李宗仁、白崇禧、蔡劲军、陈春圃、王志远、徐天深、王棠、罗卓英、高信、李济琛、凌道扬、张治中、刁作谦、韩汉英、黄珍吾、高凌百、徐允檀、方贤淑、张惠长、周寿臣、钟天心、谌小岑、黄范一、陈宗周、□纬疆、李崇诗、邹洪、曾三省、许崇清、陈钧忠、于焌吉、罗文锦、周文治、司徒养堂等六十余人。

《大公报》（香港版）1938年9月23日，第2张第5版

昆明庆贺击落三日机

〈前略〉

【昆明二十八日中央社电】二十八日×机九架空袭昆明，轰炸我学校区域，×杀我后方平民，幸我空军英勇迎击，卒将×机击落三架，余六架负伤而逸。绥靖公署对此英勇将士，除呈请蒋委员长嘉奖外，并将特别奖励。又省党部抗×会及各界民众，以我空军忠勇努力杀×，殊堪嘉贺，特送慰劳品表示慰劳。

【昆明二十八日下午四时五十分发专电】（迟到）×机连日肆扰桂黔。二十八日晨七时，×机二十四架，复入黔境，嗣分九架经罗平入滇，于九时七分窜入昆市，在西门外潘家湾农场及附郊昆华农师、金龙纱厂、航校旁边等处投弹。计潘家湾死伤三十余人，航校附近伤行路法人一名。当×机侵入市空时，我机早已升空待击，当击中三架，一落宜良县狗街东南荒地，余二架落路南县属。尚有六机，向原路遁去，昆市空袭，此为第一次。当空袭时，龙云亲往指挥防空，秩序井然。

《大公报》（香港版）1938年9月30日，第1张第3版

龙云谈话

×〔日〕机袭滇已予打击 滇民抗战情绪甚高

【昆明二日中央社电】龙主席对×机二十八日首次来滇肆虐结果，向中央社记者发表谈话如次：（一）中日战争以来，不觉年余。而×机袭滇，二十八日为第一次，被毁者只少数纯与军事无关之学校、房舍，被害者均系无辜之妇孺，足见×人毫无人道。似此狂妄举动，适足增加吾全民同仇敌忾。至被毁房屋，仅系旧式，纵使城池完全被毁，于抗战及民力，可谓毫无关系。（二）×机为首次轰炸昆明，我已给与相当打击。被击之×机人员共十余人，除当时毙命者外，潜逃者均被乡民自动缉获，可见滇省民众对于抗日早已一体深切认识云。

《大公报》（香港版）1938年10月3日，第1张第3版

英使过滇时 曾与龙主席作谈话

【昆明三日路透社电】据闻当英大使卡尔于一日过此间时，曾与滇主席龙云作性质重要之谈话，英使与滇省银行总理亦作重要谈话云。

《大公报》（香港版）1938年11月4日，第1张第3版

滇军扩编 龙云任总司令

【重庆九日下午一时十五分发专电】龙云呈蒋委员长，将滇军扩编为集团军，已经核准，指定番号。龙云任总司令；卢汉任副司令兼第一军长，并代总司令。

《大公报》（香港版）1938年11月10日，第1张第3版

西南经济建设委会将成立

明年元旦在渝成立 蒋委员长兼任主席

【上海二十日海通社电】据此间华人消息灵通方面称：西南经济建设

委员会决于明年元旦在重庆成立，该会工作在开发西南各省资源，并增加经济生产力量。据闻该会主席由蒋委员长兼任，孔院长兼副主席，委员则由交通部［长］张嘉璈、经济部长翁文灏、行政院副院长张群，及川主席王缵绪、滇主席龙云、黔主席吴鼎昌等充任。据悉，该会各委员决在元旦前赶到渝参加成立典礼。

《大公报》（香港版）1938年12月21日，第1张第3版

西南经建委会即将在渝成立

蒋兼委员长　孔副之

【重庆三十一日下午五时十五分发专电】西南经济建设委员会即将在渝成立。委员长一席由蒋委员长兼任，孔院长副之。委员为张群、翁文灏、张嘉璈、王缵绪、刘文辉、龙云、吴鼎昌等，张群兼任秘书长。

《大公报》（香港版）1939年1月1日，第1张第3版

龙云向中央报告汪兆铭离滇经过

渝电谓汪现仍在河内　外传渝谣言证明不确

【重庆三日下午五时发专电】汪案发生后，滇主席龙云曾有电到中央，报告汪兆铭过滇之经过，谓事先不知其图谋。

【重庆三日下午四时三十七分发专电】去年三月号《美亚》杂志载该报主笔加飞之文中有一句谓："只有如汪兆铭其人，才可以使中国政局不安。"今其言果验，可谓汪之异国知己。同盟社传陈果夫、陈立夫出走，绝对系谣言。陈果夫一日曾出席中常会（又何应钦亦曾出席），陈立夫则在家养病，未离渝一步。据确息：迄二日止，汪兆铭尚在河内。

【重庆三日路透社电】据官方讯：海内外各地赞助政府永除汪兆铭党籍之电文，纷如雪片飞来。各电文大意，均认政府之决议，迅速严正，足以祛除一切悬测云。

【重庆三日美联社电】官方否认汪兆铭徒党有被扣讯。据党部方面谈称：与汪亲交者仅有数人，渠并无徒党可言云。

《大公报》（香港版）1939年1月4日，第1张第4版

前线将士电中央　请求制裁汪兆铭
坚持国策拥护领袖　精诚团结抗战到底

【重庆七日中央社电】陈诚、薛岳等暨全体将士，三日电呈总裁暨中央执监会云：蒋总裁暨中央执监委员会钧鉴：兹维我国抗战建国，系求民族生存、国家独立，凡军民莫不同仇敌忾，矢志不渝。乃汪兆铭承本党付托之重，值军事紧张之际，竟擅离职守，匿迹异地，违背国策，传播谬论。业经钧部决议，永远开除党籍，撤消一切职务。国人闻之，何等快慰！诚等在我最高领袖总裁蒋领导之下，转战疆场，一年有半；复仇雪耻，迭挫凶锋。当此×寇愈陷愈深，我辈更以愈战愈奋，扫荡×氛，复兴民族，以尽守地卫国天责，而期实现三民主义。特此吁请全国军民，一致主张制裁汪氏，并精诚团结，坚持国策，拥护我最高领袖总裁蒋，抗战到底。最后胜利一日未能获得，即抗战任务一日不能终止。谨贡丹忱，伏维鉴察！陈诚、薛岳、商震、罗卓英、龙云、吴奇伟、杨森、王陵基、汤恩伯、卢汉、关麟征、李汉魂、叶肇、樊崧甫、周福成、李觉、彭位仁、张冲、欧震、张轸、黄维、黄国梁、刘多荃、张耀明、霍揆彰、孙渡、刘膺古、韩全朴、俞济时、周磊、李仙洲等暨全体将士。江。叩。（三日）〈后略〉

《大公报》（香港版）1939年1月8日，第1张第3版；《陈诚龙云等将领电　拥护领袖抗战到底》，《大公报》（重庆版）1939年1月8日，第1张第2版

吴鼎昌主席飞滇
访晤龙云主席　商黔滇有关事务

【中央社讯】贵州省政府吴鼎昌主席于上星期来渝，谒见军政当局，

有所报告，本拟于公毕即赴成都，访问川省王缵绪主席等，对于地方事务，有所接洽。嗣因王主席来渝，业已而谈多次，无须前往，故昨晨乘机飞往昆明，与龙云主席协商黔滇两省有关事务，预定勾留三四日，即返贵阳云。〈后略〉

《大公报》（重庆版）1939年1月14日，第1张第2版

吴鼎昌抵滇　晤龙云谈经济建设

【昆明十三日中央社电】黔主席吴鼎昌，今午由渝飞抵昆明，下榻旅邸。龙主席下午二时即往访晤，畅谈约一时许始辞出。据吴语记者：此来系与龙主席商办滇黔两省兵役及经济建设各事项，以增强后方抗战工作。吴本人拟明日回渝，并定日内返黔云。

《大公报》（香港版）1939年1月15日，第1张第3版

吴鼎昌今日由滇返黔

【昆明十五日中央社电】黔主席吴鼎昌在滇与龙云主席商洽滇黔有关各要政，业已事毕，定十六日晨乘车返黔。

《大公报》（香港版）1939年1月16日，第1张第3版

龙云拥护中央　吴鼎昌已回贵阳

【重庆十八日美联社电】云南省主席龙云决心拥护中央，最近尤觉明显，可以下开两事证明：（一）最近云南省党部改组，龙被中央任命为特派员；（二）数日前贵州省政府主席吴鼎昌曾到云南与龙会商，今日已返抵贵阳，闻经此次会谈后，龙与中央之关系益密。

【贵阳十七日中央社电】吴鼎昌于本月三日飞渝述职，十三日飞滇，今已公毕。昨日专车返黔，今日上午十一时半抵筑。

《大公报》（香港版）1939年1月19日，第1张第3版

开发西南新机构
在渝设经济研究所　　所长董事分别聘定

【贵阳一日下午三时四十五分发专电】中央积极进行开发西南，为调查研究各省经济建设与出产蕴藏，特设西南经济研究所。聘定张群、翁文灏、张嘉璈、王缵绪、龙云、吴鼎昌、刘文辉等七人为董事，张嘉璈、何廉分任正副所长。评议员十五人，尚未聘定，所址设渝。

《大公报》（香港版）1939年2月3日，第1张第3版

贵阳灾民　龙云捐款救济

【中央社贵阳十一日电】贵阳市四日遭敌机滥炸，蒋委员长悯念灾黎，特发两万元抚恤，现贵阳临时救灾委员会亦决议呈请中央及黔省府拨款贷放灾民，以资救济，并推定该会委员余嘉庸、周达时赴渝，向中央及旅渝黔同乡报告灾情，及请作切实之救济。

【中央社贵阳十一日电】龙云以贵阳四日遭敌机惨炸，特电黔慰问，并拨汇万元赈恤。

《大公报》（重庆版）1939年2月12日，第1张第3版

滇新党委昨日宣誓就职

【昆明二十七日中央社电】新任滇省党部主任委员龙云，执委张邦翰、陈廷璧、陆崇仁、裴存藩、李培炎、龚自知、陈玉科、赵澍，二十七日午十二时，举行宣誓就职典礼，由龙主任委员主席。中央派黄实监誓致训，龙代表各委答词，至一时礼成。

《大公报》（香港版）1939年2月28日，第1张第3版

渝昆电话昨开始通话

声音清晰成绩良好　今日开式开放营业

【重庆一日下午十一时二十分发专电】渝昆长途电话一日正式通话，下午二时交通部张嘉璈部长与滇主席龙云通话。张祝后方建设之进步，对龙主席协助交通建设，深致感谢。龙主席对最近交通通信之发展，深致庆贺；对渝昆通话，尤表欣慰。旋由富滇银行行长缪云台与张部长通话，张略述经济交通之关系密切，希望各方于经济上充分协助，俾交通建设，得充分发展。通话时声音清晰，各方均表满意。〈后略〉

《大公报》（香港版）1939年3月2日，第1张第3版

赈济筑灾　滇捐款三万元

【贵阳五日中央社电】筑市被炸后，滇各界极为关怀，自动捐募三万元，汇筑赈济。龙云主席并派马参谋长来黔慰问。

《大公报》（香港版）1939年3月6日，第1张第3版；《赈济贵阳灾民为各界捐款三万》，《大公报》（重庆版）1939年3月6日，第1张第3版

何廉赴滇　商西南经济建设

【贵阳十日中央社电】何廉今晨专车由筑赴昆明，将与滇主席龙云商洽发展西南经济建设。

《大公报》（香港版）1939年3月11日，第1张第3版

何应钦电唁范石生家属

【重庆十八日中央社电】军政部长何应钦今日电滇主席龙云，代慰唁范石生家属，原电录次：昆明龙主席志舟兄勋鉴：报载军委会中将参议范

石生,在滇被刺身故。范君早岁参加革命工作,颇著劳绩;近年悬壶济世,尤见志节。遽遭不测,悼惜良深,请就近派员代为慰唁其家属。闻凶手已获,并盼将审讯案情见示。弟应钦巧(十八日)秘。〈后略〉

《大公报》(香港版)1939年3月19日,第1张第3版

昆明血案　杨维骞陈书自首

刺范石生系为其父杨蓁复仇　自首书称目的已达责在一己

【昆明航信】前滇军第二军军长范石生,于民国廿三年卸去军职,廿六年十一月回滇,悬壶于昆明市蒲草田一号寓所,年来均出外应诊。十七日下午四点四十分仍由其寓所驱车出诊,道经南城埂脚第一卫生所门口,突被身着长衫之一青年,趋往车前,抓着范氏胸领,袖出小枪,迎面射击。头顶中一枪,由右耳边流出;右胸中一枪,左肋附近中两枪,弹入内部,当时殒命,由车中倒地,卧于血泊中。上唇留有八字胡,身着灰色布衫,头戴肉色毡帽,下着宝蓝色毛葛裤,足履布底金绒鞋,每日不离身之手杖,抛置身边。与范氏伴卧街中之车夫吴星光(宜良人,年二十四岁,车号为通济二百五十八号)亦被流弹击伤腰部,弹未流出。

凶手枪杀范氏后,即向甘公祠街走去。至十字街时,车夫追到,大呼:"请拿杀人凶犯!"凶手从容自称曰:"杀人者我,我乃替父报仇。"并将刺杀范之小枪及自首书交与街警,该警立将凶手、枪、书送往警局讯办。乃知凶手为前杨蓁司令官之长子杨维骞,年二十一岁,系为父报仇者。警局讯明后,立将凶手管押局内。范之家属闻讯,含泪前往办其后事。至六时余钟,法院检验完毕,即由其侄子范士良领尸入殓。记者旋探悉凶手呈主席函一件,可知刺范早具决心。兹将范氏略历及凶手呈龙主席函,与其自首书分别志左:

范氏略历

范石生,号小泉,云南峨山县人。系云南讲武学堂第一期毕业,现年五十三岁,娶有妻室大小二房(现均居沪),生有子女各二人,均已上学。范氏自毕业后,历任军职,民十二年陈炯明叛变,任滇军第二军军长;国

民革命军北伐时，改任第十六军军长。北伐成功，军缩会议后，改编为第五十一师师长。民二十三年卸去军职，任军事委员会参议、中央禁烟委员会委员，并习岐黄。民廿六年后，于十一月回滇，悬壶昆明市蒲草田一号寓所，正式应诊。

上书龙云

凶手预先写就《呈龙主席书》一通，原文云："主座钧鉴：敬肃者，窃维骞一介书生，缪蒙钧座不弃浅陋，逾格培植，得入军校肄业，求获初步之军事学识，五中感奋，曷可言宣！当军分校毕业之际，正吾国对日抗战激烈之时。分属军人，执戈卫国，乃应尽之天职。窃喜报国有自，从戎素愿可达，讵料生不逢辰，命途多乖，而主谋害死先父之正凶范石生，适于此际率眷回滇，遂使维骞久印脑海十余年之惨痛印像，顿即涌现心头。自后每于返家复睹家慈忘餐废寝、悲痛逾恒之状，因念幼龄丧父，以养以教，十余年来，均维家母是赖。先父惨遭奇冤，未得伸雪，徒任凶犯逍遥法外，为人子者，问心有愧！且维骞尝读古人书，知天地有正气，施之于国便为忠，施之于家则为孝。而委员长报国与思亲一文中有言：'忠孝仁爱信义和平'八字，为吾中华立国固有之精神与道德，而孝道尤为总理遗教所特重。可知中国立国之道，自来皆以孝为本。则为国、为家、为社会除此恶贼，实为维骞之天职。因此爰乃决定替父报仇，其他不遑顾及。虽是一年以来，未能实现者，以钧座盛德未报万一，雅不欲在省会有所举动。奈期待已久，彼无离省之望，迫不得已，始付实行。今大仇已报，责在一己，除将彼之罪状公布社会、敬谨附呈外，恳请钧座俯赐鉴核施行，谨呈主座龙。学生杨维骞泣呈。"

杨氏自首

……余父讳蓁，光复、护国、护法及讨伐陈炯明等役，皆常统率军旅，为国家、为桑梓，薄著功勋，与老贼（指范氏）系本省讲武堂特别班之同学。民国四年，余父在陆军步兵第七团长任内时，范老贼充任本团中校团附，故余父又系其直接长官。民国六年，老贼赴贵州谋事期间，家用缺乏，其双亲由予父代为供养三年之久。民国七年，老贼在滇川边界，被匪掳去，全赖予父竭力营救脱险，故予父又系老贼之恩人。上述不过略举数端，以见予父与彼友谊之笃，待彼之厚，反观彼待予父，结果如此，良可慨叹！民国十三年，予父在沪，老贼屡派代表迭次函电邀予父赴粤，任滇军第二军总指挥之职。民国十四年，在桂省作战，老贼渐生忌嫉之心，且以为已无需予父，顿起毒意。予父虽素来诚恳，忠直待人，至是亦有所觉，决心告退，屡次束装行矣。不知老贼必欲置予父于死地而后心安，蜜言巧语，苦留不放。可怜予父万不料老贼豺心狼肺，毫不念同学、长官、恩人之情，每见真诚恳挽留，遂坠其术中，坦然不疑。同时老贼则急急暗中布置。民国十四年五月三十一日，于父与老贼同住于桂省武鸣甘墟关帝庙中一小室内，两床咫尺相对，夜深时予父已就寝，复有老贼羽党十余人伪兵也者拥入，立向余父射击一枪，伤足部。老贼视若无睹，反身向内，不作一语。凶手随即将予父拖出，连刺数刀，见余父神色自若，不改常态，忽良心发现，竟弃置而去。故所伤并不致命，余父速命随行副官请老贼数十次，欲谋一面，请即派船送梧医治。老贼始终不来，且深恐有变，又出巨金，使心腹将余父活活扼死，草草掩埋。遗吾父〔母〕及吾弟兄姊妹六人，幼妹仅一岁，长姊未满十一岁。后余母闻老贼战事失败返粤，星夜携余赴粤，哀求老贼，搬运余父遗骨。老贼置之不理，幸承国民政府诸父执，尤其故国府主席谭延闿，义薄云天，鼎力扶助，余父遗骨，始得迎归安葬。彼时余年虽幼，然已深印脑中，数十年来，感念无已。谭公所作余父像赞中有'谁实为之？而致兹悔！'句。余父惨死后，老贼内部解体，一败涂地，无可收拾，此句所指何人，甚为明显。尤堪恨者，予父生平带兵能与士卒共甘苦，故为部下所爱戴，老贼反诬余父为叛兵所害。既杀其人，复加以恶名，其居心辣毒，孰有过于此者！奇惨异冤，不共戴天之仇，迄今未尝一日忘。老贼之罪，虽人人皆知，然俱畏老贼，而不能彰明作证，即使诉诸司法机关；亦恐主持正义有心，而无能为力，故待机多年。天网恢恢，老贼来滇，复仇良机已到，……故为国、为家、为社会除此恶贼，实为余之天职。今目的已达，责在一己，所惶恐惭愧不安者，事发生于滇省，无以对主席及诸辈父执培植之厚德厚望。而慈母含辛茹苦，竭尽心力十数年，扶孤之恩，未能稍报于万一耳。（十八）

《大公报》（香港版）1939年3月21日，第2张第5版

龙云公忠爱国、工作努力

【重庆二十日下午八时五十五分发专电】记者由港经海防、昆明、贵阳来渝,历时两旬,见闻甚多,兹撮要报告如次:(一)×在越南政治上无可活动,专在中下阶级挑拨对华反感。闻×在缅近亦同样活动。(二)滇越路运输近尚顺利。(三)龙云主席公忠爱国,精细果决,办事切实。故滇境少见标语,而实际工作,则甚努力,壮丁训练,尤为认真。记者于八日×机轰炸时访龙主席作半小时之长谈,知其于时局认识正确,决与中央步趋一致。滇人性本质朴,不轻摇动,龙主席乃其著者,国人尽可释念。(四)滇黔川公路,交通甚便,险工迭见,具征人力伟大,弥坚抗战胜利之信念。中国旅行社在沿途要站皆有布置,行旅甚便。

《大公报》(香港版)1939年4月21日,第1张第3版

云贵无线电话　昨日正式开放成绩满意

【中央社贵阳一日电】筑昆直达无线电通话一日正式开放,下午五时黔主席吴鼎昌与滇主席龙云通话甚久,成绩极为满意。又贵阳与重庆、桂林、柳州各处直达无线电话,亦经试话,均极良好。

《大公报》(重庆版)1939年5月2日,第1张第3版

滇主席龙云函劝汪兆铭
立下英断与×〔日〕断绝往来　斩除葛藤从速命驾远游

【昆明三日中央社电】龙主席于昨致汪精卫一函,并将原函通电全国各军政高级长官鉴察。兹将致汪全函志后:

精卫先生道鉴:一别屡月,音候鲜通;南天引领,时萦怀念。前次台从〔踪〕经滇,来去匆匆,深以未得畅聆教益、一倾积愫为憾。临行把袂,始蒙仓卒见告:"此去香港,当对和战大计,有所主张。"云愕然之

余，随即郑重奉答："言战言和，同为国家。但此举关系甚大，无论如何，务请我公注重事实。"虽仅片语，实出愚诚。但终以行色偬促，未尽所怀，耿耿迄今。幸公博续至，一再接谈，硁硁之见，终以"言和纵非得已，总宜顾全大局，尊重事实，庶免引起国内重大纠纷，转而远悖我公救国初衷，请将愚意，代陈左右"，公博谅已转达。殊我公行抵河内，突然发布艳电主张，局外观听，同深骇异。于时各方群起责难，对公不谅。云尚以为我公志在救国，动机纯洁，不疑有他；苦衷所在，终当为人所谅。故未随同交责，致外间对云不无揣测。迨河内不幸事件发生，仲鸣惨死，闻之悼惜。当以滇越密迩，道履虽告无恙，因派李主任鸿谟前往慰问。乃蒙手赐复书（三月三十日函），附以港报《举一个例》之文，捧诵回环，弥深诧骇。觉云虽知公，而公未能知我；抑云虽爱公，而公竟不能爱云以德，诚不胜叹惋之至。《举一个例》文中，将国家机密泄露中外，布之×人，此已为国民对国家初步道德所不许。至赐书则欲云背离党国，破坏统一，歼〔殄〕灭全民牺牲之代价，违反举国共守之国策，此何等事！不仅断送我国家民族之前途，且使我无数将士与民众，陷于万劫不复之地步。此岂和平救国之道，直是自取灭亡，以救××之命运耳！云服务军旅，廿载于兹；追随介公，历有年所。曩者南北纠纷迭起之际，所以始终维护中枢，无或差忒者，志在完成统一，借奠抗日建国丕基。古今一贯，此志不渝，纵不自爱其历史，宁能有负我国家，抑更何忍负我艰苦奋斗、惨烈牺牲之全体袍泽？良知所在，纵极爱重我公，亦不能不深加思之，更不能不为公之前途痛惜而危惧也！我辈立身行事，一本光明磊落。悠悠一世，因一时不谅，诚不足念。然万不可激于意气，以国家资×，而永斩其生平。不惟公不应以此期之于云，即云亦不愿公为一时气愤所役使，而竟自陷于荆棘。细绎公函所示，必非离渝时之初衷，然如忠不暇择，孤往不返，千秋后世，孰为公谅？云为公计，此时千万勿动于激愤，勿惑于左右，屏除意气，恢复灵明，则公之胸怀，犹或可见谅于抗战胜利之日。务望立下英断，绝对与×人断绝往来，命驾远游，暂资休憩；斩除一切葛藤，免为×人播弄。庶几国家能早获最后之胜利，而公亦可无损其历史之令誉。愚直之见，敢附铮〔净〕友之列，以尽最后之一言。知我罪我，唯公裁之。龙云。（五日电）

《大公报》（香港版）1939年5月7日，第1张第3版

建设云南　抗战中伟大的工作

恩源寄自昆明

开发云南，建设后方，是目前刻不容缓的工作，这是抗战伟大工作中的一部，是支持抗战的人力物力的来源。这是事实，谁能否认？

开发云南，现在虽然还是很时髦的问题，但并不是一个十分新鲜的问题了。云南省在龙云主席领导之下，资源的开发，地方的建设，已经有了相当成绩。只以环境特殊困难，时间比较短促，还未能给新式工业立下十分坚固的基础罢了。

丰富的宝藏

云南省的宝藏，丰富广博，土质肥沃，民风朴厚，宜工宜农。开发矿产，谁也不否认更有前途。金融界和实业界的目光全集中在这里，侨胞巨子胡文虎氏以及侨胞巨商，也为了有助于抗战前途，筹拟共同投资，开发云南内地。他们的计划相当大，工作范围也很广泛，其中包括垦殖、农村合作、改善交通和开掘矿产。他们已经经过了相当的调查工作，调查人员已陆续返回昆明，日内即行返港，再与胡文虎氏作一度检讨，各项计划便可逐步实行了。

金融界、实业界的投资问题，也在进行协商中。云南省地方当局对外才和外资十分欢迎。依照目前情形，开发云南省内地资源多由官商合办。至少在目前这是很需要的合作，因为有些地方必须倚赖政治的力量去推动，只要相互妥洽，各种工作都一定有光明的前途。

走上实行的阶段

云南省的开发问题逐渐走上了实行的阶段。在这里，当然免不了一些虽然不是十分困难而必须去推动改善和解决的问题。记者为明了这种工作的实际情形，特分别走访若干位学有专长的技术人才，请他们发表关于这个问题的意见，兹特归纳报告如次：

云南省的面积很广，而人口仅达一千三数百万。在想像中，全省人口密度一定很稀薄，但在事实上并不尽然。云南全省多山，边远各地，气候比较恶劣，且多瘴气，不适于一般人民耕作生息。这许多人多集居在省会附近十数县份，所以按照可耕地的面积计算，云南省的人口密度，并不见得过份稀薄，只可惜现在还没有精确的统计数字来作证明。

这个多山的云南内地，必然的成功〔为〕了交通发展的一大阻碍。省地方当局虽然在这一方面也曾经努力过，但是天然的压力太大了一些，他们还未能克服困难。直到目前，除现有的铁路和公路沿线之外，全省的交通工具只有骡马和人力。但这里没有一般乡村间习见的马车，没有单轮的手架车，还谈得到什么双轮拖手？更还谈得到什么载重汽车？平常马车可以载重千斤左右，但是一匹骡马驮运什物，走的又是山路，最多每匹也仅能负重百斤左右。人力运儎的能力，那就更有限了。水路方面，云南全省的河流交错，但是可以行船的，现在还没有几条。最重要的要算那条红河和它的支流。这些地带以外的广大云南，特别在交通工作上，还需要我们特别努力，这是凡百建设工作的首要。

一个严重问题

另有一个相当严重的问题，有些边远地方气候恶劣，有时会因为瘴气的关系，令人裹足不前。那里也许有的是金银财宝，有的是肥土沃壤，但是一般民众没有医药常识，更没有克服这种天然威力的慧心。天气恶劣的云南内地，面积不能说不大，为了开发这些值得我们努力的区域，我们似乎有权利向全国的卫生当局和医药界呼吁，替这开发后方和建设后方的伟大而艰巨的工作，解除了这万人同仇的恶魔。现代医学知识进步了，开掘巴拿马运河时代的苦难减轻了；只要我们的科学界和医药界肯负起这个责任来，相信一定成功。难道全中国医药界就没有一位肯牺牲自己而造福人类的义侠英雄吗？

交通问题的解决也并不十分困难，不过也一样的需要有人负责推进，而且是和医药界相辅而行，才能收到预期的效果。发展交通，特别是在这工业落伍、山陵起伏的云南内地，不能不承认是一件伟大困难的工作。所需经费、时间和人力，都需要更大的力量去推动。这在中央和地方当局都极望其速成，经费和时间，都没有多大的问题。

至于开发交通，现在的云南有两条途径好走：一是开辟公路，一是修筑铁路。根据经济学家的意见，他们多认为修筑铁路比较是一劳永逸之计，而且将来路成之后，效力宏而所费有限，无论在养路和车辆用人方面，都比较公路容易。至于一般人恐怕路成之后，货客运输，难望踊跃；铁路为国家所有，抑为官商合有，都有亏蚀的危险。这一点固然不能不顾虑，但是将来的客货运输，一方面要看我们经营的努力如何；一方面交通愈便利，地方愈繁荣，这是互为因果的。在路成之前，似乎没有武断其将来必难发展的理由。

实业前途展望

交通问题和地方卫生两大工作完成之后，云南省的工农商等实业前途怎样？

振兴实业，固然需要交通发达，环境适宜，但在抗战中的我们，不能再游疑等待，我们要在难苦中奋斗，打开一条出路。

云南省的工业基础，因为环境如斯，过去很薄弱，现在也并不十分健全，依然停留在小手工业的阶段中。抗战开始前，昆明市内的新式工业，还非常有限。后来沿海工厂内迁，新式工业才有了雏形。在工业落后的国家里，一般人民还保持着农民的特色，购买力薄弱，工业产品不易畅销，但是这种情形是会逐渐被淘汰的。工厂成立，工人增多，购买力加强，物品需要自然增加，而社会日趋繁荣，这也是互为因果的自然现象。只有这样，社会才能有进步。若干工业产品，同时便是其他工业的原料。所以振兴工业，应当作有计划的推动。不过，过惯了农民生活的民众，有时会不惯于采用新式工业产品，在这种环境之下，只有希望政府和地方当局善为倡导，使民众渐渐适合新的环境。

发展云南省的工业，最大问题还是技术人材问题。技术人材比不得机器，比不得厂屋原料，可以购买，可以在短期间内修建完成。技术人材须要训练经验。在农业社会里的云南，技术人材最感缺乏，而不是短时期内所能训练成功的。目前，云南工业有即速发展的迫切需要。机械有办法，原料有办法，人的问题，需要政府来设法罗致补助，才有望于顺利解决。

农业也更有推广的必要。云南食粮出产虽然可以自足自给，但是现在是抗战时期,在将来交通发达之后,云南内地农产有输出的可能,更有输出的必要。民食是抗战中最大的问题,有人以为推广农产,比较开矿山还要重要。国立北平研究院地质调查所前应侨胞归国考察团之约,派员随同前往内地考察,便派了两位土壤专家前往调查,便是为了这个原因。

依照经济学原理,某地的工农产品,原无须自足自给。云南因为气候关系,不宜植棉,但是木棉繁茂,且质量极良,据说可制成极优美的棉纱,运销海外。有人在试验中,有成功的希望。此外如植桑、养蚕、植桐等,都是值得在农村社会里积极推广的工作。

出入口货概观

云南省的贸易,根据统计数字,出口以原料为多。锡产出口占出口总额的百分之八九十,铜产出口次之。各国产铜原相当丰富,而云南铜产储量如何,现尚无切实勘查估计,故将来铜之出口数量如何,似乎尚有问题。入口方面,多为工业制品,而以棉纱占入口总额半数。以往,云南入口之棉纱及其制品,多由安南印度等地输入,后则改由上海等地运来,证明中国工业进步,已能自行制造。据最近所得报告,云南入口货中,已有若干机械及化学原料品质,可见云南省之新式工业已在萌芽滋长。

虽然,建设后方,开发云南,这一切或大或小的工作,都需要民间努力,政府爱护扶持。我们拥护政府对外货,特别是奢侈品征收高税,同时我们也诚恳的希望政府能尽力补助这方在萌芽的工业婴儿。

苗壮的新兴云南,正在萌芽滋长;美丽的花朵,肥硕的果实,不见得必须留给后一代人来享受。但是这个幼芽还在微嫩,他的成长还需要我们灌溉,需要我们培植。(六月一日)

《大公报》(香港版)1939年6月10日,第1张第3版

国府缉汪令经过 全体将领及团体吁请

【**重庆九日中央社电**】汪兆铭潜离职守,妄发谬论,前经中央加以惩戒。全国各界及海外侨胞,金以汪倒行逆施,甘心附×,除籍褫职,何足蔽辜?纷纷呈请政府通缉法办。计自岁首以迄最近,此项呈电,不下千余

起之多。本月八日之明令通缉，盖所以肃纪纲、顺舆情也。

上述呈请缉汪之呈电，词意大率相同，对汪通×卖国，一致表示同弃。因限于篇幅，不克尽数披露。发电人之衔名中，将领、疆吏有阎锡山、龙云、白崇禧、程潜、陈诚、薛岳、李汉魂、刘峙、盛世才、李溶、王缵绪、刘文辉、沈鸿烈、蒋鼎文、朱绍良、马占山、张发奎、余汉谋、黄旭初、黄绍竑、顾祝同等；人民团体有上海市商会暨银行业钱业等一百十五公会、江西省商联会、新疆民族联合会等；华侨有暹罗、巴达维亚、秘鲁、纽约、马六甲、新加坡、菲律宾、吉隆坡、泗水、××、××等侨团；党部有河北省党部等省市党部；教育文化界有浙大、厦大、西北联大、云南昆华工校、甘肃文化协会、全国文艺界抗×协会、上海新闻界全体同人、上海文化界联谊会等。此外参政员邵从恩等，暨广西等省临时参议会，亦均纷呈政府，请明令缉汪法办。〈后略〉

《大公报》（香港版）1939年6月10日，第1张第3版

中国复兴摇篮之一　云南之人力与物力（一）

恩源寄自昆明

云南省地方行政，在抗战两年的过程中，已经有了令人相当满意的进步。然而因为抗战的结果，云南省已由边区转变成功了后方的重心。在这种新情势、新环境之下，云南省的进步，达到了何种程度？怎样才能和抗战的新需要配合起来？怎样才能适应抗战建国的新条件？这一切还都有待于精密的研讨。

农村的认识。谁也不否认农村在"抗建"伟大工作中的重要性。然而云南省的农村，一向处于边区地位，因为交通不便，民族复杂，有些地方气候又特殊恶劣，省政当局因限于财力和人力，在以往未能从事于精密的调查，更谈不到开发建设。因而全省竟有所谓四大神秘区——十二版纳（即车里等六县思普沿边地带）、卡瓦、江心坡及独立猓猡——之存在。滇越铁路和滇缅公路中间这个三角地带，在以往，都少有人实地视察过。自从民国十七八年后，龙云主席掌绾省政，才逐渐的注意到农村问题，思普沿边和卡瓦等地才在近三数年来被人发现。但是江心坡和那一片与川省雷

［波］马［边］屏［山］娥［山］等县毗联的独立猡猡地带，除英政府早年派员视察一次外，到现在还没有听到有人想去冒险视察的消息，这［不］能不是一件令人感觉遗憾的事情。〈后略〉

《大公报》（香港版）1939年8月4日，第1张第3版

侨委会计划　安插暹罗侨胞
在滇组织华侨招待处　划开远附近建立新村

【昆明二十五日中央社电】暹罗××后，华侨大为不安，我当局拟将在暹侨民移居西南各省，并利用其人力、财力从事开发。侨委会驻滇专员张客公，特于二十五日下午三时往谒龙云商洽，结果极圆满，当决定：（一）在滇组织华侨招待所，龙氏并愿为发起人。（二）划开远附近一带，俾华侨建立新村。（三）芒市、车里两处附近一片沃野，且为热带气候，能植树胶，划归华侨垦殖。〈中略〉在昆明青年会开筹备大会，即席由甫自暹罗抵昆之华侨某君，报告暹罗最近××情况。〈后略〉

《大公报》（香港版）1939年8月27日，第1张第4版

暹罗华侨将归国垦殖　从事开发西南各地

【中央社昆明二十五日电】暹罗排华后，华侨大为不安，我当局拟将在暹侨民移居西南各省，并利用其人力财力，从事开发。侨委会驻滇专员张客公特于二十五日下午三时往谒龙云主席商洽，结果极为圆满，当决定：（一）在滇组织华侨招待所，龙氏并愿为发起人。（二）划开远附近一带，俾华侨建立新村。（三）芒市、车里两处附近一片沃野，且为热带气候，能植树胶，划归华侨垦殖。〈后略〉

《大公报》（重庆版）1939年8月27日，第1张第2版

国府命令

【中央社讯】国民政府二十五日令：（一）派于洪起、汪曾道、高鲁、

朱雷章、谷凤翔、何基鸿、严庄、陈肇英为高等考试初试监试委员，此令。（二）派龙云为云南省普通考试典试委员长，此令。（三）派陆崇仁、张邦翰、李培天、袁丕佑、丁兆冠、华秀升、熊庆来、缪嘉铭、姚寻源为云南省普通考试典试委员，此令。〈后略〉

《大公报》（重庆版）1939年9月26日，第1张第2版

龙云、吴鼎昌通电讨汪逆

矫和平为投降遁辞　发表谬论大肆鼓簧

【昆明九日中央社电】滇黔绥靖正副主任龙云、吴鼎昌，九日通电讨汪，原文云：

中央党部、国民政府、各院长钧鉴，各部长、各战区司令长官、各省政府、各报馆均鉴：天下事欲兵不血刃而被压迫民族即可获取自由解放、人类平等之权，旷古及今，史无先例，何哉？兽性使之然也。日本以蕞尔岛邦，向无道义之训练，更无纲纪之可言。万邦侧目，人神共愤；征诸往事，其造恶作祟，指不胜屈。而痴人伪善之辈，恒被其利诱与欺蒙，反巧翻花舌，将受欺于人者欺诸人，心之险毒，有甚于此者乎！汪逆兆铭，以卑污贪婪之见，借虎狼之敌以谋我，图区区之利，置国家民族于不顾，席卷山河，以送于人，犹哓哓以爱国者自居，行为若此，爱国云乎哉！无怪汪逆之为人，一味取巧作伪：为文无气质，为官无政治道德，为人更无人格可述。往昔虽一度毁容袖剑，高唱易水之歌，亲宴江道，祖饯称奇。不图马齿稍加，行径邪僻，物老而妖，令名全坠。使绰约处子、含情默默之书生刺客，一变而为青面獠牙之九泉属鬼，盖棺定论，岂不痛哉！敌人自佯倡反共之说，而作灭亡中国之实，我千万生灵被其涂炭，深仇大恨，悬积至今；爱国之士，应如何肝脑涂地，寸寸山河，以血换取。汪逆是何居心，竟矫和平为投降遁辞，灭华新秩序谬论，大肆鼓簧，著为文章，以欺天下。近更变本加厉，啸集群丑，盗号称尊，自膺汉奸首席，卑劣鄙贱，狗彘不食，千剐百磔，人人得而诛之。况际兹旧账总清之日，血债血偿；不亡必战，战必不亡。迩来晋湘会战、太行洒血，敌阵倒如山倾，遗尸遍地。足见我弱体愈战愈强，敌泥足愈陷愈深，大陆阴谋，已成梦幻，固知人

心不死，敌人虽以撼山之力以图我，仍不足动摇我民族战线也。败德失检，淫乱私奔者可以醒矣。悲夫！云、鼎昌，卫国有责，誓率领滇黔健儿，秉既定国策，在最高统帅领导下，歼此凶仇，不胜不止。泣血椎心，谨掬衷诚；兄弟父老，鉴此区区。龙云、吴鼎昌同叩。青，机，印。

《大公报》（香港版）1939年10月12日，第1张第3版；《龙云吴鼎昌　通电声讨汪逆　誓秉国策歼此凶仇》，《大公报》（重庆版）1939年10月12日，第1张第2版

华西垦殖公司在菲招股　侨胞认股踊跃

【马尼剌航讯】华西垦殖公司，系陈果夫、龙云、贺国光、陈立夫、邓锡侯、刘文辉、潘文华、钱新之、萧吉珊等发起组织，以开发华西资源、增强国力、繁荣边疆，便利战区同胞移殖及海外侨胞投资为宗旨。资本定一千万元，由经济部、四川省政府、云南省政府、中［央］中［国］交［能］农［民］四银行各担任一百万元，其余由国内殷商及海外华侨募集。总公司设于重庆，他如昆明、成都均已成立办事处。现由重庆总公司委托本埠陈三多、王泉笙、史国铨、吴起顺、陈温良、许友超、林书晏、黄海山、旋逸生、郑其妙、戴柏谷、潘葵邨诸氏为驻菲募股委员，并以史国铨、陈三多总其成。昨已开始进行。各方认股者有吴起顺认五万元，陈温良认三万元，史庆云认二万元，王立璇、许友超各认一万元，将来成绩必有可观云。（十七日）

《大公报》（香港版）1939年10月24日，第2张第5版

龙云召集所属讨论民食问题
将定严密办法减少操纵

【昆明三十一日下午二时三十分发专电】滇主席龙云，□民食向极关怀，近鉴于米价日贵，昨特在省府□召集各关系长官，举行会议，由龙亲身主持。龙主席致开会词称："目前政府及人民，对于粮食问题，均极关

怀。政府之职责，虽系为人民谋福利，但处此艰危之会，国内国外，四处烽烟，则政府力量所不及之处，应由人民起而协助。目前粮食涨价，岂能尽诿之于数量之不足，一部分实由人心所造成，故今后应有严密之办法，以减少操纵"云

《大公报》（香港版）1939年11月1日，第1张第3版

龙云主席公忠体国　分裂谣言不攻自破

【重庆五日中央社电】日昨，日方广播，谓国军第二十六集团军将开入云南，且中央对该省将有某项措置。记者特走询政府某要人，叩以究竟。据称：此项广播，全属日人造谣，绝无其事。日近发动一大规模"谣言攻势"，妄冀借荒谬虚伪之宣传，蒙蔽国际视听，并企图破坏我方团结。故数日前曾捏造国共两党即将分裂，且谓邵力子先生已赴延安之谰言。昨又造作蜚语，谓中央将与云南分裂，殊不知云南龙主席公忠体国，抗日志坚，有事实表现，人所共睹。至二十六集团军正在前方作战，何来调赴云南之事？日人所言，实无异白日见鬼。日人此种无端造谣，想中外人士决不置信，亦徒见其心劳日拙而已。

《大公报》（香港版）1939年11月6日，第1张第3版

滇集训县长

【中央社昆明二十日电】滇省府召集全省六十市县长训话，二十日下午开始举行。由民政厅李厅长主席，说明集训意义。继按日程，由省主席龙云训话，对兵役、卫生、保甲等各点，多所指示。集训期共六日，将分由各厅长及有关机关主管人训话。

《大公报》（重庆版）1939年11月21日，第1张第3版

龙云讲演　欢迎侨胞来滇投资

【中央社昆明二十三日电】中央电影摄影队二十三日午为滇主席龙云

拍摄讲演片,题为"欢迎侨胞来滇投资、开发实业的几点介绍"。首述滇省在抗战中与地理上之重要,及蕴藏丰富;次述我抗战国策为"一面抗战,一面建设";末述滇省政府欢迎侨胞返国投资建设之种种措施,及希望于侨胞之诚意,并劝侨胞不可放弃时机。词极简捷明了。

《大公报》(重庆版)1939年11月25日,第1张第2版

滇省治绩斐然

日军犯桂上下同愤　传将调兵协同作战

【重庆六日下午九时四十分专电】滇省在龙云主席领导下,治绩斐然。最近日军犯桂,滇省各军事领袖,无不义愤填膺,咸欲及锋而试。传将调兵入桂,协同作战。金料今后中央在抗战军事方面,对龙主席之畀倚,将较前更殷。

《大公报》(香港版)1939年12月7日,第1张第3版

中苏文协会滇分会成立

【昆明十日中央社电】中苏文化协会云南分会,十日下午二时开成立大会,到新旧会员及来宾二百余人,推刘震寰主席。当场通过简章,并选举龙云为名誉会长,刘震寰为会长,张西林等十五人为理事;并通过以大会名义,电蒋委员长致敬,及慰劳前方将士。至五时许散会。

《大公报》(香港版)1939年12月12日,第1张第3版;《中苏文化协会云南分会成立　龙云主席任名誉会长》,《大公报》(重庆版)1939年12月12日,第1张第2版

中央将在滇黔设置行营

内定由龙云兼主任　滇省情形气象一新

【昆明十九日下午三时二十九分发专电】记者抵滇已半月,观察各方

情形，一切俱现锐进气象。滇人埋头苦干，不空事宣传；龙主席云更公忠体国，夙主以全滇人力物资，供〔贡〕献国家。中央对之，畀倚弥殷，今后西南行将愈见蓬勃。又中央为加强滇黔防务起见，决设行营，内定龙主席兼主任，卢汉副之。明年元旦左右可明令发表。

《大公报》（香港版）1939年12月20日，第1张第3版

龙云兼任昆明行营主任　国府已明令发表

【重庆二十一日中央社电】国民政府二十一日令：特派龙云为军事委员会委员长昆明行营主任，此令。

《大公报》（香港版）1939年12月22日，第1张第3版；《昆明行营龙云为主任》，《大公报》（重庆版）1939年12月22日，第1张第2版

中央积极协助开发滇富源

滇省军队配备极优良　十五万人在前线作战

【重庆二十二日下午一时五十分发专电】中央对于协助云南开发富源，甚为积极。闻资源委员会曾投资一万万元，以开发云南之农矿业，预料云南之铜、锡、金及棉花，产量必将大见增加。

【重庆二十二日美联社电】据美联社所得可靠消息称：云南军队在前线作战者，有十五万人之多。目前尚有三万人，随时可以开上前线，此外，尚有二万人在训练中。云南现正准备将兵力增至二十五万人。自中央将军队标准提高后，云南壮丁均受政治及军事之训练。云南军队每师均由中央供给轻重机关枪、大炮，配备甚为优良。省主席龙云将部属调上前方，系奉中央命令，同时亦系表示其拥护神圣抗战之热诚。

《大公报》（香港版）1939年12月23日，第1张第3版

护国与建国　纪念云南起义二十四周年

〈前略〉

二十四年前,云南首先起义,燃着护国的火炬;现在的云南,又成为抗战复兴的摇篮之一。在抗战以前,云南在龙云主席的领导下,对于团结工作,有过很大的贡献;两年半以来,协助后方之建设交通工作,厥功尤伟。而滇省健儿,在南北战场的奋斗,也创造了不少光荣的战迹。西南同胞,朴质而刻苦,而滇省当局之作风,尤重实干而不尚虚声。因为云南地位的重要,侵略者会一再虚构谰言,以图挑拨。汪兆铭出走时,也曾一度煽诱,但事实证明,滇省当局之忠贞为国,始终如一;中枢的倚重,更日见深切。现在,许多重要的国防基础,建立于滇省;最近昆明行营之设立,使滇省当局之责任益为加重,全国同胞对云南的期望,当然比以前更切。过去云南军民,身先天下,重奠国基;今天纪念云南起义,我们尤热望云南能以过去护国的精神,埋头苦干,致力于完成抗战建国的大业。

《大公报》(香港版)1939年12月25日,第1张第2版

云南起义回顾
记李烈钧先生的谈话　并访问蔡唐先烈遗族

南　江

【昆明通信】〈前略〉

记者旋驱车往先烈蔡松坡的家里。

当走进蔡公馆,蔡老太太同她的儿媳,围炉烤火,闲话家常。屋里设备简单,有蔡先烈的铜像,有古玩,有花木,而没有一点华丽的装饰。据蔡老太太告记者:蔡先生在生时,一心做革命事业,从不过问家事,他们家里,向来是过着简单朴质的生活,这是蔡家的旧家风。

正因为蔡先生生前不过问家事,他死后的遗族,十分萧条。中央每年给生活费八百元,给儿女教育费,每人每月一百元,以慰先烈的忠魂。但是,自七七事变后,这些抚恤金停发。他们来到昆明,省府主席龙云先生,为抚慰革命先烈的遗族,每月由军需局照发生活费五十元,并且得李根源先生的照顾。

蔡松坡先生的遗族,有两位公子,两位女公子。大公子现在原籍湖南邵阳,女公子原在浙江大学读书,现供职云南省政府;其他两位男女公子

都在大学读书，在校成绩优良，民族国家观念浓厚，这可慰先烈的灵魂。

记者由蔡家辞出，又往访唐继尧先生的遗族，会见唐大公子，简单地谈了一会。

滇省政府、党部，今年将扩大纪念护国之役，公祭唐先生的魂墓，以慰忠魂，而继承蔡、唐诸先烈的精神。（二十一日）

《大公报》（香港版）1939年12月25日，第1张第3版

滇垣纪念盛况　缅甸访华团亦参加

【昆明二十五日下午七时发专电】昆各界二十五日热烈纪念云南起义，同时缅甸访华团与工程师学会均适在滇，盛况空前，全市竟日在欢跃中。

【中央社昆明二十五日电】今日为云南起义二十四周年纪念日，上午九时省党部举行党政扩大纪念周，由陈立夫讲演，继由黄实报告云南起义经过，全场极为兴奋。下午三时，省垣各界复在拓东体育场举行盛大庆祝典礼，到省主席龙云、各机关长官暨各学校、各团体，共计军民万余人，缅甸访华团全体团员亦被邀莅会参加，由龙氏主席，并报告开会意义。略谓护国之役，为云南民众对国家效忠光荣历史之一页，今值抗战期中，吾人纪念护国，更应益自淬励，竭尽所能，以争取最后之胜利云。继由缅甸访华团团长宇巴伦及张之江相继演说，末呼口号散会。是日全市悬旗结彩，情绪极为热烈，并赴圆通山致祭唐墓，由李烈钧主祭。中央电影场外景队亦派员前往摄制新闻片云。

《大公报》（重庆版）1939年12月26日，第1张第2版

昆明的胜会
龙主席设筵欢宴两团体　缅访问团今日离滇返国

【昆明二十六日下午一时二十四分发专电】滇主席龙云二十五日晚招待缅甸访问团与出席中国工程师学会年会人员，席间互祝中国万岁、蒋委员长康泰、中缅邦交日增。缅甸访问团团长宇巴伦称：回国后，将宣扬中

国抗战之伟大精神，并努力援华工作。教育部长陈立夫称：龙主席为拥护中央最力之一人，望早就滇黔行营主任，主持一切。席间当即一致决议成立中缅文化协会云南分会，并推龙主席为分会会长，宇巴伦为副会长。陈部长当允由教部捐赠书籍，作为在缅甸设立图书馆之基础。缅甸访问团定二十七日经滇缅公路返缅。据宇巴伦语本报记者称：返缅后，当募捐救济中国难民。

《大公报》（香港版）1939年12月27日，第1张第3版

龙云今日就行营主任　再择期补行宣誓

【昆明三十一日下午二时发专电】兼滇黔行营主任龙云，决定于元旦日先行就职，以副中央倚界之望，一俟行营布〔部〕署就绪，再定期补行宣誓。

《大公报》（香港版）1940年1月1日，第1张第3版；《龙云今就行营主任》，《大公报》（重庆版）1940年1月1日，第1张第2版

何应钦电贺龙云就职

【中央社讯】昆明行营主任龙云元旦在昆明就职，三十一日曾电中央及各机关报告。兹军政部长何应钦特于今日复电奉贺，原文如下：昆明龙主任志舟兄：世电奉悉，荣拜新命，主持行营。值抗战之方殷，膺后防之重任，缅怀贤劳，忭慰同深。特电驰贺，并颂年厘。弟应钦。冬。秘。

《大公报》（重庆版）1940年1月3日，第1张第2版

滇专科以上学生向龙云献旗

并通电全国表示拥护

【昆明一日中央社电】在滇专科以上各校学生五千余人，以龙主席公忠体国，最近复就任行营主任新职，特于一日联合公献锦旗一面，以示春〔尊〕敬，一面通电全国，表示拥护。兹志其原电如下："（衔略）日军近

在桂省，窥视西南，企图断我后方联络；更借汉奸无耻之辈，广施谣言，企图破坏我全国精诚团结，以实现分化离间诡计。滇黔为国防之重地，系大局之安危，保卫大西南，实为刻不容缓之工作。昆明行营主任龙云将军，忠贞素著，报国为怀，久膺干城之寄，边陲保障，胥赖凭轼。生等谨以最诚挚之热忱，坚决拥护'国家至上，民族至上，抗战建国'之国策，在将军领导之下，努力保卫工作，并坚决反对汪派汉奸之卖国行为，以及一切投降妥协之谬论。爰献锦旗一面，以表敬仰之诚意。谨布区区，请维公鉴。全滇五千余专科以上学生同叩，东。"

《大公报》（香港版）1940年1月4日，第1张第3版

滇主席龙云关怀清寒学生

特拨款五万元救济

【昆明九日中央社电】自抗战以来，国内各大学迁滇者为数不少，惟各生多来自战区，经济来源断绝，致生活顿感困难。蒋委员长为此曾拨款十万元，作为在滇各专科以上学校清寒学生救济之用。滇主席龙云，近亦鉴于生活日高，各生生活颇感困难，亦特拨国币五万元，交由各学校作为救济之用。

《大公报》（香港版）1940年2月11日，第1张第3版；《救济留滇大学生　龙主席拨款五万元》，《大公报》（重庆版）1940年2月11日，第1张第2版

被击落日机在昆明展览

【昆明十六日合众社电】本月十三日空袭滇越路被击落之日机残骸（在文山境内一荷花塘中寻获），现已运抵此间，在民众教育馆公开陈列。合众社记者特前往参观，见该机尾部装置之机关枪两梃，系伯明罕制造；手枪两支，系一九三九年出品。另照片簿一本，内贴有滇越路照片及地图等。该机号数为"一三四五"，系三菱制造。据负责人员称：该机坠地时，

炸弹爆发，机身全毁，机中人员亦均毙命。在坠落地点，仅寻得全尸一具，大腿十二条。滇主席龙云，除拨款五千元犒赏华方空军人员外，并另拨二千元，嘉奖击落该机之某地高射炮队人员，以资激励。

《大公报》（香港版）1940年2月17日，第1张第3版

美大使昨晨由滇赴渝

【昆明二十四日下午四时发专电】美大使詹森二十四日晨乘专车循川滇公路赴渝，龙云主席特派队护送。

《大公报》（香港版）1940年2月25日，第1张第3版

昆明缺雨　米价奇昂

每石一百二十元，当局商平抑办法

【昆明二十七日下午三时三十四分发专电】旧历年后，昆市缺雨，米价飞涨，现每石已达一百二十元。龙云主席为此特召集各关系方面，商讨平抑米价办法，并决拨款购办越米调剂。

《大公报》（香港版）1940年2月28日，第1张第3版

滇主席龙云关怀民食问题
对米荒将作具体解决　并严禁奸商囤积操纵

【昆明二十八日下午十一时一分发专电】滇主席龙云对昆市米价奇昂，极为关怀，二十八晚对记者谈：米价高涨，实由产量减少、外汇高涨所致，决大量购买越米救济；并表示无论环境如何困难，亦必做到米粮不缺、米价合理化，以救济民食。龙氏最后更郑重谓：决于最近将解决米荒之具体事实，表现于社会，如再有奸商囤积操纵，决依法从事。

《大公报》（香港版）1940年2月29日，第1张第3版

杨杰抵渝　晋谒蒋报告

〈前略〉

【昆明十八日合众社电】 中国驻苏大使杨杰，十八日下午，再度访问云南省主席龙云，定十九日飞重庆。杨大使十八日晚接见记者，谈及苏芬和平问题，据称："此事为苏联之外交胜利，外交胜利之意义，尤重于军事胜利。苏芬既告和平，而法日商约又不续订，则日本地位，益陷于孤立。本人路过河内时，闻河内各旅馆均住有日本间谍。云南为本人之故乡，但最近二十年来，未有回过云南。云南在中央领导之下，进展颇速，至堪喜慰。日本封锁中国后，云南不但成为中国国际交通之生命线，且系中国复兴之据点。"

《大公报》（香港版）1940年3月20日，第1张第3版

昆明贵阳通话
滇黔主席首先接谈　旋即正式开放营业

【昆明二十日中央社电】 昆明、贵阳间长途电话，二十日正式开放，下午一时首由滇主席龙云与黔主席吴鼎昌通话，约十余分钟；继由贵阳《中央日报》社长王亚民暨中央社贵阳分社主任萧蔚民两氏，与中央社昆明分社主任潘仲鲁谈话，互对交通当局与两省电政当局建设成绩，表示敬佩，历时约二十分钟，旋即开放营业。

《大公报》（香港版）1940年3月22日，第1张第3版

龙云年内赴缅观光　增进中缅邦交

【昆明二十一日下午九时零一分发专电】 驻滇英总领事皮德本二十一日晚访谒龙云主席，代缅甸总督面请龙氏赴缅观光。龙氏已允年内赴缅一游，借以增进中缅邦交。

《大公报》（香港版）1940年3月22日，第1张第3版

全国各地沉痛追悼蔡孑民先生

【昆明二十四日中央社电】云南各界二十四日晨在此间举行蔡孑民先生追悼大会，由省主席龙云主祭，梅贻琦、熊庆来、赵士卿、龚自知襄祭。首由龙氏主祭，恭读祭文；继由梅贻琦报告蔡先生生平事略，次由龚自知讲述蔡先生生前努力思想解放及提倡学术研究自由之精神，再次由北大校友常宗会演说，末由林文铮君代表蔡先生家属致答词，迄十时半始散会。

《大公报》（香港版）1940 年 3 月 26 日，第 1 张第 3 版

中华医学会下月初开五届大会

【昆明二十五日中央社电】中华医学会第五届大会，定四月二日至五日在昆举行。各地会员，其已先后首途来昆，预计可赶到出席者，将在三百人以上。此次大会，除美国卫生部派二人参加讨论外，并有越南医师多人参加。现大会已推省主席龙云为名誉主席。

《大公报》（香港版）1940 年 3 月 27 日，第 1 张第 3 版

滇黔粤闽当局通电讨汪 昆明今日开讨汪大会

【昆明三日下午八时二十九分发专电】滇各界讨汪大会，决定四日晨九时举行。

【昆明二日中央社电】滇省党部主任委员龙云及全体委员，以汪兆铭成立伪组织，殊深愤恨，特通电声讨。此外，各团体联电声讨者，计有云南省抗日后援会、省新运会、省妇女会、省妇女运动委员会、反侵略云南支会、昆明市商会、云南童军理事会、昆明市总工会、滇剧改进社，暨全省一千零四十三团体。〈后略〉

《大公报》（香港版）1940 年 4 月 4 日，第 1 张第 3 版；《龙云等通电讨逆》，《大公报》（重庆版）1940 年 4 月 4 日，第 1 张第 2 版

医学年会在昆明开幕

【昆明二日中央社电】中华医学会第五届年会,二日上午九时在此间举行,首由该会筹备委员会主席秦光弘报告四月来筹备经过,继由金宝善致开会词,并宣读滇主席龙云训词。

《大公报》(香港版)1940年4月4日,第1张第3版

滇主席龙云嘉惠学子
特创设"龙氏奖学金" 奖励在滇清寒大学生

【昆明五日下午三时零五分发专电】云南省龙主席云为奖励在滇之学优家贫大学生起见,特设"龙氏奖学金",定额五百名,每名每学期国币一百二十元。其名额按在滇各国立大学人数比例分配,每学期审定一次,按月发给。

《大公报》(香港版)1940年4月6日,第1张第3版;《奖励大学生龙云设奖学金五百名》,《大公报》(重庆版)1940年4月6日,第1张第2版

声讨汪逆 滇粤等省长官通电

【中央社讯】云南省政府主席龙云等,二日通电声讨汪逆云:(衔略)钧鉴:三月三十,汪逆精卫潜入南京,成立伪组织,盗窃名器,出卖祖国,签亡国之密约,作顽敌之傀儡。消息传来,举国同愤。当兹抗战三年,已奠胜利基础,志士沥血于外,岂容任其诬蔑。滇中军民闻讯,愤慨异常,省府同人代表全滇民众,随我最高领袖之后,御侮锄奸,完成抗建。谨此通电,伏希垂鉴。云南省政府龙云、胡瑛、张邦翰、卢汉、缪嘉铭、龚自知、陆崇仁、丁兆冠、李培天、袁丕佑同叩,冬。〈后略〉

《大公报》(重庆版)1940年4月9日,第1张第2版

龙云鼓励中学生

将成立奖学基金　　注重理科及体育

【昆明十一日下午五时三十分发专电】滇主席龙云为鼓励中学生潜修学业起见，决拨巨款作为奖学基金，取其子息，按年发给，其标准注重理科、体育与生产技术。详细办法，正由教育厅拟具中。

《大公报》（香港版）1940年4月12日，第1张第4版

滇主席龙云赠马予越当局

【昆明十七日下午九时二十八分发专电】越南当局对云南马种，极为赞慕。云南省政府主席龙云氏特以滇马二匹，赠越南总督，八匹赠驻越法军总司令，借以敦睦邦交。

《大公报》（香港版）1940年4月18日，第1张第3版

前方难胞将疏散至滇省　　实行以工代赈

【昆明十八日下午二时二十二分发专电】屈映光顷语记者：伊已与龙云主席商妥，按照滇省各地新兴小工业之需要，将前方难民，疏散来滇，以工代赈，并由赈委会发给难民旅费，俾能来滇工作，为国效力。

《大公报》（香港版）1940年4月19日，第1张第3版

平抑后方物价

据本报昆明专电，中央拟拨款五千万，作平抑后方物价之用。

后方物价的膨胀，并非出于货币之贬值，而影响也是相对的。如农产品价格之提高，对于农民自然有益，但对于薪水阶级，自然是一种威胁。尤其如昆明的日用品价格的畸形上升，更使一般居民的生活难以维持。

最近日经济部派何廉氏赴滇调查，及龙云主席的努力平抑，米价已渐回跌，商品的来源也渐见舒畅。今后中央再有统筹的补救办法，必能使后方各地的物价尽入正常，而民众的生活也必能更见安定。

《大公报》（香港版）1940年4月29日，第1张第4版

滇主席龙云严令平抑米价

屈映光谈石屏建水灾情

【昆明十五日上午十一时三十九分发专电】 滇省米价，近又有上涨势。龙主席云对此极为关怀，特令昆明市市长裴〔裴〕存藩转饬商会，设法严予平抑。屈映光视察石屏、建水归来，顷语记者称："石屏灾情惨重，本人特电请中央增拨赈款三万元，连前共五万元，连同各地富绅捐助与省政府所拨赈款二万元，总数已达十万元。救济工作，甚为圆满。"

《大公报》（香港版）1940年5月16日，第1张第3版

昆市国立院校解决膳食问题

组伙食委员会合作办理　教职员家属计口发米贴

【昆明十六日下午一时十六分发专电】 西南联合大学、云南大学、同济大学、中法大学、中正医学院、上海医学院等国立各院校，以昆明生活程度日高，决定合组伙食委员会，俾统筹合作，以求节减。云南大学并特拨空地二百亩，由各校员生于课余之暇，自行种植蔬菜，饲养鸡猪，以补助膳食。又西南联合大学为救济教职员与其家属起见，决定按人口多寡，逐月发给米贴。滇主席龙云并特许各校师生，计口购用公米。

《大公报》（香港版）1940年5月17日，第1张第3版

滇主席龙云巡视东南各县

决在弥勒等地兴办农田水利

【昆明八日下午五时十八分发专电】滇省东南各县，土地肥沃，气候温和，最宜垦殖。龙云主席七日特乘飞机前往巡视，返昆后极表欣慰，决于弥勒、邱北等地，兴办大规模农田水利。

《大公报》（香港版）1940年6月9日，第1张第3版

滇南数十县将广建侨乐村

鼓励侨胞返国垦殖　龙主席赴西南各县视察

【昆明十二日下午六时二十一分发专电】侨务委员会与滇省府商妥划定滇南数十县，广建"侨乐村"，安置侨胞，从事建设事业；并为鼓励侨胞返国垦殖开发，两年内可免服兵役。

【昆明十一日中央社电】滇主席龙云以西南各县蕴藏甚富，亟待大量开发垦殖，特于十一日晨乘滇越车前往巡视，定日内返省。

《大公报》（香港版）1940年6月13日，第1张第4版

滇参议会开幕　龙主席致词

时局严重决心应付万一　日人如来犯必予以痛击

【昆明一日中央社电】云南省临时参议会一日下午一时半，举行第三次大会开幕仪式，到议长李鸿祥及参议员二十二人，省主席龙云暨各省委厅长等多人亦参加。首由议长领导行礼，并致开幕词；继由龙主席致词并对时局作详细之分析，大意谓：（一）在抗战期间，代表民意机关之临参会，实不能有一日之间断，盖非如此，不足以沟通上下。（二）吾滇首当国防门户之□，吾人应认清目前之大局，抱绝大之决心，以应付万一之变。日人如来犯，必予以痛击，一息尚存，誓为国尽最大之努力。词意恳

切坦白。词毕，由李监察使致词，末由参议员代表朱家麟答词，至三时礼成，定四日正式开会。

《大公报》（香港版）1940年7月2日，第1张第3版；《龙主席到会致词　滇临参会开会　滇省当国防门户之冲　誓为国家尽最大努力》，《大公报》（重庆版）1940年7月2日，第1张第2版

滇主席龙云加强战时工作　决定派员分赴各地视察

【昆明三日中央社电】滇主席龙云为加强各县战时工作，以期人民能全体动员起见，特派杨绍曾、赵澍、杨家麟、陇体要四人分别率员前往各县视察党务及战工情形，刻正积极筹备，定周内出发。

《大公报》（香港版）1940年7月4日，第1张第3版

香港献剑代表　晋谒滇龙主席

【昆明四日中央社电】香港青年献剑代表团抵昆明后，三日午由副团长夏杰华率领，晋谒龙云主席致敬。由龙主席亲自接见，并询问侨胞现状甚详。四日晚，该团应青年会及三民主义青年团云南支团之欢宴，定日内向龙主席献旗后，即飞渝向蒋委员长献剑，再转前方慰劳将士。

《大公报》（香港版）1940年7月6日，第1张第3版

云南各界纪念情形
李根源讲述光荣历史　献金达四万二千余元

【昆明一日通讯】云南各界扩大纪念"七七"抗战建国三周年，各机关团体分别开会纪念。早上九时，龙云主席统率全省党政军高级长官，及各界人士七百余人，至忠烈祠公祭阵［亡］将士及死难同胞，由龙云主席主祭。祭坛设牲品、鲜花、清酒等，奏国乐，上香，读祭文，对烈士牌位敬礼，放爆竹，礼乃成。各界并出动举行义卖。省党部前设献金台，扎以

红彩,各界男女老少中外人士登台献金者甚形踊跃,结果共得四万二千六百八十元二角七分。

　　午前九时,滇省各界在省党部举行纪念大会,到云贵监察使李根源、张委员西林、杨委员镜涵、赵委员公望、陈委员秀山、杨委员宇光、胡院长觉,暨省县市党部全体工作人员、各机关代表约一千余人。由张委员西林主席领导,行礼如仪后,即报告纪念意义,略谓:"抗战三年来,我军英勇作战之事实,昭著于全世界,予日人以重大打击,且不但为我们自己之独立而战,实为全世界之人道正义而战。"并谓:"人民妻离子散,亦无怨言,且抗战意志越坚强,抗战情绪更兴奋,各人处境虽不同,惟决心则一。汉奸之叛国行为与整个民族无关,抗战胜利决于最后五分钟,故我人应抱最大决心,团结在蒋委员长领导之下,争取最后胜利,以求国家之保有、民族之平等。"

　　继由李监察使根源演讲"抗战三年之中国与云南现局势"。略论:"抗战则生,不抗战则死,不抗战则亡。抗就要抗到底,不然便当了亡国奴。抗战之初,日本大言不惭,谓三月内灭亡中国,现已三十六个月,我国仍巍立存在。这应归功于最高领袖主持国策,以及前方将士之英勇牺牲,后方人民之合作。西欧诸国如波兰、挪威、丹麦、荷兰、比利时,则不堪德国十余天之攻打而灭亡;即大法兰西国也投降了,被德国缴械军队共达二十八师,俘虏百五十万人。反观中国抗战三年,无一营军被缴械,无一兵卒被俘走,惟有英勇抗战,壮烈牺牲,是我军最大之光荣。宝山之役姚子青将军全营牺牲;汤恩伯将军及云南腾冲人王万龄师长,在南江一役,予日重大打击;滇军守中条山,日人屡攻数十次而不下,我军损失五万余人,惟日死伤则三倍于我。故滇军深为蒋委员长器重,过去云南如咸丰同治年间之回乱,光绪年间之中法战争,冯子材、刘永幅等人迭建奇功;民国以来,唐继尧护法,反对复辟;即今龙云主席拥护中央抗战建国政策,征发云南人力物力,皆可表示云南之抗战精神。"最后复由大会通过,电呈林主席、蒋委员长及前方将士及龙云主席致敬,并发电讨汪,高呼口号,十一时半始散会。(民革社)

　　　　　《大公报》(香港版)1940年7月12日,第2张第5版

龙云主席发表告滇民众书

勖勉奋起保乡卫国　　战时工作视导团即出发

【昆明二十日下午四时五十九分发专电】滇省战时工作视导团，即将出发，龙云主席以时局严重，为发动全省民众，参加抗战、保乡卫国起见，特发表告民众书，分饬该团大量散发。文中有曰："吾滇为后方重镇，居行都外围，抗战责任，将因而加重，防敌工作，亦宜趁此加紧。试观前方及沦陷区，老弱遭日人屠杀，妇孺遭日人蹂躏，壮丁遭日人牛马驱使，财产遭日人劫掠焚毁，水深火热，苦不堪言。谊属同胞，自应被发缨冠而往救；况祸患之来，即有身遭可能。与其祸患及身而后挣扎，曷若及早为抗日之准备？惟全省动员，始能保战争胜利；须全民武装，始能处处予日人以打击。故期全滇壮丁，皆加入为有组织之武力，在平时维持地方治安，查究奸宄；在战时协助军队，破坏日人之军实〔事〕交通。万一不幸而有一部分地域沦陷，尤当忠义迸发，与日人抗斗。一旅兴忧，三户亡秦；人咸此志，胜利可必。本兼主席誓当督率所属，为民前锋，与土存亡"云。

《大公报》（香港版）1940 年 7 月 21 日，第 1 张第 3 版

陈嘉庚在滇

参观建设　　广播演讲

【昆明七日中央社电】南洋各属筹赈总会主席陈嘉庚及常委侯西反两氏，由渝抵昆后，连日参观此间建设，并赴下关视察。七日下午四时拜会龙云主席，表示慰劳。昆明广播电台定八、九、十三日请陈、侯两氏分别播讲。

《大公报》（香港版）1940 年 8 月 8 日，第 1 张第 3 版

云南白药大批运香港发售

自欧战爆发，西药来源日少，且价值昂贵，购买不易。本港华成贸易公司有鉴及此，特派员赴滇采办大批国药，以应市需。云南白药为国药中最名贵之品，一名"百宝丹"，为曲焕章氏所研制，积思凡数十年，经唐继尧、胡汉民、龙云诸氏及蒋委员长所称许。专治刀枪跌打损伤、筋骨折断、各种痨瘵毒疮、痧症、咽喉肿痛以及妇科血症，服用简便，无不功效如神云。

《大公报》（香港版）1940年8月8日，第2张第6版

空军节三周年 全国各地热烈庆祝

【重庆十三日特讯】十四日为我国空军节三周年纪念，全国各地将分别在重庆、昆明、成都、兰州四地，举行空前热烈之庆祝。重庆方面庆祝大会将由陈诚将军主持，昆明方面由滇主席龙云主持，成都方面由马超俊主持，兰州方面由朱绍良将军主持。庆祝方式，除举行民众大会外，并将举行庆祝宴及戏剧表演，同时各地民众团体，届时亦将向空军将士送礼，以示慰劳之意。按三年前之"八一四"，我空军健儿曾首次在杭州上空击落日本轰炸机六架，同时我空军大编队曾不断飞炸停泊于上海黄浦江中之日本海军旗舰"出云"号。当时消息传播，全国兴奋异常，而日本空军自该日起，亦深知我空军之不可轻侮矣。〈后略〉

《大公报》（香港版）1940年8月14日，第1张第3版

龙云表示 对于越南问题 遵从中央意旨

【重庆十三日路透社电】滇主席龙云告顷由昆明赴重庆途中之某外国旅客称：关于越南情势，无论中央之决定如何，渠与滇人均将服从云。又有新近自越南归来之云南某高级官吏语该外人称：渠信法越当局，除受贝

当政府之强大压力外,将抵抗日方任何之进攻云。

《大公报》(香港版)1940年8月14日,第1张第3版

越南情势无新发展

【昆明二十九日下午四时二十七分发专电】越南谣言甚炽,形势亦日趋紧张。据消息灵通方面称,维希法政府已允许日方所提要求之一部。滇主席龙云顷特手谕各机关:认真职守,勿稍疏忽,如有贻误事机者,定予严惩。滇省军民,尚能镇静以处,准备应付时艰。(本电昨日临时被检扣)〈后略〉

《大公报》(香港版)1940年8月31日,第1张第3版

山雨欲来风满楼　越南情势愈见紧张

〈前略〉

【重庆特讯】顷悉:越当局曾允以越南所产米、煤、橡皮等资源,供给日本,而以恢复越南铁路货运及日方担保对越不采取军事行动为交换条件,惟日方主张须越方履行某项条约,方许其恢复货运云。

【昆明四日下午二时二十三分发专电】越南局势,迄未稍弛。滇主席龙云为巩困〔固〕边陲,特于河口设警备司令部,令委△△△为司令,原任河口督办△△△副之,并饬加紧组训民众,以防万一。〈后略〉

《大公报》(香港版)1940年9月5日,第1张第4版

越南局势突转和缓
昆明河内无线电话今日通话

〈前略〉

【昆明五日下午五时十五分发专电】越南局势严重,滇主席龙云特令全省自卫队,延期退役,并饬各县长加紧编训国民兵,以肃清散匪,严查奸宄,维持治安,保乡卫国。昆明、河内无线电话,定六日通话,以应时

需。滇商会五日召集存越商货各货主，会商抢运办法。〈后略〉

《大公报》（香港版）1940年9月6日，第1张第3版

越局无变化

〈前略〉

【重庆六日合众社电】据昆明讯称：在云南休假旅行之法人，在法越局势仍甚紧张中，正计划返回越南。在越南存有货品之中国商人，每日均举行会议，筹备抢运货品回国。据此间获悉：日本虽已撤退其"最后通牒"，但仍要求军队"假道"之权利。昆明当局现正加紧作防空准备，龙云主席声言，决心保卫云南与大西南。〈后略〉

《大公报》（香港版）1940年9月8日，第1张第3版

滇劝储分会　今日正式成立

【昆明十三日下午五时二十八分发专电】节约建国储蓄劝储总会，顷聘龙云主席为滇省分会会长，陆崇人〔仁〕等为委员。全省劝储额，定为一千五百万元。该分会定十四日成立。

《大公报》（香港版）1940年9月14日，第1张第3版

龙主席谈滇越大势　痛惜法越措施乖谬

【昆明十三日下午十一时零三分发专电】越南局势紧张，滇防更形重要。记者顷特谒龙云主席，承发表谈话如次："法政府初则不准军火通过滇越路，已属违约；继又禁运商货，更属无理。我方公私损失极巨，一般商人因而破产者，不知凡几。此项损失，执行禁运者自当负其全责。今则禁运不足，更进而允许日方'假道'，举动乖谬，实属骇人听闻。在国际间非同盟关系，无此先例，而此不智措施，待中日战争结束后，其不良印象，必长存于中国人民脑海之中。日方既得法政府允许'假

道',当以滇越路为其唯一目标。我方奉命破坏铁桥山洞,乃为防卫之初步措置。若日军确已登陆,实行攻滇,为避免资日计,或发动民力,短期内将铁路全部破坏,亦属可能之事。总之,中法邦交素睦,且同遭空前国难,彼此应有深切同情。乃彼种种措施,适得其反,殊出人情法理之外。而滇越两地二十余年来从无龃龉,近年关系尤切,今竟发生此项不幸事件,殊为憾事。"

《大公报》(香港版)1940年9月14日,第1张第3版

滇七四老人请缨报国

【昆明二十九日下午八时十八分发专电】昆明七四老人周芸阁,愤日军压境,特上书龙云主席,请缨杀日,文中有言:"老民年虽七四,而心雄万夫,抗日情殷,报国心切,不知老之将至。"词语极壮。

《大公报》(香港版)1940年9月30日,第1张第3版

发展滇省锡业

云南锡业公司组织成立　下月接收矿区开工采冶

【昆明二十九日下午三时四十三分发专电】滇省加紧发展锡业,特组云南锡业公司,由锡务、炼锡两公司与资源委员会锡矿工程处合组而成,募集巨资,扩充设备,改良冶炼,统一事政,大量生业。公推龙云主席为董事长,翁文灏、钱昌照、陆崇仁、缪云台等为常务董事,缪云台兼总经理,下月内即接收各厂及矿区,开工采冶。

《大公报》(香港版)1940年9月30日,第1张第3版

龙云报告滇对危局有准备

三迤健儿救乡保国正在此时　兵力不足增援部队朝发夕至

【昆明一日专访】省党部于九月三十日晨九时举行扩大纪念周,由龙

云主席,并报告本市防空及时局问题,演词略志如下:"第一,昆明市的空袭日趋紧张,希望大家要赶快疏散。说到疏散问题,抗战三年来,防空司令部也早已三令五申,教人民疏散。目前情形,比较过去严重,所以自己对昆明各父老再作最后一次的警告。在目前可以从容疏散,减少不必要的牺牲,如果等日机轰炸后才疏散,秩序就紊乱了。今后不疏散则已,如果疏散,要作长久之计。无论机关、个人,都要疏散,不要再存观望。第二,此次奉中央命令,破坏河口铁桥,外面却发生许多谣言,说是破坏铁桥的时间太早,没有依照中央的命令实行,其实是完全误解。虽然破坏铁桥的大计,是中央决定,但是自己只奉了一个破坏的训令,至于破坏的时间,中央却留有余地,并没有预定。传说破坏铁桥太早的人,我想不外两种人:一种是外国人,因为铁桥是他们所有,今被我国破坏,当然不满意,所以造谣中伤;一种是商人,因为商人有存货在海防,铁桥破坏之后,货运断绝,当然遗恨。殊不知铁桥破坏之迟早,与运输并无关系,在未破坏前,滇越路早已禁运,而不破坏铁桥,责任却非常重大。试想日人住在越南的很多,距河口近在咫尺,危险性非常大。知道利害的人,一定不会说铁桥炸得太早。希望各位以后要知道鉴别,不要乱造谣言,致中日本挑拨离间、以华制华之毒计。日本最好造作谣言,例如前星期日广播宣传侵入越南后,就向云南进攻,击毙滇军若干云云。日人的谣言,□□□□,我们万不可轻信。第三,目前的越局,想来各父老极为关心。自日人在海防登陆,此后他对中国进攻的目标,当然只有云南,决不会是广西,至于在什么时候进攻,就难以逆料。不过军事方面,中央已经统筹办理,指导极为周详,大家用不着焦虑。如果到了严重关头,兵力不足,则增援部队也可以朝发夕至。不过这次的局势太严重,事体太重大,希望大家要存着哀者必胜的心理,凡是三迤健儿,不要一刻把这个问题放松;三迤的官绅,尤其是一般正绅,要赶快出来领导民众,发挥抗战力量。如果正绅能挺身出任艰巨,则云南老百姓爱国决不后人,关于南防方面的父老,更要出来负责,卫国保乡。过去南防的民众,多是妨害政府,现在南防的民众,却是协助政府,单以兵役一点来说,南防表现的成绩,就令人惊异。南防先后成立的部队,有△旅之众,志愿兵出征的有三千多,而且无一人逃逸,合计南防出征的正规军与志愿兵,在万数以上。这种踊跃从军的情形，真不容易。如果各乡都能如是，兵力绝对不成问题。因此自己对于开广的人民，特别器重，希望今后开广人民更加努力，发挥更大的力量；更望南防的士绅，要挺身出任艰巨，领导民众。须知救国保乡，正在此时；毁家抒〔纾〕难，正在此时。无论官兵人民，处此大难当头，只有抱定牺牲奋斗的决心，用不着徘徊，用不着规避。第四，目前军事行动，究竟何时发生，尚不可知。希望大家的生活要采取战时生活，不要再醉生梦死。在平时好逸恶劳，是人之常情，在今日日人深入的时候，假使非丧心病狂，决不忍纵情声色、图谋个人之享乐，而必然会刻苦精勤，以处万事，勇敢牺牲，以当危难。这是最后我所希望于各父老的，望大家共勉之。"

《大公报》（香港版）1940年10月9日，第2张第5版

日机轰炸滇缅路　我戒备严密

〈前略〉

【昆明十九日下午九时发专电】 日机连日迭炸昆明市，滇省府已组织道路抢修队两队，抢修被炸各道路，以维护交通。至遭炸难民，省府将予救济。

【昆明十八日下午七时二十三分发专电】 日机五十二架，十八日分批袭滇。上午七时许，日侦察机一架，自越南沿滇越铁路飞抵昆明附近窥伺后，即行遁去。至九时二十六分，日轰炸机八架，飞个旧盲目投弹后遁去。十时三十分，日轰炸机三十六架，飞滇西各县，沿滇缅路窜扰，直至下午三时后始逃入越境。下午三时四十分，日轰炸机七架，又自越南窜抵个旧，盲目投弹后遁去。昆明发出两次警报，首次为上午八时二十五分，至下午三时二十分解除；二次为下午三时四十分，至四时五十分解除。

【昆明十七日下午六时五十一分发专电】 日机数十架，十七日分批袭滇。上午八时许，日侦察机一架，自越南沿滇越铁路窥视，窜入昆市上空，见我有备，即行遁去。九时后，大批轰炸机，向昆明进袭，因气候关系，中途被迫折回。下午二时，日轰炸机二十七架，在驱逐机九架保护下，窜入昆明市空，即在西北郊与南郊一带投下烧夷弹与炸弹数十枚；嗣

又窜入市区，轰炸南城，商业区与市中心一带，均落弹甚多，并有一处起火，当经消防人员扑灭，市民略有死伤，房屋商店被毁若干，余无损失。现昆明西北郊，火仍未熄，消防队正在抢救中。昆明于上午九时四十分发出警报，下午四时五十分解除，历时七小时。昆明物价、人力狂涨，龙云主席严令市府警局，澈底平抑。

《大公报》（香港版）1940年10月20日，第1张第3版

美教士遇害案　滇主席限期缉凶

【昆明十六日合众社电】滇主席龙云，徇外交部王部长及军政部何部长之请，十六日训令沾益县长，限令于十日内缉获凶杀美教士彭哈姆夫妇与其子大卫之凶手，否则将严予处分。

《大公报》（香港版）1940年11月17日，第1张第3版

滇节建储团已正式成立　收款业达百万

【昆明十九日下午七时发专电】滇节约建国储蓄团，十九日下午正式成立。兼团长龙云召集各分团长茶会，共商推动事宜，情况热烈。全省共四百九十一个分团，现已收款达一百万元。

【昆明十九日中央社电】滇省节约建国储蓄团准备就绪，由龙云任团长。今日下午假省党部开会正式成立，并成立四百九十一个分团，聘任各机关长官、各界领袖为分团长。

《大公报》（香港版）1940年11月21日，第1张第3版；《滇成立节储团　龙主席任团长》，《大公报》（重庆版）1940年11月21日，第1张第3版

日机轰炸威胁下　我公路运输畅通
龙主席谈我国之伟力　并揭发日本南进阴谋

【昆明二十一日合众社电】云南省府主席龙云，二十一日单独会见合

众社记者于其办公处，纵谈时局。据称："日本现正结集其军队，企图侵吞南洋饶富弱小之国家，如越南、泰国、缅甸等，并先竭力煽动越、泰两国，武装冲突，以便彼坐收渔人之利。日本与中国战争逾三年，彼应已明白欲以武力征服中国，殊不可能，日本或将悔恨发动此长期而无利可图之中日战争。日本现正实行南进，外交伎俩与军事狡计兼施，以期节省人力与金钱。东京目前之策略，乃欲借亚洲西南一角混乱之际，先促动越、泰发生混战，然后乘机取利。日本正图进侵缅甸，借以一石两鸟，既可占领缅甸丰富煤油与产米区域，复图截断我国交通线。日本欲以轰炸威胁吾国公路运输，但过去三个月，事实证明绝不可能。吾等中国人，自列祖列宗遗传艰苦奋斗之方法，即仅有一绳，吾人亦可在激流上，将货物来往滑行，吾人之运输断不能受阻。日军甚或借口假道，侵掠泰国。无论如何，余相信日军在未攻占越南、泰国与缅甸之前，断不致进攻荷印或新加坡。"

龙氏柄政十二年，其办公处设于明代某王宫中，渠在其私室中接见记者，龙氏仅穿简便之长衣，态度谦逊，温文尔雅，有学者风，此皆出乎记者意料之外。盖未亲晤龙氏之前，每以为渠乃一可畏之军人，此乃错误之观念。照记者之印象，龙氏有艺术家之温和，科学家之准确，军略家之机警，哲学家之智慧，而体格强健，望之犹三十许人，而实际上其年龄已不只此。其会客室中，悬一大相片，则龙氏与蒋委员长于一九三五年在滇合摄之珍影也。记者以外传日军图犯西贡一事叩询，龙氏答称，日军已集中大军于海南岛，随时可在西贡登陆。渠并预言即使日军登陆，法军必不抵抗。龙氏复转谈锋至美日关系，据称：美国近年来所取之一切措施，殊堪赞佩。"余以为美日在最近之将来，不致发生战争。日本将必审慎，不与美国发生真正战争，而美国未经严重考虑时，亦不愿陷于战争中。美国经济手段足以致日本于死地，惟至今华盛顿尚无实行其所应为者——即经济制裁是也。"龙主席继谓：云南今年丰收，使全省粮食充足。龙氏常于空袭后，亲到灾区巡视，最近方完成灭火布置，以防日机投下烧夷弹。此项灭火布置计划由渠亲自监督施行。最后，龙氏谓：中国人民团结如一人，抗战必继续，"中日战争只有在日本明白以武力征服中国乃属徒劳无功之时，方能结束"云。〈后略〉

《大公报》（香港版）1940年11月23日，第1张第3版

中国围棋会　昨日正式成立

【中央社讯】中国围棋会昨日下午三时假中苏文化协会举行成立大会。当推陈教长立夫为临时主席,并报告组织义;次由社会部次长洪兰友致词,宣传部潘副部长公展演说,继乃讨论会章,选举职员。当推定陈立夫为理事长,洪兰友、洪陆东、丁锦、金诵盘、洪昉、刘季洪、那更生、俞寰澄、周至柔、王星刚、张剑鸣、江一平、陈良、刘林怀等十四人为理事;居正为名誉理事长,戴传贤、许世英、孙科、江恒源、梁寒操、龙云、张澹如等为名誉理事;潘公展、顾毓琇、张廷休等为监事。至六时许始散会云。

《大公报》(重庆版)1941年2月10日,第1张第3版

英大使抵渝　在星洲曾与我侨领晤谈

【重庆二日合众社电】驻华英大使卡尔二上午九时自昆明返抵此间,卡氏离渝已有两月。此次卡尔自上海到香港、新加坡、仰光,复自腊戍乘车至昆明,渠于四月三十日抵达昆明,曾于一日拜访云南省政府主席龙云。二日卡氏显甚忙碌,在私寓中进早膳后,即返办公室。〈后略〉

《大公报》(香港版)1941年5月3日,第1张第3版

西康日记·第十五编：由丽江返昆明

曾昭抡

〈前略〉从人为的方面说,大理主要地是以古迹出名。可是新近的建设,也替当地增加了一些名胜。就中最主要的,是新近落成的两座公园——"圣麓公园"和"公路公园"。这两座公园,都是在公路修通以后筑成的。出大理南门,走完街道,即上公路。循公路不远过"三牌楼",更前过"五里桥"(距大理县城五华里),又两里过"七里桥",走过后一

座桥，路旁两边各有公园一座。路东的一座，名为"公路公园"，乃是修路时公路员工休憩游玩的处所，此园不大，布置方面，也没有什么特殊可记的地方。路西一座较大一点，名为"圣麓公园"，这园虽然也不算大，可是相当地精致可爱。当初布置的人，颇费过一番匠心。该园成于民国二十四年，系由当时驻扎大理一带的军队，用军工修成。其中最出色的一点，即是滇省主席龙云氏铜像下的大理石座。此次路过，铜像尚未树起，石座亦未完成，可是石座四面所用的大理石屏，各有一丈多高，三尺来宽，极为华丽雄美。据说这几片大理石，是有史以来点苍山出土最大的几块。〈后略〉

《大公报》（香港版）1941年5月3日，第2张第5版

龙云捐款　救济云大

【昆明十八日中央社电】敌机十二日袭昆，国立云南大学再度被炸，损失甚重。龙主席十七日特捐款四万元，作救济该校员生工警生活及修补内部之用。此款已由该校领取，分别支用。该校校长熊庆来特于十八日代表该校全体员生，向龙主席致谢。

《大公报》（桂林版）1941年5月20日，第1张第2版

建设中的云南

丁　东

西南的锁钥

抗战前的云南，地位并不十分重要，局处东南沿海的人士，对这地方都相当隔膜，要从交通不方便的旱路，跑到云南是不容易的。人们想象着这地方是神秘的"堪察加"，满地都是"云土"，别的就没有多少人知道了。

四年的抗战，建设了新云南，是西南大后方的锁钥，是国防资源的宝库，蕴藏丰富，取之不竭，用之不尽。

平均拔海〔海拔〕四千五百英呎的云贵高原，是由横断山脉组成的，一条条的山峰由西康平行走入滇省的北部，穿出滇省的南部，缅甸、安南、暹罗，这些印度支那半岛上的国家，都是滇省屋脊下的国家，要从安南或其他国家仰攻云南，真是不容易的。滇越铁路从河口、老街之间的平原往上爬，足足爬了两天，总算爬到昆明，但是滇省的北部比昆明还要高上一千英呎左右。滇省的地势，若是利用得宜，可以做印度的后援、安南的支持者、南洋群岛的监护人。

前线与后方

前线与后方，是互相连系着的，滇省在前线抗战的军队，不如湘、桂、川诸省，但是滇军的声誉，却是颇为脍炙人口的。参加台儿庄大会战的有英雄的□□军，转战中条山的□□军也是滇军，这两个军都是常打胜仗，日本鬼子有名的板垣师团和铃木师团都怕他们的。即说最近的赣北大捷，滇军英勇的战绩，也占着极大的功劳。龙云主席曾经说："自抗战以来，滇省共出兵□次，先后上前线的共有□□万人，滇省最偏僻的角落里，都有人出征了……"支持抗战，争取胜利，滇省在尽着他应有的责任。

建设中的云南

中央电影制片厂的外景队曾经得到龙云主席的允许，将滇省丰富的宝藏和近年来建设的情形，拍成一张《建设中的云南》新闻片，里面一个镜头接着一个镜头，展开一幕幕令人欣喜的场面，还配着龙云主席"欢迎侨胞开发云南富源"的演说词。曾经在昆明最漂亮的南屏大戏院上映，另有几副拷贝却早运到南洋各地去放映，鼓励侨胞归国来开发这块富饶的生产地。

建设中的云南，究竟建设了多少呢？我们来替他算一个总账，便可知道一个大概了。

近年来滇省的建设事业，最被人知道的，当推加紧完成的国际通道滇缅公路。此外，滇省现在有三四个垦殖区，分布在中部及西南边境，这几个垦殖区的气候都很温和，土壤更肥沃，是最丰饶的未开垦的处女地。滇省往昔出产的滇茶，将来有希望的桐油、蚕丝等都可以发展，至于增加粮食生产，当然更无疑问了。

与垦殖局并行的有各地区水利的兴修。云南是山国，但山国里到处都有水，只要能够利用，和四川盆地一样可以岁岁丰收。滇省的土壤在前面已经说过，没有禁烟的时候，"云土"的生产闻名全国；铲除烟苗的今日，拿青翠的稻麦来补充，是最适当的了。

后方各省因交通不便，常闹民食问题，如此一来，粮食大增，无形中充实了抗战的力量不少。

滇省境内蕴藏各种宝贵的矿藏，现在都渐渐被挖到地面上来了。有整个计划的大规模开采和大规模的冶炼，也有零星的土法开采和小规模的土炉。滇省同胞像蚂蚁一样地辛勤，拖曳着战争走向胜利的前途。大量地出产"个旧之锡""东川之铜"和国防重工业必需的煤与铁。

训练县政人员

滇省各县间的交通，直到现在还是很不便利的，只有很少几个县份有舟车之利，可以很便捷的和省会昆明联络，其余各县的交通俱赖滞慢的驴马运输。来去一个公文，时常会耽搁一个多月。因为这原因，偏远县份的县长权大无比，时常会有枉法贪赃的事发生，在滇省的报章上时常可以看见县长或其他官长的辩驳启事，和当地人民控诉县长等贪污的启事，针锋相对，蔚为奇观！不过被控诉的县长大半是卸了职的，在任的县长就很少被诉了。这现象告诉我们里面有不少冤枉在内。碰到这种事，省府也感觉棘手，究竟谁是谁非？的确难于辨别。最近滇省政府已在尽力设法改善这点，举办县政人员训练班，训练新的科长和秘书，改革这些积弊和加强县行政机构。

在滇省的政治圈内，役政、粮政以至征用民工，都有成绩，但这个成绩需要发展和改良，是无庸讳言。因为凭滇省同胞的刻苦耐劳，成绩应该还要好的。

山水与人物

滇北的昭通、会泽，滇西的腾冲、大理，滇南的建水与石屏，都是滇省历来人才辈出的大地方，山川秀丽，民丰物阜。昭通是龙云主席的故乡，这地方民风尚武，是军人典型的地方。和邻近的会泽相同，而会泽却是唐继尧将军的故乡。这两个地方的文风虽然也很盛，但比起尚武精神来却差得远，因为此间连不大懂事的儿童，也都以将来当排长为荣。

腾冲和大理，已经接近边界，人们或许以为这些地方不大会有人材出现了。但是腾冲、大理这两个地方，文化水准是很高的。腾冲、大理人会向你夸耀他们这地方生长的名翰林和名进士，说是科甲不绝的大地方。即说民国时代的人物，有民初当过国务总理的李根源。李氏自国务总理任退休后，本在苏州息影，随着抗战回到故乡，重替祖国服务，担负起救国的职责，现在任滇黔监察使。曾经对滇缅铁路的南北线问题，努力研究，及至滇缅铁路半途停滞时，又努力争持赶修，耆老见识，智胆都有过人之处，他曾经说："我们有什么拿出什么，只求抗战早日胜利。"全云南象征着全国，不辞艰苦，也不惜牺牲。

建水和石屏也是有名的好地方，历来出过不少人物，现在也有不少人物都是这两地方的人，建水袁翰林的字，到处都有人欣赏的。

《大公报》（桂林版）1941年5月25日，第1张第4版；《大公报》（香港版）1941年5月28日，第2张第5版

清华大学三十周年纪念

〈前略〉

清华校友，三十年来已达四千人之众，人力财力，各有相当之基础。昆明校友分会年来曾有"一个建议"及"六十万奖学金基金运动"之号召，以"1. 如何策应救国大业；2. 如何团结校友；3. 用新的方式发展同乐会；4. 把学术研究结果付诸实施；5. 我们可做事业及6. 我们如何去做"等六点，提出研究实施办法，以求对抗建大业作更大的贡献。〈……〉这天——四月二十七日〈……〉下午四时，准时举行了有千余人参加的纪念大会。

礼堂布置得简单而朴素，主席台上正中悬着总理遗像和党国旗，来宾到得并不多，除了省主席龙云、教育厅长龚自知外，有联大、北大、南开

的代表和各机关团体的代表数十人。清华各地校友代表和现在在联大修业的同学占了绝大的多数，熙攘往来，尽是新交旧雨，情感融洽之状，可以想象得之。〈后略〉

《大公报》（香港版）1941年6月11日，第2张第5版

劝募战债　海内外热烈展开

总会聘张元夫赴新主持

【重庆九日下午五时四十分发专电】劝募战时公债，各地热烈展开：（一）黄炎培即飞滇，主持募债工作，并与龙云主席面商推动步骤。（二）粤劝募顺利，预计可募足三千二百万元。（三）香港、九龙响应募债运动，热烈展开。（四）澳门募债工作正筹备中。（五）桂、闽、黔正开始发动劝募中。（六）赣、豫、湘、鄂已开始进行筹备。（七）总会聘张元夫赴新疆进行劝募。张即将飞新，开始工作。（八）其他各地亦均将次第进行劝募。

《大公报》（桂林版）1941年6月11日，第1张第2版；《劝募战债运动　各省热烈展开　张元夫飞新疆进行劝募》，《大公报》（香港版）1941年6月12日，第1张第3版

中国边疆学会在渝成立　由名流学者主持

【成都九日通信】中国边疆学会，于本月初在渝正式成立，查该会发起人及理监事等俱属国内知名之士，将来工作展开后，对边疆之开发建设，必有甚大贡献。兹探志该会名誉会长及理监事名单如次：（一）名誉会长：戴传贤、于右任、孔祥熙、冯玉祥、吴忠信、许崇灏、贺耀组、陈立夫、朱绍良。（二）名誉理事：傅作义、邓宝珊、谷正伦、马步青、马鸿逵、刘文辉、沙克都关扎布、喜饶嘉错、章嘉、策觉林、龙云、吴鼎昌、黄旭初。（三）会长赵守钰。〈后略〉

《大公报》（桂林版）1941年6月24日，第1张第4版

郭泰祺对本报记者畅谈大局

中美英苏密切携手　联合抵抗共同敌人

日本益陷孤立无力南进、北进

【昆明二十六日上午零时四十三分发专电】新外长郭泰祺氏，甫自海外归来，风尘仆仆，二十五日特拨冗接见本报记者，畅谈大局。郭氏谓："我国外交，英美与苏联并重，守信义，重道德。过去英美与苏虽有龃龉，而我对各友邦态度，则始终如一，并无轩轾。现苏德战起，精神上中美英ABC集团又增一苏联盟友。今后四国，自将密切联合，以抵抗共同敌人。日本因苏德开战而益陷孤立，对华不能取胜，亦无力攻苏或南进，则英美军力益增；日本与荷印交涉，虽竭尽威胁之能事，亦乏成就，其唯一出路，或将加紧攻华。但我愈战愈强，绝不畏敌人之最后一击。予（郭氏自称）在美访谒罗斯福总统时，罗氏曾面告：美将尽力援华，利用滇缅公路，接济我国军需。设缅甸告警，美方观感，与新加坡被攻同等严重。日军假道泰国攻缅说，英正注视中，若作有效军事措施，泰缅边境岗峦起伏，大军活动非易，日方企图难得逞。英美最近将设法增强我空军，以利反攻"云。郭氏返国经新加坡等处时，备受当地隆重招待，并与英当局竭诚会谈；于军事方面，亦无隐讳。而道出滇缅公路，耳闻目击，极望该路于运输仓库方面，多加改进，以博取更多外援，盖惟自助者人助之也。郭氏二十五日午后访龙云主席，晚应龙氏欢宴，日内即离昆赴陪都履新。

《大公报》（香港版）1941年6月27日，第1张第3版

黄炎培返渝

谓滇省将迎击敌军，募债成绩亦称满意

【重庆二十二日中央社电】劝募公债委员会秘书长黄炎培，今日由昆明返此。据称：云南主席龙云，决心守卫该省，抵抗敌军任何行动。并称：云南劝募公债运动进行可称满意，预料在龙主席热心领导下，必可超

过原定目标云。

《大公报》（香港版）1941年7月24日，第1张第4版

滇防卫措置已布置就绪　龙云主任发表谈话

【昆明七月二十九日中央社航讯】最近国际局势因德苏战事已有急遽之变化，而日寇最近动作更为一般人所注意，昆明行营主任龙云接见记者，发表谈话，其大要如下：（一）日寇此次侵占西贡，仅为其南进之准备，恐未必即有所动作。以北进而论，在德苏战争未达决定阶段之前，决不敢妄动。所望英美两大民主国家，如能趁此时机，以海军联合之实力，一举就远东侵犯祸首之暴日，予以致命之打击，则不但英美两国在远东之利益可以确保，即太平洋之和平秩序，亦可赖此得一劳永逸。（二）法日《越南联防协定》，对我及英美之威胁殊大，敌人果欲借此侵我，不顾其自身之力实，在我西南另辟新战场，则其路线当不出：（甲）直取昆明；（乙）由泰侵缅，在瓦城（即缅甸之曼德勒）一带截断滇缅交通。至一般认为敌或将直取□□等地，于滇西境内采取行动一节，系不明地理地形之谈，未免劳师及远。因敌设自该路进兵，或从思普（思茅、普洱）、李仙江入侵，或由泰境景恫绕道，其途程与由河内至昆明相距约有二倍故也。最后记者询及最近滇境对敌行动之防卫措置，龙氏笑曰："此事我方早按原定计划布置就绪，惟事关军事，恕不奉答。"

《大公报》（桂林版）1941年8月5日，第1张第2版

龙主席对滇省府职员训话　应有战死守土决心

【重庆二十八日合众社电】据华报载昆明电讯，谓滇主席龙云，曾于二十七日对全体省府职员训话，称："吾人为保卫乡土起见，准备战死沙场，此乃吾人认为最大之光荣。吾人决心挥洒最后之一滴血，以打击侵犯滇缅路之敌人。"

《大公报》（香港版）1941年11月29日，第1张第3版

龙主席表示守土有责　任何牺牲在所不惜

【昆明二十八日中央社电】滇主席龙云二十七日晚在欢宴滇黔区党政考察团时致词，说明滇对守土抗战及维护滇缅路交通之决心，虽任何牺牲在所不惜，并说明秉承中央对抗战国策指示之各项措施。

《大公报》（桂林版）1941年11月29日，第1张第2版

粤省提倡滑翔　各方纷纷献机
滇分会定下月四日成立

【曲江二十九日下午六时三十分发专电】第□战区长官部参谋处长赵一肩在粤积极提倡滑翔运动，各方纷纷响应，由战区、省府、省党部积极筹备，分三步进行：（一）请滑翔总会派员来粤指导组织分会，并派机表演；（二）筹设滑翔学校，训练干部，派往各县推动；（三）筹设制造厂。云照坤先为省银行募捐第一架滑翔机；反侵略支会、青年会，亦皆各献一架。

【昆明二十九日中央社电】中国滑翔总会滇分会，定十二月四日成立。由滇主席龙云兼会长，卢汉、李鸿祥、张西林为副会长，并聘定龚自知、裴存藩、王叔铭、蒋梦麟、梅贻琦、熊庆来等为理事。

《大公报》（桂林版）1941年11月30日，第1张第2版

居正在滇　慰劳将士

【昆明三十一日中央社电】前线慰劳团居总团长等，三十一日在此慰劳行营主任龙云及驻滇各部队长官，致送慰劳品及慰劳书，并期慰劳我空军美国志愿队，然后即转赴滇边慰劳将士。

《大公报》（桂林版）1942年2月2日，第1张第2版

滇省临参会二次会开幕

【昆明一日中央社电】滇省三届临参会二次大会，一日行开幕礼，议长李鸿祥主席。行礼如仪后，滇主席龙云报告施政情况。本次会期预定二周。

《大公报》（桂林版）1942年3月2日，第1张第2版

侨委会陈委员长访晤龙云

【昆明二十六日电】侨委会陈委员长树人抵昆后，即晤滇主席龙云，商归侨在滇开发实业事宜。龙氏表示决尽力协助，予以一切便利。

《大公报》（桂林版）1942年3月28日，第1张第2版

许世英由渝飞抵昆明　将赴缅边一行

【重庆十三日中央社电】振〔赈〕委会许代委员长为宣慰归侨，并与滇省当局洽商救侨事宜，十三日午偕参事胡迈乘机飞昆。抵昆后，尚拟赴滇缅边境各地一行，约三周左右始可返渝。许氏行前语记者：中枢对归侨及海外侨胞眷念至深，滇省现有由缅归国侨胞三千五百余人，内一千二百余，已资送闽粤原籍；招待于缅境者，尚有二千余。加尔各答有五千余人。本会已拨发滇省方面救侨专款一百五十万，缅甸一百万，加尔各答五十万，荷印四十万。四月一日起，每日开专车一辆，接载归侨，沿途并设有招待所多处。

【昆明十二日中央社电】许世英十三日下午三时飞抵昆明。下午五时，许氏特赴省府访晤滇主席龙云，谈约半小时，出语记者称："滇省救侨工作，龙主席已允仿粤桂闽三省先例，积极推行。"

《大公报》（桂林版）1942年4月14日，第1张第2版

许世英飞昆慰侨　并与滇当局商救济归侨

〈前略〉

【中央社昆明十二日电】振〔赈〕济会许代委员长，十三日下午三时偕参事胡迈飞抵昆明。许氏下机后，在机场语记者称：南洋各地归侨道出昆明者极多，中枢极为关怀。蒋委员长特命本人来滇宣慰，本人并将赴〔腊〕戍〔戌〕一行，慰问在缅侨胞。

下午五时，许氏特赴省府访晤滇主席龙云，谈约半小时，出语记者称：滇省救援工作，龙主席已允仿粤、桂、闽三省先例，积极进行。至救侨经费，滇、缅、印等地〔及〕中央，已先后拨发三百四十万元。

《大公报》（重庆版）1942年4月14日，第1张第3版

龙云坚决表示　敌无攻昆明可能
滇军民决同心合作确保边圉

【昆明十一日中央社电】昆明行营主任龙云十一日在党政军联合纪念周席上，发表演说，对当前滇境战事有所说明。龙氏首谓进窥滇边之敌，经我边境大军与入缅军合力夹击，势已顿挫，刻战局已趋稳定，且于我日益有利。言及进攻昆明，龙氏认为敌决无可能，且亦不敢；设竟来犯，则驻滇数十万军队与千七百万人民，必将同心合力，驱除敌寇，确保边圉。末龙氏对南洋各地避难来昆归侨致慰问之意，并表示滇决尽全力，予归侨以种种便利，务使衣食无缺、行业有定。纪念周后，滇党部委员暨省府委员，即集会商紧急救济办法。

《大公报》（桂林版）1942年5月12日，第1张第2版

滇美金储券认储踊跃
共达美金百万元　龙主席独储十万

【昆明十四日中央社电】滇主席龙云十四日午召集省垣各界举行节储

茶会，到各机关首长、社会名流等百余人。席间由龙主席领导，率先认储美金储券十万美元。各界热烈竞储结果，共认储美金百余万元。劝储运动仍在进行中。

《大公报》（桂林版）1942年5月15日，第1张第2版

滇境倮倮请缨杀敌　滇省府研究发动方法

【本报讯】据昆明消息：滇境倮倮族为参加抗战起见，已向龙云主席请缨。龙主席颇为嘉许，刻正研究发动方法中。

《大公报》（重庆版）1942年5月18日，第1张第2版

滇党务军事加紧配合
龙主委令党□〔务〕人员发动民力协助军队

【昆□〔明〕十八日中央社电】滇省党部主委龙云，鉴于现时党□〔务〕亟应加紧与军事配合。十七日特饬令□□党务工作人员，协助军队，发动□众武力。

《大公报》（桂林版）1942年5月19日，第1张第2版

边民请缨　参加抗战

【重庆十九日上午一时五十分发专电】昆明来人谈，边民拥护抗战，倮倮族曾向龙云请缨。龙甚嘉许，正研究发动办法。

《大公报》（桂林版）1942年5月19日，第1张第2版

昆明杂缀

日来因天气炎暑，霍乱流行，当局已采取紧急措施，令全市冷食店摊一律暂停营业。

行营主任龙云氏以自腊戍〔戌〕陷敌，腾龙弃守，敌军压境，滇省已成为作战区域，自非加意警戒，严查奸究〔宄〕，不足以安定人心，维持秩序，特颁要点七项，令治安机关遵办。

《市区限制小汽车行驰案》已规定办法三项，于六月十一日起实行：（一）自六月十一日起，凡未贴有省府通行证之小车，一律取缔，不准行驰；已领有通行证之小车，应将证贴于风窗左上角，以资识别。（二）凡领有通行证之小车，如须行驰省道或公路干线时，应照军委会规定，另向公路总局暨中缅运输局请领通行证，方准行驰。（三）凡未领有通行证之小车，应即日自行疏散，并照规定，向中缅运输局车辆管制厅登记。全市准行小车计一百二十辆。〈后略〉

《大公报》（重庆版）1942年6月24日，第1张第2版

英大使由渝抵昆　曾访晤龙云

【昆明十六日中央社电】英大使薛穆爵士，十六日晨九时十五分自渝飞抵昆，滇主席龙云特派昆市长裴存藩等赴机场候迎。大使下机后，即赴英领署休息，下午三时由外部特派员王占祺陪赴省府访晤龙主席。薛氏在昆约有四日勾留。

《大公报》（桂林版）1942年7月18日，第1张第2版

龙云捐款松坡中学

云南省主席龙云，昨捐廉国币二十万元，转交本市松坡中学作为充实设备之用。

《大公报》（桂林版）1943年1月14日，第1张第3版

各地奉行限价　各省主席电呈蒋

【中央社讯】自蒋委员长限价通电发出后，全国各地均来电表示拥护。

兹悉广东省政府主席李汉魂、河南省政府主席李培基、云南省政府主席龙云、甘肃省政府主席谷正伦，先后电呈蒋委员长，切实遵照奉行限价政策云。又新疆省平价委员会电蒋委员长拥护限政。〈中略〉

【中央社昆明十五日电】本市商货今开始限价交易，除油盐米布匹等价格业经公布外，其余货物均暂照去年十一月三十日最高价售卖。省府布告全体商民务须遵照限价交易，否则以军法从事。

《大公报》（重庆版）1943年1月16日，第1张第2版

国府命令

国民政府四月十六日令：（一）行政院院长蒋中正呈，据云南省政府主席龙云呈，请任命李群杰署云南省政府秘书处科长，应照准，此令。〈后略〉

《大公报》（重庆版）1943年4月17日，第1张第2版

昆明体育协进会拟聘龙云为名誉理事长

【昆明十九日中央社电】昆明体育协进会，改组为全国体育协进会滇分会。十八日晚开会结果，选龙纯武为理事长，裴存藩为副理事长，并敦骋龙云为名誉理事长。

《大公报》（桂林版）1943年7月20日，第1张第2版

滇滑翔表演

【中央社昆明二十五日电】云南滑翔分会今日请总会教官雷振一作滑翔表演。雷氏所驾滑翔机，系我国自制中级单座机，命名为"金马号"，重量约一百公斤，载重八十公斤。下午二时四十分，由某地机场起飞，至昆市东郊体育场上空，作各种表演，并散发传单，场上数万观众欢声雷动。三时二十五分降落，即于场内举行盛大集会，请雷教官报告表演

经过。军政长官龙云、杜聿明、宋希濂等均到。会后雷教官语记者：本日表演升空达一千一百公尺以上，经过情形甚为良好，渠定二十七日返蓉云。

《大公报》（重庆版）1943年7月26日，第1张第3版；《昆明举行滑翔机表演　各军政长官致训》，《大公报》（桂林版）1943年7月27日，第1张第3版

一律停止娱乐宴会　全国哀悼林故主席

【重庆二日中央社电】 林故主席遗体，二日晨小殓。其家属及魏文官长怀、吕参军长超等，均在侧视殓。由医师护士，施以防腐注射，旋即更衣，自病房移至客室，定二日午后五时举行大殓。二日晨前往吊唁者，计有居正、戴传贤、于右任、丁维汾、叶楚伧、何键、周钟岳、陈绍宽及龙云代表周毓宣诸氏。〈后略〉

《大公报》（桂林版）1943年8月3日，第1张第2版

国府授勋令

【重庆十日中央社电】 国府十日令：何应钦、程潜、白崇禧、徐永昌、陈绍宽、俞飞鹏各给予青天白日勋章。陈调元、何成濬、商震、钱大钧、贺国光各晋给一等云麾勋章。〈中略〉阎锡山、李宗仁各给予青天白日勋章，此令。龙云、朱绍良、蒋鼎文、于学忠、马鸿逵、盛世才各晋给一等云麾勋章，此令。〈后略〉

《大公报》（桂林版）1943年10月10日，第1张第2版

国府授勋令

国民政府三十三年一月一日令：〈中略〉（十一）张伯苓、莫德惠、王世杰、邵力子，各给予一等景星勋章，此令。（十二）张群、龙云、陈诚、

薛岳、吴鼎昌，各给予一等景星勋章，此令。〈后略〉

《大公报》（重庆版）1944年1月1日，第1张第2版；《大公报》（桂林版）1944年1月1日，第1张第2版

西南首届剧展　定戏剧节在桂开幕

【本报讯】西南第一届戏剧展览会定十五日开幕，大会会长为广西省政府主席黄旭初，并敦请中枢及西南战区各省首长李济深、李宗仁、白崇禧、陈诚、张发奎、余汉谋、薛岳、梁寒操、陈立夫、顾祝同、张治中、谷正纲、李汉魂、吴鼎昌、龙云、刘建绪、曹浩森等为名誉会长。筹备委员三十五人，主任委员欧阳予倩，主任秘书瞿白音。内设秘书处，分总务、招待、宣传、演出、资料五部。全体职员一百二十三名，近日筹备开幕工作极为紧张。〈后略〉

《大公报》（桂林版）1944年2月10日，第1张第3版

华莱士对联大云大演说

深望中国强盛民主　中苏维持友好关系

并参加民众团体欢迎游园会

【中央社昆明二十五日电】今为华莱士副总统莅昆第二日。晨八时，华氏由陈纳德将军率领十四航空队负责人陪赴某空军基地视察，并对全体训话后，顺道参观我空军第五路司令部，由晏玉琮上校招待。正午驻昆美国总领事蓝顿宴请华氏，并邀西南联大教授梅贻琦、曾昭抡、张奚若、陈岱孙、黄钰生、雷海宗等作陪，席间曾对战后世界和平、中西文化沟通等交换意见。

三时三十分，华氏偕拉铁摩尔、范宣德、哈查德等应梅贻琦氏之邀，参观西南联大，对该校生物系植有"三民主义花"一种，尤感兴趣。该花分四层，一枝上有青、白、红三色。此花在植物学上尚属新发现品种，华氏特详细询问种植方法及其他问题，均经梅校委及各教授详细说明。四

时，华氏临行赠送该校药品、仪器等多件，以为纪念。

四时十五分赴云大参观，并在该校大礼堂对西南联大、云大五千余师生发表演说。华氏首对全校师生在敌人不断轰炸下弦诵不辍，表示钦佩。继称：（一）将来世界恢复和平时，中国在国际间地位极为重要，深望今后中国能为一强盛民主与自由之国家。（二）中苏两国境地相接，有如美国与加拿大两国，关系至为密切，深愿能和平相处，维持友好关系，以促进人类幸福。（三）七年来中国几经恶劣之环境，幸皆能安然渡过。今日中国处境虽极困难，深信在全国一致努力之下，必能履险如夷。历时约二十分钟，讲毕，全场鼓掌，历久不息。

四时四十五分，赴唐继尧将军墓园参加昆市十一民众团体联合欢迎游园会，并接受各团体致赠三七、冬虫夏草、汽锅、锡瓶、普洱茶、名画家张小楼画《梅》，后参观园内所植果树等毕，即离去。

六时，由宋外长子文陪同赴龙云主席私邸拜访。七时三十分，同赴省府欢宴。

《大公报》（重庆版）1944 年 6 月 30 日，第 1 张第 2 版

龙云欢宴席上　华莱士讲艰苦奋斗

【中央社昆明二十五日电】滇省府主席龙云二十五日晚七时在省府礼堂公宴华莱士副总统，到宋部长及党政军首长五十余人。龙主席因患牙疾未愈，由省委张邦翰代表致欢迎词，除对华氏表示诚挚欢迎外，并提出希望三点：（一）从速共同打出一条通路，尽力援助我人以物资。（二）吾国领袖所主张的政治以民主化为目标，现正力求改进，以期与先进民主国并进。（三）提高吾国民生活水准，自然应求农工业的发展，吾人目前希望先由农业着手，以作工业基础云。

华莱士副总统在龙主席宴会席上答词，大意如下：龙主席，宋部长，陈纳德将军，各位中美军政长官。适才主席所讲中美合作争取最后胜利的话，本人非常感动。请原谅我放肆说话，今天是中国旧历五月初五的端阳节，且是屈原投江、龙舟竞渡之纪念。今天晚间我与宋部长及其他朋友在一起，看到西方之初月，大家谈起屈原投江的故事。四年前有一天，正在

宴会席上遇见荷兰大使的夫人，问她假使德国侵入荷兰，你将怎样？她答去投江。实质上我是反对投江的，而应以坚〔艰〕苦奋斗的精神应付才对。在美国很多人希望罗斯福总统与我去投江，我决不愿如此做，同时我希望因政治而不得志的人，要以不屈不挠之精神苦干，而不再有投江的事。滇省地质含矿甚多，诸如水利与室内之淡气，此外大自然均足以利用而有助于农田。余知中国农业研究机关已在作种种之实验，相信十五年内中国农业生产必将增加百分之五十以上。希望中国因地利上之运用，而趋向工业化，以达于民主国之境，为远东和平之枢纽。最后请举杯祝四强领袖健康，龙主席政躬早日康复。

《大公报》（重庆版）1944年6月30日，第1张第2版；《艰苦奋斗替代消极》，《大公报》（桂林版）1944年6月30日，第1张第2版

华莱士曾访昆明　盘桓三日已径飞成都

在昆视察美军并与我方酬酢

【中央社讯】美国副总统华莱士氏于二十日取道西伯利亚，经迪化抵达我战时首都，受我政府、民众之热烈欢迎。在渝计勾留四日，除参观访问外，与蒋主席晤谈多次。行前对新闻界发表共同谈话，加强中美两国战时战后合作之基础。

华氏业于二十四日晨由宋外长子文陪同，偕随员拉铁摩尔、范宣德、哈查德三氏离渝飞昆明，是日下午一时到达，为龙云主席、陈纳德将军之上宾。在昆两日半，曾视察中美空军基地，访问美籍作战受伤人员及红十字会，参观西南联大、云大、军委会驻滇干训团、炮兵大队、资源委员会电工器材厂及蚕桑改进所生产农场，并参加昆市十一民众团体联合欢迎游园会，精神至感愉快。二十六日始结束其访问视察日程，二十七日晨仍由宋外长陪同偕随员一行离昆明飞成都。

【中央社昆明二十四日电】华莱士副总统于访问我战时首都重庆后，二十四日离渝来昆，参观中国西南部第一大城，并视察在昆美国陆军、空军。华氏由外交部宋部长陪同，偕战时情报局太平洋分局局长拉铁摩尔、国务院中国科长范宣德、对外经济处对苏供应科首席联络官哈查德等一

行，于一时二十二分专机抵昆。滇主席龙云、第五集团军总司令杜聿明、空军第五路司令晏玉琮、第十四航空队司令陈纳德、英美荷驻昆领事、中美各机关首长百余人，均往机场欢迎。华氏专机抵昆后，宋外长首先下机，华氏继即下机，与欢迎者一一握手，状至欢洽。

副总统虽经长途旅行，但精神仍极佳。一时二十分欢迎乐队奏美国国歌，以迎国宾，全场伫立。乐毕，副总统偕宋外长、龙主席、陈纳德司令乘车赴陈司令官邸休息。四时，美空军举行排球比赛会，华莱士副总统曾往参观。五时，由陈纳德将军等陪同赴美空军基地视察，并访问美籍作战受伤人员及红十字会。六时，陈纳德将军欢宴华莱士副总统，请在昆美陆空军高级将领作陪。八时，副总统在寓所接见宾客晤谈。

《大公报》（重庆版）1944年6月30日，第1张第2版；《华莱士副总统访问昆桂蓉三地　宋外长拉铁摩尔等同行》，《大公报》（桂林版）1944年6月30日，第1张第2版

龙云代表政府　昨接受美方物资

【中央社昆明四日电】昆市民众今日以最大热忱欢迎史迪威公路首次通车来华之运输队。晨八时起，西站左右已万头攒动。站内设欢迎台，上悬中美国旗及中美两元首肖像，会场设三大扩音器，中国军乐队及美国管弦乐队分列台前，中美宪警布岗于会场四周，中外摄影机师数十人，在会场四周构成立体摄影网。十时许，途为之塞，会场四周民房屋顶亦拥满中外来宾。自西站至市区，沿途欢迎者在五万人以上。美机三架翱翔会场上空。

美工程队长皮可将军率领之首批来华运输队，十时三十分到达西站。皮可将军手持藤杖，率领中美司机于万目注视及热烈掌声中步入会场。皮氏旋徐徐步上欢迎台，与中美首长互致敬礼。十一时欢迎大会开始，奏中美国歌，全场肃立。旋由滇主席龙云主席致欢迎词，皮可将军与威夫斯将军相继致词。皮氏谓：本人深信以昆明为起点，直通东京之大道，必可因同盟国不断努力而于短期内完成。词毕，皮可将军将全部车队与载运物资之清单送交威夫斯少将，再由威氏亲交龙主席。龙氏代表我国政府接受，转向皮可将军献一旗，文曰"胜利之路"。欢迎典礼至此完成。十一时四

十分，龙主席步往车站，举行隆重之剪彩仪式，即由皮可将军指挥大队车辆在欢呼声中驶入市区。

《大公报》（重庆版）1945年2月5日，第1张第2版

从巴黎的新姿看法国

〈前略〉

法国的艺术家非常敬重廖新学君，鉴赏家们极喜欢收藏他的作品。廖君原籍云南，牧童出身，云南省主席龙云很赏识他，所以资送他到法国留学。〈后略〉

《大公报》（重庆版）1945年2月8日，第1张第3版

配合盟军作战　我设陆军总司令部

何总长兼总司令　龙云副

【中央社昆明九日电】我最高当局为配合盟军作战起见，决定成立中国陆军总司令部，并任命何参谋总长应钦兼任中国陆军总司令。该总部业于去岁十二月成立，何总司令亦已正式就职。本年二月三日，龙主任云复奉蒋委员长令兼副总司令。龙副总司令奉命后，于九日赴该总部就职。当时除各界来宾及总部全体职员外，参加者尚有美军之司令官麦克鲁将军、后勤司令官齐佛斯将军等。

【中央社昆明九日电】中国陆军总司令何应钦就职时曾致训词，谓中国陆军总司令部所管辖的部队虽限于中国陆军，但却是同盟军一个国际性的机构。换言之，就是集合盟军各种的力量，截长补短，而以中国陆军为主体，在东亚大陆上，对倭寇作最后的反攻。

《大公报》（重庆版）1945年2月10日，第1张第2版

美报重视何应钦新职　谓表示准备策应盟军登陆

【中央社纽约十一日专电】此间各报对何应钦、龙云二氏之新职均甚

为重视。《纽约时报》强调我国政府之解释谓：在昆明成立中国陆军总司令部，表示中国准备策应盟军在亚洲海岸登陆。该报系于内页发表是项消息，《前锋论坛》报则在前页披露。同时《纽约时报》记者窦丁由加尔各答来电，谓如中国经济情况并非不能克服之困难，则吾人实无理由（在雷多公路助以美国飞机越由驼峰之两重运输之下）相信中国军队不能在一年以内于击败日本上有伟大贡献。窦氏称：某权威人士谓，如每日输入军需品约十万吨，即可配备训练一支足以在驱出日军之工作中居主要地位之中国陆军。此十万吨供应物品中，尚可有充分物资供陈纳德将军之空军活动。根据此一原则，吾人即可估计中国军队在对日作战中将有若何贡献，此项估计并能使盟国战略家在进行远东最后阶段战争方面获得重要新结论。

《大公报》（重庆版）1945 年 2 月 12 日，第 1 张第 2 版

蒙巴顿夫人昨离渝抵昆

〈前略〉

【中央社昆明十二日电】蒙巴顿勋爵夫人十二日下午一时十五分自渝飞昆，在机场欢迎者，有滇省府委员缪嘉铭夫妇、陈纳德将军、英国在昆军事外交人员等数十人。蒙巴顿夫人御圣约翰救获团制服，下机后即与缪夫人、蒋梦麟夫人同车入城，赴缪委员之午宴。二时半，由中国红十字会昆明办事处主任倪葆春博士陪同参观红会、昆明灭囗站、伤兵医院、中央防疫处、军政部昆明血库、赞英国公谊救护队。夫人对各该机关业务状况，询问甚详。晚七时半，滇主席龙云夫妇在官邸欢宴，并邀何总司令应钦夫妇等作陪。

《大公报》（重庆版）1945 年 3 月 13 日，第 1 张第 2 版

蒙巴顿夫人离昆

【中央社昆明十三日电】蒙巴顿夫人今晨八时半离昆，滇主席龙云夫

人等亲赴机场欢送。

《大公报》（重庆版）1945年3月15日，第1张第3版

翁文灏等由蓉抵昆
孔莱及杰克逊定今返美

【中央社昆明二十一日电】战时生产局翁局长文灏二十日晨四时半由蓉抵昆，同行者为生产局美籍顾问孔莱、助理杰克逊及该局新任顾问卡内、专家伊文思四员。翁局长昨下午访晤滇主席龙云，今起视察资委会各厂，并访晤后勤司令齐夫斯将军。孔莱及助理杰克逊定二十三日离昆返美，卡内及伊文思同日返渝。翁局长拟在昆多勾留一日，将于本周末返渝。

《大公报》（重庆版）1945年3月23日，第1张第2版

中国化学会在昆举行年会

【中央社昆明八日电】中国化学会十三届年会今晨九时在云南大学举行开幕礼，朱部长家骅、翁部长文灏、俞部长飞鹏、谷部长正纲均致电祝贺。该会共有会员二千八百人，本届年会出席者有重庆大学校长张洪沅等一百四十二人。曾昭抡主席致开幕词，正副名誉会长龙云、龚自知及来宾相继致词，对战后化学研究与化工建设提供意见颇详。年会会期共两日，会后并招待会员游览昆市附近名胜。

《大公报》（重庆版）1945年9月9日，第1张第3版

府令改组云南省府　龙云调掌军事参议院
卢汉继任云南省主席　军委会令撤销三军事机关

所属部队归昆明防守司令指挥；接防工作已开始昆明昨起戒严

国民政府十月二日令：（一）特任龙云军事参议院院长。此令。（二）云

南省政府委员兼主席龙云另有任用，龙云应免本兼各职。此令。（三）云南省府委员兼民政厅厅长陆崇仁另候任用，陆崇仁应免本兼各职。此令。（四）任命卢汉兼云南省政府主席。此令。（五）任命李宗黄为云南省政府委员兼民政厅厅长。此令。（六）云南省政府主席卢汉未到任以前，派民政厅厅长李宗黄兼代主席。此令。

国民政府十月二日令：军事委员会委员兼军事参议院院长李济深着专任军事委员会委员，毋庸兼任军事参议院院长。此令。

【中央社昆明三日电】新任云南省民政厅厅长兼代主席李宗黄，二日下午专机由渝抵昆。

【中央社昆明三日电】昆明防守司令杜聿明二日接奉军事委员会蒋委员长命令：（一）昆明委员长行营、昆明警备司令部、昆明宪兵司令部，着一律撤销。（二）昆明军事委员会委员长行营主任、陆军副总司令、云南省政府委员兼主席、兼军管区司令龙云，着即免除本兼各职。特任龙云为军事参议院上将院长。（三）昆明行营原属独立旅、炮兵团、工兵团、高射炮大队、交通兵大队，着即归昆明防守司令部指挥。（四）昆明宪兵司令部原属各宪兵，改编为中央宪兵独立团，归昆明防守司令部指挥，着即日开往晋宁附近改编整训。（五）昆明市郊及云南省各机场守备，统由昆明防守司令部派队接防，与美陆空军各司令官确取联络，令所属部队妥为警戒，以防奸伪捣乱。以上五项，除分令外，仰即遵照办理，具报为要。〈后略〉

《大公报》（重庆版）1945年10月4日，第1张第2版

昆明防务接收完毕

市区交通昨日恢复　李宗黄访龙云商谈　定今日就代主席职

【中央社昆明四日电】龙云表示移交已竣事，日内即赴渝就任新职。

【中央社昆明四日电】李代主席宗黄，今日下午四时赴云南省府，拜访龙主席，与龙氏及各省委厅长会见，双方晤谈甚欢。龙氏当表示对中央意见绝对服从，当即由袁秘书长丕佑代龙主席赶办交代手续，李代主席定五日正式视事。

【中央社昆明四日电】滇省府改组命令，三日晨八时送滇省主席龙云，龙氏旋于十时派李厅长培天、龚厅长自知、裴司令存藩及罗市长佩荣等，往访杜司令聿明，会谈一小时。龙氏表示接受中央命令。下午四时，龙氏复派裴存藩、罗佩荣诸氏再度往访杜司令，表示行营所属各部队均即听令调遣。

【中央社昆明四日电】省主席龙云表示绝对服从中央命令后，所属部队防务，均由昆明防守司令部接管，当由该部迅速接收完毕。四日上午十时半起，市区交通全部恢复。晚间八时至次晨六时前仍实行戒严。昆明防守司令部第二号通告如下：（一）昆明市郊防务业经遵令接收完毕。在接收期间，偶有部分冲突，或□现不肖分子借机放枪，企图扰动，均已处置平息，恢复秩序。（二）自即日起，市区交通一律恢复，惟每日下午八时起至翌晨六时止，仍旧实行戒严，非持有本部车辆通行证及本部臂章者，不得通行。（三）昆明市区秩序仍饬云南省警务处督同警察负责维持，其余由本部派队警戒。凡我商民人等，均应各自安居、照常营业。（四）本部自即日起，随时督饬军警维持治安，清查散兵游勇，分赴城郊各处巡查，无论军民人等，均应协力检举，不得窝藏移匿，致干惩处。

【中央社昆明四日电】防守司令部遵奉蒋主席命令，实行维持昆市郊区治安，并接收行营所属之独立旅、炮兵团、工兵团、交通大队、高射炮大队等单位，进行极为顺利。

《大公报》（重庆版）1945年10月5日，第1张第2版

龙云定今飞渝履新

宋院长何总司令昨抵昆　与龙氏晤谈　将先后返渝

李宗黄代主席发表施政方针

【本报特派员昆明五日下午九时急电】云南省李代主席宗黄本日上午七时半与龙主席代表省府委员胡瑛、裴存藩在卫立煌官邸举行会谈，卫副总司令立煌、杜司令官聿明代表赵家骧亦曾参加，会谈至十二时半始止。龙氏原定本日离昆赴渝，因何总司令应钦于下午一时由越南抵昆，下机后

当在空军基地与龙氏通电话，相谈甚久，龙氏表示对中央意见绝对服从。龙氏将于六日下午二时与何总司令同机飞渝。

【中央社昆明五日电】宋院长今日下午抵昆后，当晚曾与何总长、龙院长、李代主席叙谈。闻宋氏定六日上午返渝。

【中央社昆明五日电】何总司令应钦今日上午由河内飞抵昆明，当在某地与新任李代主席宗黄、杜司令官聿明等会晤。滇省府委员胡瑛等今日下午三时晋谒何氏，有所商谈。又悉：龙院长云将于六日飞渝。

【中央社昆明五日电】新任军事参议院院长龙云，定六日下午二时与何总长同乘专机赴渝履新。龙氏仅携女公子同行，今已饬省府袁秘书长丕佑代为负责交代事宜。

【中央社昆明五日电】滇省府代主席李宗黄今日上午十一时赴省党部与省府秘书长袁丕佑办理省府接交事宜，并与省党部各委员、书记长会谈。中午由省党部欢宴李氏。

【中央社昆明五日电】滇省府李代主席宗黄，今日上午十时在省党部各省委、厅长茶会中致词称：处理滇省政务，将持三原则，即（一）一秉大公；（二）至诚感人；（三）以身作则。及六纲领：（一）意志统一；（二）力量集中；（三）用人惟贤；（四）财政公开；（五）综核名实；（六）信赏必罚。并以民主集议为其实施方式。

【中央社昆明五日电】滇市今日全市一律悬旗，欢送新任军参院长龙云赴渝。

《大公报》（重庆版）1945年10月6日，第1张第2版

龙云昨由昆抵渝

宋院长、何总司令等偕来

龙氏谈话昆明秩序已恢复，决一本初衷秉承中枢领导

【本报讯】主持云南省军政十八年之龙云主席，于五日交代省政后，因奉蒋主席电召来渝就任军事参议院长新职，故于昨日下午二时半，由宋院长子文、何总司令应钦、卫副总司令立煌三氏陪同来渝。随同龙氏来渝

者，仅云南省党部委员裴存藩、龙氏女公子国璧（十五岁）、龙氏最幼公子绳勋（年七岁）及侍从参谋副官等共七人。龙氏由昆明起飞时，李代主席宗黄、杜司令官聿明及昆市各界民众代表多人均到机场欢送。下午四时三刻许，龙氏一行分乘之两架专机到达珊瑚坝机场，政府首长到场欢迎者有：周钟岳、陈诚、商震、周至柔、陈绍宽、蒋经国、王叔铭等数十人。宋院长、周副院长并陪送龙氏至复兴关李家花园寓所，略谈即辞出。张部长厉生等亦到龙氏寓所，致欢迎意。龙夫人及其四位公子仍暂留昆明，来渝期未定。本报记者特于昨晚往访龙氏，承发表书面谈话如下：

云自来认定国家必须统一，于主持滇政十余年中，始终拥护中央国策，服从领袖。在抗战期间，发动云南人力物力，贡献国家，以期早收抗战胜利之功。日本投降以后，整军建国，工作尤为繁重，奉蒋主席令调，入长军事参议院，参赞戎机，而行营、省府各机关亦奉令调整。云拟交代清楚即行来渝，适承宋院长、何总司令昨（五）日飞昆邀约，故提前于今（六日）午飞渝。今后更当一本初衷，秉承中枢及元首之领导，努力建国。至滇省部队，月前已奉委员长命令开入越境，城中仅有少数卫队，因是日晚第五军突然入城，情况不明，以致小有冲突。嗣后接命调职及改组命令，情况已明，当即停止，城郊秩序已陆续恢复云。

《大公报》（重庆版）1945年10月7日，第1张第2版

国庆日国府授勋　颁发胜利及忠勤勋章

国民政府三十四年十月十日令：蒋中正给予胜利勋章，此令。

国民政府三十四年十月十日令：何应钦、程潜、阎锡山、冯玉祥、李宗仁、李济深、白崇禧、陈绍宽、唐生智、徐永昌、何成濬、陈仪、熊式辉、张治中、龙云、何键、于学忠、朱绍良、万福麟、张钫、全汉鼎、张之江、吕超、顾祝同、刘峙、蒋鼎文、万耀煌、徐培根、余汉谋、卫立煌、张发奎、薛岳、胡宗南、孙蔚如、卢汉、汤恩伯、王耀武、王缵绪、张镇、邓锡侯、潘文华、钱大钧、贺国光、周至柔、黄光锐、毛邦初、周亚卫、钱卓伦、熊斌、刘斐、刘士□、王俊、袁守谦、刘咏尧、萧毅肃、戴笠、张笃伦、石敬亭、曾万钟、范汉杰、裴昌会、朱德、彭德怀、叶剑

英、杨爱源、唐式遵、上官云相、韩德勤、孙震、郭忏、陈继承、冯治安、周磊、蒋光□〔鼐〕、郭寄峤、何柱国、牟中珩、王陵基、高树勋、李延年、马法五、马占山、邓宝珊、刘多荃、香翰屏、黄琪翔、关麟征、邓龙光、夏威、郑洞国、孙元良、张雪中、夏楚中、彭位仁，各给予胜利勋章，此令。〈后略〉

《大公报》（重庆版）1945年10月10日，第1张第3版

龙云启事

【全版广告】敬启者：云此次奉命调长军事参议院，荷承各长官暨各友好枉驾机场欢迎及造访寓所，私衷至感。云自去岁拔牙以还，精神迄未恢复，旅途劳顿，愈觉疲惫，故未能一一答拜，殊深歉仄〔疚〕。除晋谒委座外，惟有暂谢酬酢，稍事静养，一俟平复，当再踵谢，借聆教益。特此先申谢悃，敬希谅鉴。龙云敬启。

《大公报》（重庆版）1945年10月11日，第1张第1版

军事参议院长龙云今晨就职

蒋主席致训词　张继监誓

【本报讯】新任军事参议院院长龙云氏，今晨九时在中枢纪念周宣誓就职，中央特派张继委员监誓。蒋主席、张委员先后致词，龙氏致答词后即告礼成。

《大公晚报》1945年10月15日，第1版

军事参议院长龙云昨宣誓就职

蒋主席致训誉龙氏战时功绩　龙院长答词将努力遵行训示

【中央社讯】昨日上午九时，国府举行联合纪念周时，新任军事参议院院长龙云宣誓就职。由中央派监察委员张继监誓，并首先致词，略谓：

龙云同志近几年来坐镇西南国防重地，帮助国家、辅助委员长，完成抗战使命。兹奉中央命令调任军事参议院院长职务。军事参议院原有参议三百余人，均系有功于国家之高级将领。今得龙同志来院主持，定能领导全体参议，益自发挥其特具才能，辅佐中央，完成建国使命。兹有希望于龙同志者二事：（一）军事统一。欲求建设成功，非军事统一不可。回忆过去北伐而致统一，才得完成此次抗战大业，今后自必更要统一，方能建设国家，昌隆国运，此所期望于龙同志在军事参议院努力领导之一事。（二）安定社会秩序。现在抗战虽已胜利，然地方秩序尚有多处未全恢复，人民疾苦有待拯救。亟望龙同志辅佐最高统帅，达成此一任务。先使社会秩序咸称宁定，各地人民安居乐业，然后建国事业始能顺利进行。

次由主席训话，大致谓：龙院长于过去八年中，在云南维护后方重要基地、拥护抗战、拥护中央，煞费苦心，其功不可磨灭。今到中央就任军事参议院院长，责任更加重大，希望龙院长努力完成未来使命。

最后由龙院长答词，略谓：龙云向在地方担任工作，此次奉调军事参议院院长，始来中央。顷承主席及监誓委员训示各点，自当敬谨接受，努力遵行，还望主席、各位僚友，随时予以督促指导，以免陨越，是所至幸等语。

至十时，始告礼成。

《大公报》（重庆版）1945年10月16日，第1张第2版

纪念国父诞辰　中枢昨举行仪式

张委员报告勉努力建国

【中央社讯】昨日为国父八十诞辰纪念日，中央除派孙院长科、吴秘书长铁城飞南京代表谒陵并主持纪念典礼外，并于上午九时在国府礼堂与中枢纪念周合并举行纪念仪式。到蒋主席、吴敬恒、叶楚伧、邹鲁、张继、居正、王宠惠、吴鼎昌、何应钦、白崇禧、张默君、程潜、龙云、陈济棠、王正廷、林云陔、沈鸿烈、鹿钟麟、周至柔、吴国桢、刘峙、王缵绪、王世杰、邵力子、马鸿逵、甘乃光、狄膺、郑彦棻、萧同兹、薛笃弼、李文范、陈庆云、□启刚、蒋梦麟、李明扬、贾景德、叶秀峰等四百

余人，由蒋主席领导行礼，张委员继报告，略谓：国父生于前清同治五年，即民国纪元前四十六年，今年适为八十岁。国父在世六十年，约可分为三个时期，在二十岁以前为求学时代，二十至四十岁为致力革命艰苦斗时期，四十至六十岁为革命力量发展时期。国父逝世迄今二十年，蒋主席继承国父遗志领导革命，打倒军阀，抵抗侵略，遂使革命大业发扬光大。惟纪念国父尤须记取革命失败之教训，当辛亥革命推翻满清政府之后，一部分革命党人误以为革命已经成功，不免松懈骄矜，遂予袁世凯及一切军阀以可乘之隙，致召失败之由。现在抗战虽已胜利，但勿忘记国父"革命尚未成功，同志仍须努力"之遗训，仍应遵照蒋主席训示，努力完成革命建国之大业。词毕礼成。

《大公报》（重庆版）1945 年 11 月 13 日，第 1 张第 3 版

中枢举行元旦庆典　蒋勉文武百僚

加速复员，提高政效，树建国风尚；发扬自动精神并注重联系合作

【中央社讯】昨为中华民国开国三十五年纪念日，亦为抗战胜利后首届元旦。中枢于上午九时在国民政府举行开国纪念会，并遥拜国父陵墓，会后举行新年团拜。会场情绪愉快，仪式隆重肃穆。蒋主席身御戎装，参加人员则多穿礼服。计到于右任、居正、戴传贤、孙科、冯玉祥、邹鲁、王宠惠、吴铁城、吴鼎昌、商震、程潜、白崇禧、陈果夫、邵力子、张群、翁文灏、陈立夫、龙云、何键、徐永昌、陈布雷、朱家骅、孔祥熙、郭泰祺、何成濬、谷正纲、吴国桢、萧同兹、俞鸿钧、徐堪、张道藩、谢冠生、蒋廷黻、俞飞鹏、陈庆云、张厉生、狄膺、方觉慧、贺耀组、王正廷、李培基、李明扬、贾景德、薛笃弼、梁寒操、段锡朋、许孝炎、叶秀峰、甘乃光、郑彦棻、李宗黄、朱经农、秦德纯、周至柔、张笃伦、金宝善等三百余人。首于国民政府前广场遥拜国父陵墓，蒋主席领导行礼并献花。继由蒋主席领导在国民政府礼堂举行纪念会，蒋主席即席致词，曾就我国被日本侵略之内在因素加以检讨，并策励加紧努力建国工作。词毕，开始团拜，首由全体向主席行三鞠躬礼，主席答礼如仪，旋由各文武官员

相互一鞠躬，礼成。〈后略〉

《大公报》（重庆版）1946年1月2日，第1张第2版

中枢举行元旦庆典

蒋主席勖勉文武百僚　提高政效树建国风尚

【中央社重庆一日电】今为中华民国开国三十五年纪念日，亦为抗战胜利后首届元旦。中枢于上午九时在国府举行开国纪念会，并遥拜国父陵墓。会后举行新年团拜，会场情绪愉快，仪式隆重穆肃。蒋主席身御戎装，参加人员则多穿礼服，计到于右任、居正、戴传贤、孙科、冯玉祥、邹鲁、王宠惠、吴铁城、吴鼎昌、商震、程潜、白崇禧、陈果夫、邵力子、龙云、陈布雷、朱家骅、何成濬、吴国桢、萧同兹、陈庆云、张笃伦等三百余人，首于国民政府前赛场遥拜国父陵墓，由蒋主席领导行礼献花。继由蒋主席领导在国府礼堂举行纪念会。主席即席致词，曾就我国被日本侵略之内在因素严加检讨，并策励国人加紧努力建国工作。词旨严恳，态度谦和，会场莫不感动。词毕，开始国拜。首由全体向主席行三鞠躬礼，主席答礼如仪；旋由各文武官员相向一鞠躬，礼成。〈后略〉

《大公报》（天津版）1946年1月2日，第1张第2版；《中枢元旦庆祝会　蒋主席发表训词　勖勉全国公务员　革新政治风尚提高行政效率》，《大公报》（上海版）1946年1月2日，第1张第2版

二中全会开始报到　各地中委纷纷赴渝出席

〈前略〉

【中央社重庆二十六日电】二中全会中央委员今开始在中央党部秘书处报到。第一日报到之中央执监委员共七十二人，内执行委员四十七人，监察委员二十五人。计执行委员谷正伦、张之江、宋子文、萧吉珊、关麟征、燕化棠、林学渊、陈联芬、陈国础、薛笃弼、韩振声、吴尚鹰、徐堪、刘季洪、李培基、程潜、朱绍良、余井塘、刘建绪、胡健中、陈树人、周启刚、

方治、吴挹峰、陈庆云、陈访先、洪陆东、吕云章、梅公任、刘健群、张强、周至柔、程思远、俞鸿钧、白海风、杨继曾、吴铸人、王隽英、于望德、钱昌照、邹作华、徐象枢、吴经熊、高宗禹、张静愚、罗时实、刘斐；监察委员邵力子、李永新、黄少谷、刘文岛、龙云、王宪章、贾景德、谢冠生、李敬斋、罗良鉴、李明扬、李次温、林蔚、姚大海、张维桢、雷震、刘成灿、刘廉克、钱用和、张轸、赵兰坪、卓衡之、刘联奎、陈固亭、黄建中。

【中央社昆明二十五日电】滇主席卢汉定二十六日由越返昆，稍事休息后，即赴渝出席二中全会。

《大公报》（天津版）1946年2月27日，第1张第2版

中监会昨全体会　决议请速严惩汉奸

【中央社重庆十三日电】第六届中央监察委会第二次全体大会，今日下午三时在中央党部大礼堂举行。出席中央监察委员吴敬恒、张继、王宠惠、邵力子、张发奎、王世杰、孙连仲、贺耀祖、秦德纯、王子壮、雷震、程天放、黄绍竑、闻亦有、薛岳、熊克武、张知本、林云陔、李敬斋、章嘉、刘文岛、香翰屏、王秉钧、姚大海、邓青阳、邵华、龙云、鲁涤平、李嗣璁、胡庶华〈……〉等七十一人〈中略〉。继讨论大会提案多起，其中请政府转饬有关机关"迅速严厉惩处汉奸"一案，讨论极为紧张。〈后略〉

《大公报》（天津版）1946年3月14日，第1张第2版；《中央监委全体大会　决请政府迅惩汉奸　已捕巨奸应即公审重办　严令继续检举逮捕侦讯　全会今听取东北问题报告》，《大公报》（重庆版）1946年3月14日，第1张第2版

龙云候轮赴京　抵京小住后拟返昆一行

【本报讯】据军事参议院龙院长云语记者：军参院之还都工作正进行中，千余职员分三批赴京。第一批已抵达，第二批月内搭复员飞机，第三

批将于月底始能分乘车船出发。龙氏复称：渠正候轮赴京，冀一览三峡胜境，还都后小住，即拟告假返昆明一行云。

《大公报》（重庆版）1946 年 5 月 13 日，第 1 张第 3 版

军参院还都

职员千余人分三批返京　龙云入京后将返昆一行

【重庆十三日发专电】军事参议院院长龙云语记者：军参院之还都工作正进行中，千余职员分三批赴京。首批已抵达，第二批月内搭复员飞机前往，第三批将于月底分乘车船出发。龙氏复称：渠将乘轮沿长江入京，借览三峡胜境，还都小住后，拟告假返昆明一行。

《大公报》（天津版）1946 年 5 月 15 日，第 1 张第 2 版

访龙云将军

敏之

【本报特写】南京一度这样传说：军事参议院龙云将军因萦怀于滇池的风月，"复员"带给他乡思。

这是还都声中值得注意的一段插话。

记者为探求龙院长今后兴之所寄，特到"翰苑"去访他。在初夏日长人欲倦的午后，与他作了一次长谈。如果说思想生活可以显示一个人的意向，那么他的意向是转变得旷达一点了的，既不热中于时尚的争逐，也不想躲避在今天艰难局势中一个人应负的责任。

"翰苑"是李子坝区域中杰出的住宅，宏敞深幽，饶有园林之胜。陈辞修将军一度作为公馆，龙云氏由昆来渝后，陈将军就让给他的嘉宾。在一间布置得相当精致的客厅里，我等候不及十分钟，龙云将军就下楼来跟我握手了。

龙氏着绸质长衫，配以白色绸裤，金边的眼镜戴得很端正，满脸堆着笑容。我非常留心他的健康，从外表的丰润看来，他来重庆这半年的静

养，比在昆明时军书旁午、案牍劳形的生活好得多了。

"还都"开始了我们的话题，我问他：军事参议院"复员"得怎样了？

"参议院共有职员近一千人。许多人的阶级是很高的，他们都须为家眷打算，要走也就显得麻烦。现在是从陆路、水路、空中分批去京的，五月底大概可以走完了。"他的声音很低，但是云南语调容易听懂。

我作试探式的探问了，我告诉他：昆明的朋友来重庆，曾说到许多人希望他在还都之前回一次云南。我说："龙院长对于回云南的事，是否考虑过？"

龙将军答得很坦率，他说："蒋先生去京前，曾两次嘱我须赶上还都大典，后来我为参议院的事耽搁下来。我是计划先请假回昆明一趟，然后去南京的，现在要改为先去南京，后回昆明了。"说到这里，龙将军解释他想乘船去京的意愿："前天南京有电来催我了，我已托张岳军先生设法替我找一艘轮船，能乘轮沿长江去京，我还可以一览三峡之奇，了却多年心愿。至于在京住的屋子，他们也为我找好了。冈村宁次一搬走，我就可以住到冈村现在所住的那所房子里去。"

"龙院长想回昆明，是不是为了思乡的原因？如果云南的战后建设需要你规划一番，是不是还有展偿你以往建设新云南夙愿的志趣？"

"我的家人都在云南呀，我想回去看看她们"，龙将军似乎敏感地觉察到我问他的意思了。他笑着说："在这样沉闷的时局中，还是不负任何军政责任的好，我想闲散一个相当时间。"

《大公晚报》1946年5月16日，第1版

访龙云将军（续）

敏之

因为龙将军谈到时局的沉闷，我又问他："这沉闷的大局，会不会拖得很久？打开沉闷的僵局应该采取什么途径？"

"打开沉闷的僵局，澄清混乱的情势，照我看来只在一念之间。这就是实行民主的一念。人民需要安定，不能再苦下去了。蒋先生也已默察到这种趋势……。"龙将军的谈锋特健，音调也高昂起来。由时局谈到中央

与地方的关系，谈到地方的建设，他认为中央与地方权责如不分清，地方建设总难办好："中央要求甚高，政令重重，地方无权无钱，无米为炊，怎么办事？前些时候，我跟张君劢先生谈到这一点，我以为民主宪法除了均权制度要建立之外，还须注意要使地方获得财权，才有办法。"

龙将军似乎把研究的兴趣放在建设事业上了，他论到二中全会决议把田赋税捐分中央、地方按成征收的流弊，这流弊将来可能造成主管人员出于偏向而只顾缴献中央，不顾地方；或只顾地方，缓缴中央的现象。

在龙将军滔滔不绝的谈吐中，我忽然想到一件事。我说："龙院长，我要冒昧问一个问题：你到重庆以后，在这近乎静养的期间，曾否为你主持滇政十余年的功过得失，作过一番自省与检讨？"

"你问得好！"他爽朗地笑起来："我曾自省过。我在滇十余年，可分三阶段。最初一个时期为平乱而尽力，以后即努力于地方建设，但不久抗战爆发了。抗战开始后，云南出粮出力，于国家可告无愧，云南军队的装备是云南人用自己的力量办的，但云南的军队首先服从统帅部的远调，而出滇作战，并且已成国家化。近几年来，大军驻防滇境，供应大军所需的一草一木，云南人民都尽了大力。

谈到中央政令，云南也无不奉行。如有与地方隔阂难行得通的，我只好酌情办理。"

"不过，"他语气转得短促，"有些人不顾人民死活，企图借权势予取予夺。我承认我曾给这些人以不愉快的答复，因此也就难免造成不愉快的关系。"

话题转到昆明学生身上了，龙将军说："学校应有研究自由、学习自由的风气。我过去绝不做违反潮流不近情理的事情，我相信卢汉将军现在也是采取这种尊重学术自由的态度。只有善逢迎想邀功的人，才漠视青年天赋本能的要求！"

龙将军对于学习也不乏一番热诚，他每天必读书读报。《资治通鉴》是他爱读的书，他说想从历代政治的得失作点研究。

他并让曾在西南联大毕业的一位公子凭其志趣到美国去学习法律，"青年人有他自己的抱负，他愿学文学就学文学，学法律就学法律，我不强迫他走他不愿走的路。"

"翰苑"主人龙将军衔着雪茄送我出来时，我看到他的脸上，似乎浮着一丝寂寞的微笑。（五月十三日记）

《大公晚报》1946 年 5 月 17 日，第 1 版

龙云明赴京　莫德惠偕行

【本报重庆十七日发专电】 军事参议院院长龙云，定二十日率领该院高级职员离渝还都。莫德惠氏及眷属将同行。

《大公报》（上海版）1946 年 5 月 19 日，第 1 张第 2 版；《龙云莫德惠定期东下》，《大公报》（重庆版）1946 年 5 月 17 日，第 1 张第 2 版

军参院还都　龙云等今离渝

【重庆十八日发专电】 军事参议院院长龙云定二十日率领该院高级□员离渝还都，莫德惠及眷属将同行。

《大公报》（天津版）1946 年 5 月 20 日，第 1 张第 2 版；《龙云莫德惠等乘轮离渝赴京》，《大公报》（重庆版）1946 年 5 月 21 日，第 1 张第 2 版

龙云等抵汉

【中央社汉口二十六日电】 军事参议院院长龙云，乘民本轮十一日离渝赴京，今抵汉口，同来者尚有该院副院长于学忠、参政员莫德惠等多人。

《大公报》（天津版）1946 年 5 月 27 日，第 1 张第 2 版；《龙云昨抵汉　于学忠莫德惠同行》，《大公报》（重庆版）1946 年 5 月 27 日，第 1 张第 3 版

龙云赴京　在汉谈话关心和平

【本报汉口二十六日发专电】 军事参议院院长龙云、副院长于学忠今

日午后二时，偕该院部份还都人员乘民本轮抵汉。该轮加煤卸货稍有耽搁，改明日拂晓启碇驶京。两氏在轮上接见本报记者，均对武汉近情及湘鄂灾况询问甚详。龙氏以初次途经川江，颇感三峡风光壮丽，称羡不已。对国事则希望早日实现和平，俾国家可从事建设，安定民生。并一再声称，倘再不和平安定，无论于国于民，均有不可想像之隐忧。

《大公报》（上海版）1946 年 5 月 27 日，第 1 张第 2 版；《龙云莫德惠过汉发表谈话 均望加紧和平建国工作》，《大公报》（重庆版）1946 年 5 月 28 日，第 1 张第 2 版

莫德惠抵京谈　就政协决议谋根本解决

【南京廿九日发加急专电】政协代表莫德惠二十九日午前与龙云、于学忠同轮抵京。据莫氏告记者：政协迄未成功，深感努力不逮，有负国人期望。今后自应积极进行，先就五项决议谋根本解决。国大虽经各方同意延期，而审议宪草尚未完成，务得赓续研讨，以竟全功。

《大公报》（天津版）1946 年 5 月 30 日，第 1 张第 2 版；《政协未成功 莫德惠感努力不够》，《大公报》（上海版）1946 年 5 月 30 日，第 1 张第 2 版

渝市热烈欢送冯玉祥等东下
龙云、莫德惠等抵京

【重庆二十九日发专电】冯玉祥、李济深、王宠惠、邹鲁等，二十八日晨八时登民联专轮，利他社及诸氏亲友三百余人均到码头欢送。渝市街头自中山路至朝天门均悬红布之欢送横幅及标语，并有乐队奏乐。汽车驶过时，沿街一片爆竹声，情况热烈。民联下午启碇下驶。

【中央社南京二十九日电】军事参议院长龙云、副院长于学忠及参政会主席团主席莫德惠等一行，今上午十时半由渝乘民本轮抵京。

《大公报》（天津版）1946 年 5 月 30 日，第 1 张第 2 版

军事参议院存废问题未定

【中央社南京三日电】记者顷访军事参议院院长龙云上将,询以此次军事机构缩并,军事参议院有无更动。龙氏答称:军参院或存或废,尚未奉到明令。政府现对军政机关实行简化,军参院亦有结束可能。惟院中参咨议人员多系有功将领,此种人才在机关存废问题决定后,希望国家善为安置。

《大公报》(上海版)1946年6月4日,第1张第2版;《龙云在京谈片》,《大公报》(重庆版)1946年6月4日,第1张第2版

首都公祭抗战死难先烈　蒋致词策勉同胞
须确保抗战初期坚苦卓绝的精神　建设富强康乐的现代国家

【本报南京七日发加急专电】胜利后首届七七纪念,首都人民以哀肃心情悼念抗战死难军民。全市遍悬半旗,停止娱乐。追悼抗战死难军民大会于晨九时在国民大会堂广场举行,蒋主席亲临主祭,向死难军民灵位献花、鞠躬,并勉全国军民同胞勿忘军民先烈的痛苦牺牲,踏着先烈的血迹继续努力,以完成建国使命。

大会空气隆重肃穆。国大会堂两侧牌坊饰蓝、白两色,紫彩,书有"杀身成仁""浩气长存"横额,发人哀思。会场四周罗列挽联花园,祭台正中高悬蒋主席亲笔所书"忠义千秋"四字横额。到会军民机关代表万余人,列队恭立祭台之前,文武百僚分列左右陪祭。文官队中有戴传贤、翁文灏、邵力子、陈果夫、周钟岳、周诒春、谷正纲、马超俊等,武官队中有白崇禧、陈诚、冯玉祥、龙云等数十人。大会于哀乐声中开始,白崇禧、陈诚等陪主席自祭台后步入主祭地位,上香、献花。全体到会军民向死难军民灵位行三鞠躬,唱礼官恭读蒋主席祭文,语极沉痛。

祭毕,主席致词,希望军民同胞要念念不忘抗战牺牲的军民先烈,是他们断头颅、流血牺牲,才有我们今天的光荣历史,要不忘他们的流血牺牲的痛苦。全国未死的军民同胞,应该继续努力,踏着先烈的血迹,实现

三民主义，完成建国使命。我相信全国军民同胞若能以抗战时期的精神再苦斗八年，定可完成建国大业，以安慰总理及军民先烈在天之灵。词毕礼成。

大会历时一小时，会后人民团体自由公祭者络绎不绝。〈后略〉

《大公报》（天津版）1946年7月8日，第1张第2版；《抗战胜利首逢七七　首都隆重悼祭国殇》，《大公报》（上海版）1946年7月8日，第1张第2版

龙绳祖军事人员陪送抵京

下榻在某军事机关

【南京航讯】胜利后之滇省，颇为各方关心。龙云次子龙绳祖，在滇具有历史，现任国军第某师师长。近由军事人员陪送抵京，下榻于某军事机关，一说□宪兵司令部内。（十四日寄）

《大公晚报》1946年7月17日，第1版

顾祝同今返京

熊式辉等候机返沈　在北平均缄默不言

【本报北平电话】顾祝同总司令及卢汉主席定今日离平返京，熊主任式辉及张主委嘉璈则候机返沈。某大员对记者表示："此行乘车而来，换机北返，乃不愿走回头路之意。"将军们在平访友、宴会、游览，外表均甚轻松，但谈起现实问题则表情均颇沉重。

【本报北平电话】云集北平之将星中，顾总司令祝同首先在车抵东站时即向记者声称，不拟发表谈话，故去东北时即守秘密。熊主席式辉，一向以微笑缄默接见新闻记者。北平记者昨乃多前往长官部包围卢主席汉，卢氏似深知今日云南之新闻性甚重要，初以午睡拒见记者，傍晚卢氏外出拜客，遂在庭院中笑谓记者群曰："我到东北七八天，并不发表新闻的。今天一切不好说，请原谅。"记者询以曾否奉中央令回滇查办李闻血案？卢答尚未。惟据其参谋长马锳表示：卢氏不日返滇，不再去东北。东北有

两个军为卢氏旧部。此行仅至沈阳、锦州，未去长春。卢氏面貌酷似其兄龙云，小疙瘩也多。又长官部为欢迎将星，十七日晚曾演平剧，有杨宝森《击鼓骂曹》，及谭富英、李少春之《八大锤》，荀慧生之《荀灌娘》。闻诸将星嗜好平剧，故十八日晚又烦尚小云、小翠花、谭富英、金少山演《法门寺》。十七日晚之戏演至深夜二时半始散。

《大公报》（天津版）1946年7月19日，第1张第2版；《顾祝同今日飞京　平市长官部曾演剧欢迎　卢汉奉命早日回滇》，《大公报》（上海版）1946年7月19日，第1张第2版

昆明闻李案调查清楚　霍揆彰说不久即公布

【本报牯岭二十六日发专电】 昆明闻李案即将在京发表。据抵牯之霍揆彰司令二十六日下午对记者谈：闻李被刺案已破获，案情复杂，主席甚重视，案情不久可发表。霍氏并谓定二十七日下山，拟先飞京一行再返昆。

【中央社昆明二十六日电】 唐署长纵奉派来昆，督饬彻查李、闻二氏暗杀案。唐氏在昆三日，迭与省府、警备总部及各治安机关晤谈，听取报告，对该案之线索详加研讨后，已于二十六日午离昆飞沪。

【合众社北平二十六日电】 据报载：刺李、闻事系由龙云第三子龙纯曾所为，并由龙云前副官杨立德协助，现龙纯曾畏罪，已逃往云南西部山中暂避。杨立德在昆明被捕，承认渠与龙纯曾主持暗杀。

【本报南京二十六日发专电】 政协秘书长雷震，二十六日晨九时赴蓝家庄走访民盟代表，商讨调查李闻案件事宜。民盟要求政府派人赴昆明公开并共同调查李闻案，已遭政府拒绝。政府只允许民盟单独派人前往。罗隆基二十六日晨宣称：（一）今日某报所载霍揆彰庐山谈话，谓此系某一派系之内斗，民盟必须追问，此"某一派系"究何所指？（二）霍氏称：昆明十一教授躲入美领馆系做了亏心事，此不啻侮辱十一教授。十一教授之前往美领馆，系有证据证明其不去即有被暗杀之可能。今以负有地方治安责任者有此言论，实应负法律上之责任云。

《大公报》（上海版）1946年7月27日，第1张第2版

杨立德等在昆被捕

另有十余人在同日被逮

【昆明航讯】前云南行营副官长杨立德,字竹庵,于二十日清晨,在其本市武成路寓所中被逮捕。同日尚搜查数处,共逮捕十余人,多为退职军人。昆明各报对此消息皆未披露,静待官方公告。据杨氏亲友称:自龙云去渝,杨氏即赋闲在家,与外间甚少来往,此番被捕,原因不明云云。(二十二日寄)

《大公晚报》1946年7月27日,第1版

唐纵再飞昆明　调查闻李案

龙云希望报纸纪载慎重

渝追悼会张群亲临致词

【中央社牯岭二十九日电】警察总署长唐纵来牯晋谒蒋主席,报告昆行经过后,奉谕在顾总司令祝同指导下,参加侦查李闻被刺案工作,二十九日晨七时离牯赴浔飞昆,庐山夏令营办公厅主任张振国等同行。

【中央社南京二十九日电】军事参议院龙云院长顷发表谈话如下:关于李闻被刺一案,政府甚为重视,已选派大员前往出事地点彻查。在案情未明以前,各方自宜以极客观态度静待政府之报告,以明真象。近日京沪少数报纸对该案多作不负责任之报道,涉及私人,言之凿凿,不知其消息来源有何根据。但无论为外人所报,或自行采访,而一涉私人,即应负法律责任。甚望各报在政府未正式公布调查结果以前,对于此案,勿再轻率发表不负责任之报道也。

【本报重庆二十九日发专电】陪都二十八日举行之李公朴、闻一多追悼大会席上,张群主任亲临致词,对李、闻二氏死于暴徒之狙击,深表痛悼。张氏称:他们是学者,对国家有贡献;他们关心政治,呼吁团结和平,政府向来重视。今遭不幸,令人一方面为国家丧失根本而痛心,一方

面也担心社会风气之败坏，深望案件早日大白，以廓清一切猜疑；更望全国一致努力求和平团结及民主统一成功。张笃伦市长致词，亦深悼二氏之死，表示对重庆各党派人士将竭力维护，更希望在法治之前，大家力促民主之乐观。市参议会议长胡子昂谓：现在国内经济危机及农村破产情形，说明只有和平民主才能建设新中国。胡氏高呼：今天我们第一需要和平，第二需要和平，第三还是需要和平。全场鼓掌高呼响应。

会场遍悬各界挽联，张群所送为"恸丧斯文"四字，张澜挽词云："哭同志兼哭战友；悼英才更悼国殇"。毛泽东写来"为民主而牺牲"六字。

《大公报》（上海版）1946年7月30日，第1张第2版

司徒大使回访龙云

【中央社南京三十日电】美大使司徒雷登博士三十日午后四时曾回拜军事参议院长龙云。周恩来、王炳南二氏，午后访大使于官邸，就政治商谈一般问题交换意见。

《大公报》（上海版）1946年8月31日，第1张第2版

滇纪念前主席龙云　昆志公体育场落成
规模宏大　内部设备颇堂皇

【本报昆明十七日发专电】昆市民为景仰前主席龙云，特于篆塘新村建志公体育场，以资纪念。体育场内部设备堂皇，有游泳池、网球场、足球场、篮球场、滑冰场及餐室。建筑费达三亿元，已于体育节日开幕。该场以耗费过巨，近将餐厅包与商人，于厅中设半公开舞场，舞客趋之若鹜，一时生意为之鼎盛。

《大公报》（天津版）1946年9月20日，第1张第3版；《纪念龙云昆建志公体育场　半公开舞场已开》，《大公报》（上海版）1946年9月21日，第2张第8版

中枢举行国庆盛典

蒋主席茶会招待各国驻华使节

〈前略〉

【中央社南京十日电】还都后首届国庆纪念，蒋主席暨夫人下午五时邀约政府首长及各国驻华使节、军事代表团与顾问等，在国府礼堂举行庆祝茶会。到美特使马歇尔夫妇、美大使司徒雷登、英大使施谛文夫妇、土大使杜凯、英首相私人代表魏亚特将军等。我政府首长及各界名流到有于右任、吴铁城、白崇禧、陈诚、龙云、董必武等六百余人。英援华总会会长克利浦斯夫人亦于五时半莅会参加。

《大公报》（天津版）1946年10月11日，第1张第2版；《国府礼堂盛会　主席招待各首长及外宾》，《大公报》（上海版）1946年10月11日，第1张第2版；《友邦贺我国庆　蒋主席昨茶会招待中外人士》，《大公报》（重庆版）1946年10月11日，第1张第2版

众目睽睽下李公朴案新发展

一批嫌疑犯解法院讯办，其中有龙云的旧部多人

【本报昆明十三日发加急专电】李公朴案嫌疑犯李彝奇及前滇省府查缉队长张永年，分队长江雨膏、队长李树绩、刘子才、于兴荣、武泽三、梅性诗，前龙主席副官金德昌，昆明地院事务科主任、书记官蔡少秋等十人，已于昨日移送云南高院讯办。该院点收押于模范监狱，闻可公开审讯。各嫌疑犯前系警备总部所拘捕，后由顾总司令祝同面谕，交由滇省保安司令部主办，案情甚为复杂。

《大公晚报》1946年10月14日，第1版

龙云夫人赠蒋夫妇云南土产

蒋主席夫妇昨晨离沪前，龙云夫人曾驱车赶往，赠以云南土产一宗，

粉缎包裹，厚仅三分，约两寸见方。经记者再三探询，迄未告所装珍品为何。

《大公报》（上海版）1946年10月29日，第1张第4版

招待各代表　白崇禧等举行酒会

【本报南京十五日发专电】白崇禧、陈诚、顾祝同、龙云、周至柔、汤恩伯、黄镇球、桂永清十五日下午四时联名在国防部礼堂举行鸡尾酒会，招待国大代表。

《大公报》（天津版）1946年11月16日，第1张第2版；《国防部各首长招待国大代表》，《大公报》（上海版）1946年11月16日，第1张第2版；《白崇禧等酒会招待国大代表》，《大公报》（重庆版）1946年11月16日，第1张第2版

国大主席团候选人各单位昨分别选出

【本报南京二十日发专电】国大于二十日由各单位年长者自行召集，分别推选主席团候选人。自晨八时开始，迄午后六时始全部选出，其名单如下：江苏：吴敬恒、余井塘、马元放、汪宝暄、周绍成、顾希平、叶秀峰；浙江：陈果夫、朱家骅、邵力子、陈布雷、王正廷；江西：周雍能、段锡明、桂永清、甘家馨、王又庸；湖北：孔庚、张知本、何成濬、戴经尘、方觉慧、喻育之；四川：曾扩情、王陵基、吕超、冷曝东、李琢仁、陈潜溪、朱前痴；西康：杨敏生、刘家驹；河南：郭仲隗、刘积学、李敬斋、张鸿烈、郑震宇、陈泮岭、石靖；河北：张继、王秉钧、张厉生、张清源、王冰珍、李培基；山西：孔祥熙、温寿泉、南桂馨；山东：杜光埙、李文斋、冷钢锋、延国符、张静愚、朱家宝；湖南：程潜、刘岳厚、贺衷寒、柳克述、许孝炎、钟伯毅、杨幼炯；陕西：孙蔚如、王景涵、周伯敏；甘肃：水梓、田炯锦；青海：赵溪、詹世安（青海只应一人，赵、詹二氏票数相同）；安

徽：李应生、黄梦飔、王秀春、徐中岳、陈紫枫；福建：刘通、林学渊、石磊；广东：吴铁城、梁寒操、王俊、陈召贤、伍智梅、罗卓英、方少云、谢瀛洲（广东应为七人，而方、谢票数相同，待大会决定）；云南：龙云、卢汉、周钟岳。〈后略〉

《大公报》（天津版）1946年11月21日，第1张第2版；《主席团候选人选出　改组政府在修订组织法　修订宪草再交立院审议》，《大公报》（上海版）1946年11月21日，第1张第2版

国大会场速写

【本报南京二十一日发专电】国大会场速写：〈中略〉（九）龙云于二十日当选为云南主席团候选人，但二十一日会中洪兰友报告时，云南单位仅有卢汉、周钟岳两位候选人，没有龙的名字，且亦未说明缘故。〈后略〉

《大公报》（天津版）1946年11月22日，第1张第2版；《会场花絮》，《大公报》（上海版）1946年11月22日，第1张第2版；《国大会场花絮》，《大公晚报》，1946年11月24日，第1版

国府命令

【中央社南京二十一日电】国府二十日令：（一）依照《国民大会代表选举补充条例》第二条第二款及附表规定，所遴定之云南省代表方克胜因事不能出席，注销名籍，改以龙云补充，此令。〈后略〉

《大公报》（重庆版）1946年11月22日，第1张第2版

龙云的意见　中央地方权责划分欠明确

【中央社南京二十四日电】军事参议院院长、国大代表龙云，顷就宪草修正案发表意见称：宪草修正案确进步，惟内中"地方"章，对于中央与地方权责文义上虽若画分，实际上画分似尚不够明确，将来推行不免有

所困难，易滋纠纷。国父《建国大纲》明载不偏于中央集权，亦不偏于地方分权，折衷明定为均权，非常公允。此次宪草修正案中，中央与地方权限均用列举方式，似有挂一漏万之嫌。最好"均权"二字加以标明，地方权用概括方式，国家权用列举方式。又对于考试制度，有人主张为机会均等起见，应分区定额，不应集中，以免偏枯。此种主张，不无见地，本人非常同意。

《大公报》（上海版）1946年11月25日，第1张第2版

龙云奖学基金　拨息奖助滇中学生

【本报昆明通信】滇省前主席龙云前筹拨奖学基金国币一万万元，活存富滇新银行。自三十四年迄今，先后拨息一千八百四十八万元，向商务印书馆订购中学生文库二百四十部，配发全省各公私立中等学校。本年度并拨息银一千万元，照第三届龙公奖学金给予办法，发给各中等学校成绩优良学生。（十二月二十五日）

《大公报》（天津版）1947年1月7日，第1张第4版

出版消息

《新闻天地》第二十一期，于昨日出版。要目有：《外交阵容的顾郭之争》《龙云离开云南》《郝鹏举反正前后》《许多飞机失事中的奇迹》《报业总崩溃》《麦克阿瑟请中国记者赴日》《向中宣部开炮》《蒋纬国在徐州》等篇。〈后略〉

《大公报》（上海版）1947年3月9日，第2张第5版

唐生智即由湘入京

【南京六日航讯】三中全会开幕在即，蒋主席及龙云日前曾电邀唐生智来京出席，刻唐氏已有复电来京，定本月中旬前来。按唐氏自抗战胜利

后，即返湖南东安隐居家园，以至于今。

《大公晚报》1947年3月11日，第1版

军事参议院撤销　战略顾问委会成立

何应钦为主委　龙云等为委员

【本报南京七日发专电】军闻社讯：中央为适应现代国防体制，将原设军事参议院于三月底撤销，并自四月一日起，成立战略顾问委员会，特任一级上将何应钦将军为该会主任委员，龙云、于学忠、鹿钟麟、杨杰、陈济棠、陈绍宽、黄绍竑、刘峙、卫立煌、蒋鼎文等为委员。在何将军未返国前，由龙委员云代理主任委员。闻刻正依照三十五年十一月二十八日府令公布之《战略顾问委员会组织条例》组织成立中。

《大公报》（天津版）1947年4月8日，第1张第2版；《军事参议会改为战略顾问委会　何应钦任主任委员》，《大公报》（上海版）1947年4月8日，第1张第2版；《军事参议会改为战略顾问委会　何应钦任主任委员》，《大公报》（香港版）1947年4月8日，第1张第2版；《军事参议院撤销　组设战略顾问委会　何应钦任主委龙云等任委员》，《大公报》（重庆版）1947年4月8日，第1张第2版

国府明令发表

张群兼四联副主席　何应钦为战略顾问会主委

国府十一日令：（一）特任何应钦为战略顾问委员会主任委员，龙云、于学忠、鹿钟麟、杨杰、陈济棠、陈绍宽、黄绍竑、刘峙、卫立煌、蒋鼎文、贺耀祖为战略顾问委员会委员，此令。（二）中央、中国、交通、农民四银行联合办事总处理事会副主席宋子文，免去本职，此令。（三）特派张群为中央、中国、交通、农民四银行联合办事总处理事会副主席，此令。

《大公报》（上海版）1947年5月12日，第1张第2版；《国府命令》，《大公报》（重庆版）1947年5月12日，第1张第2版

云南一大企业公司成立

资本千亿　着重生产

【本报昆明通信】云南企业公司股东大会闭幕，选出卢汉、缪云台等四十九人为董事，龙云、周钟岳等十人为监察人。并决定办理电气、化学、纺织、机械、矿冶、稻棉、蚕桑、畜牧、灌溉、进出口贸易、运输、印刷等事业之业务方针，确定：（一）为多数人谋利益，并着重全省经济之均衡发展。（二）着重间接收益，不着重直接收益。（三）着重生产事业，不作商业投资。公司资本暂定一千亿，分两百万股，每户获一股权。（学逵廿二日寄）

《大公报》（上海版）1947年5月24日，第2张第7版；《滇人民企业公司　股东大会已闭幕》，《大公报》（重庆版）1947年5月23日，第1张第2版

军官训练团昨开学

召训旅长以上军官

主席兼团长汤恩伯任班主任，龙云长公子绳武任副主任

【本报昆明十八日发专电】中央为加强今后之新军训练，近成立军官训练团，召训旅长以上军官，十八日开学。蒋主席亲自兼任团长，汤恩伯为班主任，龙绳武副之。龙系龙云长公子，十九日由昆飞京。

《大公报》（重庆版）1947年8月19日，第1张第2版

战略委员会昨开首次会

【中央社南京十四日电】国民政府战略顾问委员会自成立后，以各委员多散居各地，迄未开会。近以国民党举行四中全会各委员来京者已过半数，该会代主委龙云乃于十四日下午六时邀集各委员举行第一次会议，到

于学忠、陈济棠、刘峙、贺耀祖、何键、鹿钟麟等。除通过会议规程、办事细则及工作概要等案外，对于军事、政治诸问题，出席者发言踊跃，有极多宝贵意见，拟俟盘理后即向国府建议，以供采择。九时许散会。

《大公报》（上海版）1947年9月15日，第1张第2版

龙云公子行踪

【地方通信】 龙云大公子龙纯武月前奉命赴京任职。三公子龙纯曾近又奉蒋主席电召，入陆大参谋班受训，月前由昭通家乡来昆，廿日飞京。行前曾欢宴各机关首长及好友，并假云南戏院演唱《四郎探母》，招待各界。渠饰杨延辉，表情深刻。

《大公报》（上海版），1947年10月28日，第2张第7版

龙云三公子在昆演探母

【本报昆明二十四日航讯】 龙云三公子近奉蒋主席电召，入陆大参谋班受训。渠月前由昭通家乡来昆，二十日飞京。行前曾欢宴各机关首长及好友，以示惜别，并假云南戏院唱演全部《[四郎]探母》，招待各界。渠自饰杨延辉，□四郎内心苦楚，表情真切。

《大公晚报》1947年11月1日，第1张第1版

战略顾问会向国府献策

【中央社南京一日电】 战略顾问委员会一日下午三时举行第二次会议，出席委员龙云、刘峙、于学忠等，由代主委龙云主席，议决向国府建议有关战略及剿匪工作等议案多件。

《大公报》（重庆版）1947年11月2日，第1张第2版

苏联国庆　苏代办招待来宾

【本报南京七日专电】七日为苏联十月革命三十周年纪念日，苏大使馆代办费德林暨夫人于午后六至八时假国际联欢社举行酒宴，招待我政府长官、各界人士及外交团。到张群、孙科、于右任、王云五、王世杰、邵力子、鲍尔汉、白崇禧、陈立夫、龙云、朱家骅、张治中、雷震、桂永清、莫德惠，加大使戴为世、法大使梅理霭及鲁克斯将军等二百余人。八时许始尽欢而散。

《大公报》（上海版）1947年11月8日，第1张第2版

西南民族问题

傅正达

近两年来中国边疆都在不安静中，我们睁眼看见到处都在闹事。〈中略〉

第二、中国之有民意机构之组织已有十年，而各县省参议会很少有夷苗人参加。单就西康一省而言，宁属有十余个县局，各县参议会中没有一个夷族参议员；一省之最高民意机构省参议会，没有一名夷族议员；国家之最高民意机构的国民参政会也无一西南各族的参政员。国民大会第一届，政府特开恩给西南各族十个席位，西康分得两名，一名又被送给藏族，仅有的一名政府还是考虑又考虑，违背民意，还是不准人民所选的参加。地方上顽固的士绅说：将来西南多事，而且夷族也不够资格参政，这种人不知是何居心？中央各重要机构中除了被留的龙云外，没有一个夷苗族的影子。新宪所规定边疆民族的国大代表、立法委员，真是少得可怜。以人口比例来说，苗夷最少要和蒙古、西藏相等，而该两地的代表则多出数十倍。其他各族都可以参加监察院，独不要夷苗等参加，我真是不解这是甚么理由，我真怀疑这里子一套面子一套的把戏。只要他们说话举手，而不要他们执行监察，这是一件使我极不了解的事。〈后略〉

《大公报》（重庆版）1947年11月17日，第1张第3版

| 《大公报》卷 |

国府授勋令

【中央社南京卅一日电】 国府一月一日令：蒋中正给予河图勋章。何应钦、阎锡山、程潜、顾祝同、朱绍良、傅作义，各给予河图勋章。熊式辉、张发奎、商震、孙连仲、吴思豫、俞济时、贺国光，各给予乾元勋章。陈诚、龙云、杨爱源、郭忏，各晋给一等宝鼎勋章。宋子文、李宗仁、白崇禧，各给予二等宝鼎勋章。〈后略〉

《大公报》（上海版）1948年1月1日，第1张第2版；《国府授勋》，《大公报》（重庆版）1948年1月1日，第1张第2版

球王李惠堂在昆明参加冬赈足球网球义赛

昆明市政府、市体育协会〈……〉特组织"昆明冬赈足球网球义赛大会"，请球王李惠堂来昆义赛。

义赛球类的地点在志公体育场，会内设备很考究，有足、排、篮等球场，有游泳池，有溜冰场，有跳舞场，落成于民国三十五年。取名"志公"之意思，是纪念治滇十八年的前任省主席龙云。

义赛的日程是去年十二月二十五日开始的。二十五这个日子，是耶诞节，是民族复兴节，同时又是云南护国起义纪念日，在这个节日举行"空前"的球赛，意义非常重大。〈后略〉

《大公晚报》1948年1月5日，第2版

救济特捐委会限期成望

宋子文、孔祥熙、何应钦、龙云等在特捐对象中传将名列前茅

【南京二十日航讯】 救济特捐之募集总额十万亿元及其各捐募区之捐额分配，已于十九日晨救济特捐督导委会通过，兹志其数额如次：〈中略〉。

救济特捐之捐募总额及分配额决定后，募集工作即将展开。督导委会各委员所提豪富名单，均已汇集审查中。据某有关人士称：名单中，孔、宋、何应钦、龙云等，均将名列前茅。〈后略〉

《大公晚报》1948年2月22日，第1版

五十富户名单决定　石凤翔亦在其中

【南京二十四日航讯】关于募集救济特捐问题，救济特捐督导委会全体委员票选决定之全国五十位富户名单，业已大体决定。宋子文、孔祥熙、郭顺、荣德生、龙云、石凤翔、何应钦等均包括在内。宋子文之认捐区域则在广州，孔祥熙之认捐区域则在南京，至五十富户捐款总额，亦已决定。

《大公晚报》1948年2月25日，第1版

说龙云巨富　龙夫人喊冤

【本报昆明二十九日专电】龙云夫人监委顾映秋，定下月二日飞京，出席监院首次集会。渠称：龙氏已向总统请辞战略顾问委会副主委职。顾女士招待报界，报告其家庭经济状况。谓龙氏被列为国内数大巨富之一，实属有意中伤。渠列举事实，说明龙氏从军政三十年，现有财产仅值战前百万元，两年前已分与子女七八人，现国外既无存款，国内又无企业，为人人所知者。

《大公报》（天津版）1948年5月30日，第1张第2版

顾映秋即来京　在昆明谈龙云经济状况

【本报昆明廿九日专电】龙云夫人监察委员顾映秋，定下月二日飞京出席新监察院首次集会。她说：龙氏已向总统请辞战略顾问委会副主委职。顾氏昨招待记者，报告家庭经济状况，谓龙氏被人列为国内数大巨富

之一，实属有意中伤。她列举事实，说明龙氏从事军政三十年，现在国外既无存款，国内又无企业。

《大公报》（上海版）1948年5月30日，第1张第2版；《龙云财产不多　仅值战前百万　龙夫人说：官吏个个如此，国家不会到此地步》，《大公报》（重庆版）1948年5月30日，第1张第2版

龙云财产有多少　顾映秋对新闻界之报告

【本报昆明廿八日航讯】龙云夫人顾映秋女士，定下月二日飞京出席监察院首次集会，顾氏廿八日招待报界称："数月前京中举办救济特捐，一二报纸揣测国内巨富，列举五六户，内有何应钦总长及龙云院长。何总长对此曾有声明驳斥，龙院长则表示，渠认为事实俱在，可置之不理也。但本人以为知者自认不合事实，不知者信以为真，对于吾家不无影响。本人为龙家主妇，对龙院长一切情形，较任何人为清楚，实不愿接受此种毁谤。（一）龙院长服务军政三十余年，主持滇政亦达十八年之久，两年前曾将其所有动产、不动产，完全分与子女七人，本人与龙院长均未提出若干作为养赡。除家藏书籍、古玩及玉器（王姓送）外，其子女七人，每人所得不及战前国币十万元。小西门外及东城外两处之房屋，共计十余栋，每栋建筑，大者不过战前国币四千元，小者三千，总计不到国币十万元。其东庄住宅，地址虽然宽敞，建筑费亦不到十万元，均系战前所经营者，分家产时概在分配之列。此为众亲友所深知，全部计算，不到战前百万。以龙院长三十余年从军、从政之辛苦，按年计算，每年存蓄不过三万元。倘官吏人人如此，国家谅不会到今日之程度。我为家主，系负责之一人，深知一切，故不得不言也。（二）云南原系贫瘠省份，清代需北京津贴，无人不知。在前政府时，收支不能平衡，金融破产，财政枯竭，军政两界欠薪垒垒〔累累〕，库空如洗，入不敷出，乃众所周知者。龙院长负责滇政后，对外既未借款，对内亦未发公债，全依省吃俭用。除军事方面，为准备抗战办理全省积谷，同时购械建军外，对于内政，一方面整理财政、恢复金融，重建富滇新银行，同时扶持金融机关，商办银行达六七所之多。如兴办生产事业、办理交通水利，用款极巨，均未向外借款，增加人

民负担。亦未得任何方补助。今银行林立，工厂发达，企业组织庞大，不识者均认为龙姓所有，殊不知以上所述各种事业，龙院长个人并未占有一份。外人不明真象，任意揣测尤可，滇中父老，不得不深切明了也。（三）前省府改组时，龙院长匆促离滇，省中公款并未提带分厘，到渝后，开支浩繁，经济颇感困难，且陪都捐款及救济事业特多，无法应付。幸滇中一二旧部，将余款汇渝接济，此为实在情形。目前其本人既无国外存款，国内亦无任何企业，亦为人人所知者。所谓巨富，未识从何说起？（四）龙院长掌滇政以来，对于教育事业，无论高等教育、中等教育，无不提倡。如西门外学校区之建筑，可为证明。他如选送欧美留学生数十名，均系公费。然其子女先后留学欧美者四人，从未享受公费，其部属负经济、财政、经理之人员，知之甚详。对公事如此清白，对家中开支亦不含糊。每次在公馆宴客，其不属公事者，概系私费开支，并未动支公款，其为人公私清白如此。深盼各界有以了解也。"

《大公报》（重庆版）1948年5月31日，第1张第2版；《龙云夫人发表书面谈话　极力辩明其夫不是巨富》，《大公报》（香港版）1948年6月3日，第2张第7版

蒋介石曾召见白崇禧

【本报南京十七日专电】军闻社讯：国防部长何应钦暨前战略顾问委员会代主委龙云，十七日下午七时联名邀宴新任战略顾问委员会主委兼华中剿匪总司令白崇禧。又总统曾于十六日下午四时半召见白氏，有所垂询。

《大公报》（天津版）1948年6月18日，第1张第2版；《总统召见白崇禧》，《大公报》（上海版）1948年6月18日，第1张第2版；《总统召见白崇禧　何应钦龙云联名邀宴白氏》，《大公报》（重庆版）1948年6月18日，第1张第2版

张群抵昆明　将小作勾留

【本报昆明十八日专电】张群十八日偕夫人及二公子由沪乘机抵昆，省府卢汉主席及夫人、各机关首长均赴机场欢迎。张氏下机后，与卢主席及缪云台同车赴卢氏私邸，为卢主席上宾。与张氏同来者，有战略顾问委会办公厅主任裴存藩及龙云三公子。

《大公报》（天津版）1948年7月19日，第1张第2版；《张群抵昆明》，《大公报》（上海版）1948年7月19日，第1张第2版

龙云曾拟赴沪　登车后又临时中止

【本报南京十五日专电】《大刚报》载："龙云十二日下午十一时到下关车站，拟乘十一次夜快车赴沪，登车后二分钟即下车返城，未成行。"

《大公报》（天津版）1948年8月16日，第1张第2版；《龙云在京　行欲又止》，《大公报》（香港版）1948年8月20日，第2张第7版

孙科抵牯谒蒋
总统昨邀司徒等野餐　龙云和张轸也已上山

〈前略〉

【本报牯岭十五日专电】孙科、龙云、张肇元和龙公子绳祖等一行十五人，十五日午后二时三分抵牯，蒋总统派陈武官挨麟、王局长水民和张署长毓中到小天池迎接。孙氏下榻河西路五十二号，龙氏则住河东路八十九号。孙氏于四时许晋见蒋总统后，顺便到正街上参观古董铺。据他说："在牯将有若干天的勾留。"龙氏抵达后就在寓所休息，未曾外出。据他的公子对记者说："龙氏在此或有十余日的盘桓。"又讯：某绥靖区司令官张轸亦于十五日奉召由京抵牯。〈后略〉

《大公报》（天津版）1948年8月16日，第1张第2版；《孙科龙云昨

上庐山　司徒大使预定明天返京》，《大公报》（上海版）1948 年 8 月 16 日，第 1 张第 2 版；《孙科龙云飞牯岭　蒋总统昨约司徒等野餐》，《大公报》（重庆版）1948 年 8 月 16 日，第 1 张第 2 版

政治气氛笼罩匡庐　京中要员陆续飞去

【本报特讯】 南京十五日消息：牯岭政治气氛愈浓，众信此次虽在形式上不致举行任何会议。总统对当前局势定有所考虑，对未来政局转变，影响甚巨，盖总统历年重大决策多在庐山。

【本报特讯】 南京十五日消息：孙科偕立院秘书长张肇元十五日九时乘总统所派专机飞寻转牯。据张肇元语记者：渠此次赴牯，系奉总统电召，报告立法院工作及有关问题，公毕即返京。至于孙院长此行，系与总统商讨党国大事，恐须多住数日，可能与总统同返。记者追询党国大事之内容如何，张氏笑不作答。又张轸司令官及龙云，今与孙科同机飞浔转牯。

【本报特讯】 南京十五日消息：翁文灏及政府要员数人，定十七日赴牯，晋谒总统有所报告。又孙科、龙云于今晨应总统电召飞牯。

【本报特讯】 南京十五日消息：孙科、龙云、张群于今晨专机飞牯。据龙云称：此行系奉总统电召，在牯或有旬日逗留。又〈……〉张轸偕秘书李庚白今晨飞牯觐见总统，有所请示。

【本报专讯】 牯岭十五日消息：孙科、张肇元、龙云和龙公子绳祖等一行十五人，十五日午后二时三分抵牯。蒋总统派陈武学、王讯民局长和张毓中署长到小天池迎接。孙氏下榻河西路五十二号，龙氏则住河东路八十九号。孙氏于四时许晋见蒋总统，据他说："在牯将有几天的勾留。"龙氏抵达后就在寓所休息，未曾外出，据他的公子对记者说："龙氏在此或有十余日的盘桓。"又讯：某绥靖区司令官张轸亦于十五日奉召由京抵牯。〈后略〉

《大公报》（香港版）1948 年 8 月 16 日，第 1 张第 2 版

蒋昨约要员餐叙

【本报牯岭十六日专电】蒋总统十六日午十二时半在行馆招待孙科、龙云、张君劢、陈布雷、张肇元、胡家凤等共进午餐。

《大公报》（天津版）1948年8月17日，第1张第2版；《总统宴张君劢 孙科龙云陈布雷等作陪》，《大公报》（重庆版）1948年8月17日，第1张第2版

飞昆机发生障碍

【本报讯】中国航空公司昨天飞昆明和加尔各答的班机，临时因机件有点损坏，迫得停航。昨天上海方面调来了一架，才走成功。昨天乘那部机飞昆明的，有龙云夫人等。

《大公报》（香港版）1948年8月17日，第1张第4版

顾映秋回昆明　处理被毁的南菁中学

【本报昆明十八日专电】龙云夫人监委顾映秋十七日由京返昆，处理毁于学潮中之南菁学校。顾表示将不顾任何困难，决不使该校因此毁灭。按该校系龙云纪念其太夫人所办，已有十六年历史，为昆明最有规模之完全中学。据告记者：龙氏数度请辞战略顾问代主委职，均未获准。日前应总统召飞牯岭消夏，一二周后仍将随总统返京。外传龙氏将返昆明，顾氏称：至离京时尚无所悉。

《大公报》（上海版）1948年8月19日，第1张第2版

龙云夫人返昆　处理南菁善后事宜

【本报昆明十八日专电】龙云夫人、监委顾映秋，昨由京返昆处理毁

于学潮中之南菁学校善后。渠表示将不顾任何困难，决不使该校因此毁灭。按该校系龙云纪念其太夫人所办，已有十六年历史，为昆明最有规模之完全中学。

《大公报》（重庆版）1948年8月19日，第1张第2版

牯岭大雾弥漫

蒋夫人出席内地会茶会　龙云偕公子品茗仙人洞

【本报牯岭十九日专电】（一）蒋夫人十九日下午四时应牯岭内地会的邀请，到九十四号"前仙岩客寓"参加他们的欢迎茶会，半小时后离去。（二）牯岭十九日竟日大雾弥漫，迄晚未散，走在山径上，对面看不见人，旅客们的游兴为之大减。（三）龙云偕公子等十九日下午四时往游仙人洞，在洞中品茗，六时返寓，龙氏定廿二日离牯返京。

《大公报》（重庆版）1948年8月21日，第1张第2版

牯岭风雨

游人多下山　龙云昨返京

【本报牯岭二十二日专电】牯岭连日大雾，二十一日起加上狂风暴雨，市街上商店全都关门了，萧索的秋景把大批避暑的人们赶下山去了。

【中央社牯岭二十二日电】龙云二十二日下午离牯转浔，搭中航机返京。方治及龙公子纯祖、纯勋、纯洛等同行。

《大公报》（天津版）1948年8月23日，第1张第2版；《牯岭狂风暴雨　避暑者纷纷下山　龙云等离牯返京》，《大公报》（上海版）1948年8月23日，第1张第2版；《龙云离牯返京》，《大公报》（重庆版）1948年8月23日，第1张第2版

昆明救济特捐名单初步拟定

卢汉、龙云、缪嘉铭均在内

【昆明二日航讯】昆明区救济特捐委员会调查组，于昨下午二时召开评议会，审查各乐捐名单。兹悉，该名单内计有：卢汉、龙云、缪嘉铭、陆崇仁、李培天、卢濬泉、安恩溥、段筱峰、马锳、万保邦、金龙章、赵济、陈公宪、孙东明、严燮成、伍体贤、马泽如、刘幼堂、张质斋、潘璞轩、王振宇、黄美之、童锦堂、徐金声、陈云僧、张相时、李福林、周润苍、董仁民、田澜泉、熊锡之、马超群、张慎荣、朱健飞、王天船、董裕如、何艺臣、何光甫、何章甫、李鸿谟、裴存藩、李郁高、刘希文等四百余人，及本市各公私银行四十余家。闻调查组为谨慎起见，将再召开评议会复审，俾有正确而公允之名单。

《大公晚报》1948年9月5日，第1版

龙云代其公子缴特捐百亿元

【昆明九日航讯】昆明区救济特捐，昆市方面各乐捐户名单已报会，龙云被列入。龙氏已在京代其四公子纯文、七公子纯勋、六公子纯德，在昆明市区自动捐法币一百亿元，已如数代缴京国库。

《大公晚报》1948年9月11日，第1版

银行资产知多少

昆富滇新银行申报兑换金钞　连同外汇已超过六千万金圆

【本报昆明二日专电】此间富滇新银行日前向央行登记外汇资产美金六百余万圆后，近又向央行申请兑换黄金二〇五〇两，白银四二五八三八两，银元袁头四十万枚，滇铸半圆银三〇六八二〇〇一枚，双毫七五六六五〇一枚，杂毫二〇二一六枚，总计可换金圆四千余万圆，连同外汇资

产达六千余万圆。此为龙云主滇十八年惨淡经营所积蓄之一部分，现该行为人民企业公司所有。

《大公报》（天津版）1948年10月3日，第1张第2版

滇遵令登记金银外汇　龙云希望用于地方

【南京通信】前云南省政府主席龙云将军顷发表谈话称：中央此次改革币制，确定经济政策，凡地方商业银行及省市银行所有黄金白银外汇，一律命令报请登记。云南富滇新银行为拥护政府经济政策、奉行国家法令计，故将所有黄金、白银、外汇，如数遵令报请登记，其总数折合外汇，约合美金一千数百万元。此项数目，以国家而论，不过如牛之一毛；而在地方言，实属得来不易之巨款。即富庶省份亦难有如此之存积，况滇省素称贫瘠，向系受协省份。

当余执政滇省之初，正值财政枯竭，收支不敷，金融混乱，民生凋敝，每月行政经费，无法应付。几经整理，金融始趋安定，财政逐渐平衡。经十余年来之努力，又得财政金融主管之奋勉，省吃俭用，苦心经营，不为私人谋，纯为地方计，点滴归公，实为地方一种血汗之结晶，故有此成绩。当时并未增加人民负担，亦未发行公债，更未得到任何方面之协助。此款原拟待抗战结束后，作地方建设之用。现既遵令登记，依法办理，中央固有管理之权，而依照法令，其所有权仍属诸地方。以后地方遇有正当用途，从事生产建设时，务望中央金融财政当局，给以种种便利。庶于管制之中，仍寓有鼓励之意，而使遵守法令者，得到合理保障。则中央威信增高，人民信任坚定，地方建设亦可望顺利推进，不致因之而停顿。滇省繁荣富庶，莫非中央之所赐也。（六日寄）

《大公报》（上海版）1948年11月9日，第1张第2版；《沉默的龙云　忽发表谈话　滇省登记金银外币　希望用于地方建设》，《大公报》（香港版）1948年11月10日，第2张第7版

各方吊唁陈布雷

【中央社南京十四日电】国民党中央政治委［员］会代秘书长陈布雷氏于十三日逝世。消息传出后，各方至为哀悼。十四日续往中国殡仪馆吊唁者有李宗仁、洪兰友、程中行、刘纪文、王世杰、徐柏园、成舍我、彭昭贤、徐佛观、萧同兹、田昆山、姚大海、陈庆云、薛笃弼、余井塘、刘百闵、李蒸、傅斯年、邵力子、唐纵、何应钦、谷正纲、杭立武、郑通和、刘文岛、董显光、阮毅成、李敬斋、陈雪屏、何成濬、张笃伦、杨绵仲、龙云、许世英等。

《大公报》（上海版）1948年11月15日，第1张第2版

龙云赴港就医

【中央社南京十一日电】战略顾问委员会代主任委员龙云因健康关系，须易地康养，已奉准病假二月，于本月八日由京飞广州，转香港就医。

《大公报》（天津版）1948年12月12日，第1张第2版；《龙云飞穗转港》，《大公报》（重庆版）1948年12月12日，第1张第2版

龙云到港深居

香岛道铁门紧闭　刘宗岳婉言谢客

【本报讯】前云南省主席及滇黔绥靖主任龙云已自南京悄然来港，住在他香岛道一七七号的住宅里。他住宅的铁门紧紧关着，只有院子里几个孩子可以让过路的人知道里面住着人。新闻记者去访问是被谢绝了，龙氏的秘书刘宗岳告诉去访的人："龙主任才到不久，要休息一下，暂时不会客。"据说龙氏是八日离开南京，十日到达香港的。他在行前还有过长时期的准备。

【**中央社南京十一日电**】战略顾问委员会代主任委员龙云，因健康关系须易地疗养，已奉准病假二月，于本月八日由京飞广州转香港就医。

《大公报》（香港版）1948年12月12日，第1张第4版

风云人物

中国政局有如一座将倾的大厦，里面和周遭的人，正在纷纷逃散。但一般逃亡意义，仅止于"乱邦不居"。有问题的风云人物，能逃出及有胆识逃出者，尚不多观。在这点上，各方注意了龙云的悄然抵港。据中央社南京消息，龙云离京是请假并得批准的，原因为病，目的为转地治疗。若果如此，则其行动甚简单，不值得怎样注意。其实，今天对一切人、一切事，都得重新估量。历史洪流浪淘了千古人物，其浮其沉，初难逆料。龙云的重量和价值，不在过去的地位，而在将来的事功。

《大公报》（香港版）1948年12月12日，第1张第4版

关于龙云来港

事先确得南京方面同意　近期内有回云南的可能

【**本报讯**】前滇黔绥靖主任龙云自来港后，闭门谢客，在香港引起了不少传说。对于他的离开南京，也有种种揣测。但据可靠方面消息，他的南下虽不见得完全是为养病，但确是得到南京方面的同意的。他这次南下是先由南京到上海，再由上海乘陈纳德民航大队机飞广州，转来香港。另一方面消息暗示，龙氏在最近期内有回云南的可能。

《大公报》（香港版）1948年12月13日，第1张第4版

无花的蔷薇

丝韦

孙科虽出院,足病还未好,不良于行的内阁!"看战争发展要用水晶球",外国人说。"要用鲁迅那句话:得其反,往往是真",我说。全国戒严,正确的说法是:中国戒严。龙云请假,假,假释的假?

《大公报》(香港版)1948年12月14日,第2张第8版

龙云二三事

槛

曾是当年风云人物的龙云,最近已到了香港。为了摆脱三年来幽囚般的生活,据说他离开金陵时曾有一段传奇性的行动。今后天空海阔,他也许会选择他要飞翔的方向了。

这里想撇开他的历史不谈,要谈的是他的几件琐事。

远在重庆时代,他由昆明被解除兵柄乘专机到重庆任军事参议院院长职。陈诚曾让出李子坝"翰苑"的住宅给他住。"翰苑"是川军一位宿将的公馆,被政府征用之后,曾换过几位显要人物作住客,当时炙手可热的陈诚是其中的一个。"翰苑"占地颇大,位于嘉陵江边,屋宇是新式建筑,红墙绿树,风景很好。陈诚虽然是一番好意让客,可是龙云却一无感激,别人问他:"打算在这里久住罢?"龙云摇头作答:"这房子是围着我的圈套!"

在"翰苑"时,我曾拜访过龙云,那时龙云穿着白绸长衫,戴着金边眼镜,谈起国事,意杰消极。"翰苑"的大客厅甚为豪华,我发现在沙发茶几堆放的许多画报中间(这是让宾客阅读的),曾有一画刊正载有当时特务头子戴笠乘飞机撞山失事而死的照片,在那照片上面,用钢笔题的"像赞"赫然在目,那几个字是:"死有余辜!"

听说龙云到港后很想念老家——云南,特别想念他几位留在云南的儿女。提到龙云的儿女,有一件事,可作谈助。现任某学院的院长张女士与

龙云是同乡，传说他们过去曾有过一段友谊。张曾在法国镀金，一度是巴黎市政学会的会员。未归国前，就曾把龙云作为自己结婚的对象。龙云早年丧偶之后，遗有儿女多人，在他执云南政权时代，他也想跟张××之流的人物结婚。不知后来为了什么原故，龙云却续弦，但对象是另外一个女人。

张××归国后，仍然得龙云之助，在昆明办中学，她也就以此起家，当了参政员，也曾竞选过立委。在她办中学期间，龙云的两个小儿女在南菁读书，不知为了报复抑是变态，据昆明的朋友说张常苛待龙氏的儿女，有时候甚至体罚。（十二月十三日）

《大公报》（香港版）1948年12月15日，第2张第8版

法国新闻社一种揣测　宋子文来港访龙云
传说建立南方联盟　并说英美法可能予以支持

【法国新闻社本港讯】自宋子文和龙云来港后，旅港的云南省人士及从前与云南有过来往的欧籍人士，就传出了一些消息，说有人在努力建立一个"南方联盟"，联合南方各省来反对中共。这个谣言是上星期传出的，他们说：在这成立联盟的谈判中，龙云和宋子文都居于重要地位。宋子文来港后，云南人士更相信这传说是有其若干真实性的。

据云南人士说，云南军队曾在台儿庄和广西军一起打过一次胜仗，这是中国对日战争中的唯一大胜利。若果云南和广东、四川、贵州各省政治上联合，在李宗仁、龙云和宋子文等领导下，很可能守住华南一个时期。因为除了四川外，各地旧军阀都颇有能力统始〔治〕各省。

据该方面人士说，若果他在财政上发生了问题，法国是很可能加以帮助的，因为法国目前在越南正在困难中，他们不想中共走到越南的大门口，接济胡志明。他们又说：法国和龙云之间一直都有着很好的关系，龙云下野后，法国所有的滇越铁路就被中央政府没收，而没有赔偿。

他们说：英美方面因为要保存他们在华南的利益，也可能予以支持。美国在主要原则上是反共的，而英国又想尽可能的不让共军走到香港的边

界。和云南从前有关系的欧籍人士说：这种"联盟"的成立是不足为奇的。他们相信宋子文会留在广州，龙云将返滇，白崇禧和李宗仁则留桂。据说四川和贵州也可能加入，这两省的主持人可能是由龙云指定。

据说白崇禧和李宗仁也可能同意这个计划。若果得到了足够的外国援助，这个计划并非没有前途的。不过，等到中共把占领区巩固了以后，这个"联盟"就很难再存在了。可是这也要相当时日，而这些南方领袖就站在一个好的地位，来和中共讨价还价了。

《大公报》（香港版）1948年12月20日，第1张第1版

又一个谣言

法新社又传出一个揣测性的谣言，说宋子文来香港访龙云，将组织一个"南方联盟"，以反抗共产党，并把桂系人物也传说在内。其实这又是一个谣言。这谣言，可以一戳即破。龙云的来港，已经多方证实是偷偷出走的。他既然逃出南京的龙潭，难道还会自行钻入粤宋的虎穴吗？常识判断，是不会的。当然，这谣言也是象征南京中央的式微，而反映一种变的心理。只是运用地方军阀的方式，以形成割据之图，方法太旧了，已不足阻挡全国人民追求民主统一的大潮流了。

《大公报》（香港版）1948年12月20日，第1张第1版

龙云在港闭门谢客

【香港□二日航讯】 前云南省主席龙云，已自南京悄然来港。查龙现住香岛一七七号住宅，住宅铁门紧闭，新闻记者去访问均被谢绝。据龙氏秘书刘宗岳对来客声称："龙主任才到不久，要休息一下，暂时不会客。"

《大公晚报》1948年12月20日，第1版

国是前途的几个暗流

法国新闻社传说龙云、宋子文之间有组织"南方联盟"的酝酿，我们

虽对这传说怀疑，但类似的暗流却一定有。因此，使我们想起国是前途有几个暗流，值得一谈。

首先一个最大的问题，是企图分裂中国，造成割据的形势。现在各省出现的地方主义，大河北、大湖南、大四川等已见于报端。这种封建主义，还有更大集团在酝酿运动中，大西北、大西南等属之。他们不但可能对南京抗命，也可能作新的投机，妨害将来中国的统一。察其动机，无非为保存既得的特殊权益。就总的形势说，是倾向于敷衍局面，保存残余的、腐旧的、特殊的封建势力。中国史上每次换朝代都有这一类事象发生。这类事象不是偶然的，好像是变革文章附带必有的一笔。但若深刻点看，我们以为那是纯粹自私的倾向，并且埋藏着祸根，将延长中国内战的祸害。我们认为这种酝酿，徒然给国家增加障害，而最后必然失败。因为这是违反国家与人民的利益的。国家与人民是在追求民主与统一，而弄玩封建与分裂把戏的就绝对不会成功。

其次一个暗流，是企图引进外力的干涉。中国百年来干戈扰攘，原因有二：一为封建势力作祟，一为外国侵略。目前在形势极度动荡时，就又有人期待引进外国的力量来干涉。依赖美国最后是失望，且近绝望了。中国事本该中国了，不可借外力来干涉。外来干涉是祸媒，于国于己皆不祥。唐代利用沙陀，宋代利用辽金以及蒙古，结果断送天下，贻羞历史。现在或许还有人想要利用另外的外力，其实也是幻想。目前中国大势如此，世界眼睛雪亮，谁也不愿再冒干涉中国内政的不韪。纵使偷偷摸摸干些事，也实际无补，自然更不会有扭转大势的希望。

最后，便是现在南京议论着的和平问题。和平是人人所望的，但形势决定一切，军事失败到如此田地，已很难有对等的和平条件可言了。对这一点，蒋总统明白，所以只要战，而拒绝言和。但是，战局一面倒，战到头，结果如何？又是人人明白的。在这战已败而未了之时，有人在策画和，看作一个最后机会，是可以想象的。然而大势显然，今天已难寻觅对等的和平了。政权本是公器，原非少数人所得而私，更非少数人所得长期而私。政权转移，虽不说是"楚弓楚得"，而"还政于民"，也是早有约言的。只是政府不会遵循政协决议而和平民主的还政于民，打到今天，已甚祸国殃民，还不迅作决断，而早给国家人民以和平吗?

《大公报》(香港版)1948年12月21日,第1张第2版

宋子文返穗　行前曾访港督

【本报讯】粤省主席宋子文昨天下午三时乘机返穗。他是上星期五来港的,在留港期间曾访问过龙云。昨天上午十时余,他又到督辕访问港督葛量洪爵士。

《大公报》(香港版)1948年12月21日,第1张第4版

宋子文、龙云之会　谈到"南方联防"

本报记者　杨文昭

东北的烽火已经熄灭了,徐蚌战事也近尾声,北平的傅作义已成了一只死了的棋子,南京也到了风烛残年的时候了。现在一般人转移了目光,注意到所谓"南方联防"这个问题。有些人对它寄予无限的"希望",有些人担心它会延迟了全中国的解放和统一。最近龙云到了香港,宋子文专机来度周末。他们原是浅水湾畔的邻居,两公馆中间,只有唐继尧后人的别墅相隔着。于是人们又从他们的密谈而联想起,谈论起所谓"南方联防"这问题来。

其实这也不是成为一个重要的问题,甚至说这是死亡前"回光反照"也够不上,中华民族要翻身,人民的力量不容许反动势力再做美梦。可是现在既然这个问题已引起了大家的注意,我们也不妨在这里把它检讨一下。

"联防运动"溯源

最先唱起了联防运动这只曲子的,是广东和湖南。当东北局面突变的时候,湖南的地主、官僚、军阀等就大起恐慌,实行"保省",提出"泛湖南主义"这口号。十月十三日,长沙绥署副主任黄杰和参谋长王天鸣到

了广州，又到香港来会正陶醉于山光水色中的宋子文。十六日，长沙和广州两绥署的副主任举行了一个联防会议，讨论粤湘赣三省的"联防"。十月底，穗绥署副主任张达访湘，同时湘粤赣三省边区"清剿"总指挥叶肇等又到长沙列席绥靖会议，程潜托他带了一封信给宋子文，信里面大谈"两省应力谋合作，以求安定"。至此，粤湘联防，才算有了眉目。

从这湘粤赣的三省联防，宋子文又发动四省及五省的联防。十一月七日，桂主席黄旭初到广州和宋会商；十二月十一日，提倡"微服出访"的闽主席李良荣，也来五羊城见过宋子文。作为一连串的拜访会商的总结，就是宋子文于十一月中旬的赴京。无疑的，他的专机里面，已有一分"五省联防"的计划。眼看着"总店"都快要关门，老板大概已答应给少爷们最大的权力，来搅一家"支店"了。于是宋匆匆返粤，发动联防。

接着，川康的地主们和王陵基、刘文辉等，也要实行"大川康主义"，向湖南"看齐"。贵州的谷正伦虽然还没有甚么表示，可是相信他也不会不在计划着怎样维持自己的统治。最近龙云到了香港，"南方联防"这好梦就达到了最高潮。

一枝虫蛀的手杖

要谈联防，他们就不得不先谈武力。现在广东有多少军队呢？据十月三日宋子文在就任周年的广播说：宋到广东的时候，驻省国军只有六十九师一师，在他统治的一年内，"本省武力已经增加两倍以上。故惟一精锐的国军第六十九师调动后，地方治安仍能一样维持"。

在宋子文统治下，广东的地方治安是否"仍能一样维持"，我们暂且不予追究，但他之极力扩军倒是事实。广东原有保警团十团，后来增为十六团，到十一月中，又再增三团。此外，他又把一三一、一五三、一五四，三个补充旅扩编为师，起用过气军阀张瑞贵、叶肇等成立了三个"边区清剿指挥部"。这些团和师究竟实数有多少人我们不知道，但既然有了那么多的名堂，总算他在扩军方面已卖了力气，千千万万的广东子弟，已被抓去为保卫他们一部分人的享受而战了。

那么，这些在枪尖的压迫下弃犁从戎的团队和军队的作战能力又如何？据十月十六日广东省保安副司令黄镇球对省参会报告说："广东各地仍有共军达三万余人"（？）又说："广东的清剿工作只有靠保安团"了。

保安团"靠"得住吗？且不说军心如何，就看看民政厅派到各县的县政考察团回来的报告，将叫把全部希望寄托在"团队"身上的人们冷了半截。他们说："就考察所见，即富如中区各县，地方自卫团队所需械弹仍感不足，省府一时未能通盘筹画。"

"地方团队"原来也是一枝蛀空了的手杖。

团队！团队！

为了贯彻"曾左彭胡"的"精神"，湖南的地主、军阀、富豪又在向三湘健儿身上转念头。据十月十二日消息："湘赣编练新军，总统已经核准"，并且说由程潜赶速办理。可是他十一月中赴京，他推荐给总统的团师长名单却全部被璧回了，派来当十四师和六十二师师长的，原来都是中央的康朴和夏日长。十一月廿三日程潜返长，他证实了"中央现已允在湘成立八个师"，但他的心是够沉重的。现在在湖南的湘军首要有何键、刘建绪、黄杰、李默庵等，他们都是"泛湖南主义"的支持者，但有资格"奉召赴京"的唐生智却表示反对。

近百年来，三湘的民众也实在苦够了。他们一直都做着军阀们的工具。今年湖南的征兵额是十万零四千名，此外加征十七绥靖区的五千名，又要提前征三十八年度的一万六千名，还要征保安团的二万六千八百三十名。明年湖南的兵额更重，单是"中央"的已是二十二万名。老百姓已给鱼肉够了，他们还不起来反抗才是怪事。十二月初，衡阳曾有过"抗粮运动"，这点星星之火，象征着人民的忍受已到了最后的限度。

广西的武力，比湘粤更要空虚。整个广西才只有十个保安团，但中央只给了六个的经费。据说黄旭初因此大不开心，来穗的时候曾向宋子文诉苦，宋已答应代向中央商洽了。

江西的胡家凤是一个文官，他在熊式辉的支持下上了台，他的武力是空空如也的。据十一月二日江西消息，江西定年内成立一个军，并"组织"民众一百万。"把你们的血肉，筑成我们新的长城"的把戏，也在江西上演了。

福建的兵力不清楚，但有一点是可以确定的，它的保安团决不会比粤、湘、桂、赣四省多。团队，团队！一百几十万的精锐，都已在东北和徐州完全消失，"戡乱"的重担就不得不落在瘦骨棱棱的人们的肩上了。

浅水湾的会谈

虽然局面已是到了无可挽救的程度，可是顽固的统治者还是要背城借一，掷下最后的一注的。昨天法国新闻社传出了组织"南方联防"的消息，我们不敢相信它会成功，但不能否认有些人确有这个企图。龙云是乘陈纳德的飞机到广州，再乘利航轮来港的。从他的出逃，使我们回想起龙云在南京最近的一个动态。他自被软禁后，就差不多完全与世隔离，可是最近（十一月初）龙云突然在京发表谈话，说希望在云南收兑的金银外币，将用于地方建设。他突然的不甘沉默，最少已表示他又感到髀肉复生了。

他一到了香港便访问李济深。接着上星期五宋子文便由穗来港，主要的任务就在看看老友龙云。据有关方面消息，宋子文的秘书陆文澜于星期五以电话和龙云的秘书刘宗岳约好了会晤的时间。星期六的晚上，宋子文便从他的公馆走下数十步的斜坡，到了一七七号的"龙宅"，和龙云"畅谈"一番。

他们在握手叙旧中，他们很可能谈到"南方联防"的问题——而龙云会答应他吗？

这个问题的答案，决定龙云今后的道路，一念之差，千秋功罪。相信龙云即使不献身革命，也决不会贸然向宋子文点头。当年他获得的教训，今日安居在浅水湾的龙云是决不会忘记的。且不说他的旧部曾泽生、张冲、潘朔端、卢浚泉等已在东北起义，未尝不给他老人家一些思想上的影响；就是为了自己的利益，他也犯不着冒这大不韪了。

龙云已面临历史的考验了，后事如何，只有"且听下回分解"。

遥远的"外援"

法国新闻社的消息有一段是颇值得注意的。它说："据说，若果'南方联防'运动在财政上发生了问题，法国是很可能予以帮助的。因为他们不想中共走到越南的大门，把军火供给胡志明。"此外，法国新闻社又说英美当局也会为这幻想中的"南朝"而伸出援手。

昨天下午，记者访问过法驻港领事饶伯泽。他以客气的态度，拒绝表示意见，他说："这是法新社的消息，与我无关。"

但他最近曾访问过李济深，他对此没有否认。同时，他又用还算清楚的国语答复我的询问道：他将来是要去访龙云的。

法国之支持龙云是没有问题的，只怕心有余而力不足。美国支持宋子文及他所拟办的"南方联防"也是没有问题的，只怕援助也有个限度，而且以往多少的"美援"都已掉落鼠洞毫无效果，则再多的"美援"也怕很难叫死者还魂了。

英国的态度是相当明朗的，贝文已宣布不干涉中国内政。不过最近广九铁路在红磡附近增铺了一段路轨，准备"美援"到达时，可以直接在那里的码头起货，由广九车运往广州。从一般的情形看来，英国最少是不反对"南方联防"的。

此外，陈纳德的投弹手，和台湾高雄凤山镇的五十个美籍军事顾问训练下的军队，也应该计算入"南朝"的帐内。

不叫座的压轴戏

十一月三日是南京最黑暗的日子。那天，国军宣布退出营口和葫芦岛，同时南京的"希望"杜威也证实落选。从那天起，"南朝"的计划已开始急速地实现了。从最近各方面的消息，我们可以见到他们已在准备中。华中"剿总"白崇禧竟然下令路局准备火车四十列，把宋希濂兵团送回武汉。可见他为了自己，顾不得南京的垂危了。海南岛现在只有一点点的边缘地界仍在国军手中，然而宋子文最近还送了一船军火去，肯再付出一注本钱。宋子文早已不断地计划着发行"省币"了，若果"南方联防"成立，他更可能再印一堆纸币来骗骗人民。

总之，由于封建地主、土豪军阀、官僚政客……等的顽固，粤、湘、桂、赣、闽，以至滇、贵、川、康各省，最近很可能成立所谓"南方联防"的组织，以宋子文为中心，脱离中央，宣布"独立"，然后在政治上和中共讨价还价。

不过，这都是反动集团的天真想法罢了。人民的力量像澎湃的江河，凡是企图在中途阻挠的，都将被完全冲毁。在这中华民族的历史大变中，少数人的妄想是不会发生力量的。廿多年的丑剧已演得够了，人民也不愿再看下去了。我们相信"南方联防"这一幕压轴戏也决不会精彩，也决不会叫座的。

《大公报》（香港版）1948年12月21日，第1张第4版

报纸不许谈真理　教授死了葬身难

在我离开昆明前一周间，看到二件在文化上不幸的事。一件是龙云大公子龙绳武所办的《观察报》被卢汉批准停刊一周。官方说该报刊登"荒谬言论，为匪张目"。该报在八日的短评中沉痛地说："……同人们抚心自问在执笔论政、报导新闻当中，并没有忘记了真理和正义，这是本报自问无愧的一点。读者的眼睛是雪亮的，想来用不着多说……。"这篇短评发表后，治安当局大为不满，说该报总编辑李济五不知死活，还在谈什么"真理与正义"，同时说"眼睛是雪亮"这句话是共产说的话，并表示必要时要把李逮捕。李常对人说：我们做报人，说三分真话，都不能吗？这是多么沉痛的话。〈后略〉

《大公报》（香港版）1948年12月21日，第2张第7版

有此一说　龙云将招待记者

【本报讯】据可靠方面消息：龙云的二公子纯祖与三公子纯曾已经到了香港，龙云夫人顾映秋女士亦将于日内来港，龙氏则将在下星期内招待记者。

《大公报》（香港版）1948年12月22日，第1张第4版

今日的广东

随着国军的失利以及国民党政权的危殆，广东的空气也在变了。

最先盛传首都将要南迁，因为广东有海口，容易获得外援，而且西南几省共军的力量还不雄厚，或可给与政府一个喘息的机会。于是南京粤籍要人的家眷一批一批的涌到，金融机关纷纷在广州找房子，连中大校舍也有被政府征用的消息，引起学生们的反对。最近宋子文来港会晤龙云，如法新社所报道，又引起了所谓"南方联盟"的揣测。在这个时候，粤当局执行戒严令，前儿天大捕可疑居民，并要开始检查邮电，广州警备司令部也宣布正式成立了。荡漾的空气中夹杂着恐怖的气息，使人意识到广东在变，但是怎样变法，恐怕连广东的当道者也还未弄清楚。事实在形势，一切还得看大局发展。〈后略〉

《大公报》（香港版）1948年12月23日，第1张第2版

昆明人看龙云出走

谈起老主席许多人兴奋　有人说他要回滇南"光复云南"

林明良寄自昆明

龙云的突然离京赴港消息传出后，在昆明和别的地方一样，使若干人在作种种猜想，更使一些人为之震惊不置。龙云统治云南十八年和晚年思想上的转变与被幽禁了三载，给予滇人印象至深。间有接近龙氏的人从南京返昆，即有若干人争问"老主席"的近况。不管如何，这总是人们对他的关心。

昆明人对龙云这次出走的推测有好几种：一说他是为了要自由；一说他负有使命；更有说他"不守晚节"的，而且绘影绘声的说他要回云南来。于是有人就说他回来的路线必坐船到越南，经胡志明区域回到滇南来领导朱家璧那支人马，再度"光复云南"（因为"一〔十〕三"事变有人说是"亡省"）。

微妙的事情，香港飞机到昆，机场特别戒严。在这里，我想报道两件事，以增加读者了解这件事的帮助。据近由港返昆的人士说，他在港曾去见过龙云，"老主席"说这次离京坐的是外国飞机，到广州后马上搭船到港。另据某一人士说龙对他说：因为事先请假绝不可能，所以到港后才向总统请假。这是在香港见过龙云的人所说的话，而且不是逢人就说，仅系

一种友谊的透露。另一件事是十三日那天从香港飞来一架空中霸王，而昆明武〔巫〕家坝机场突然戒严，大小特殊人物齐集，周围都是武装人员，其空气的紧张，使得海关人员为之愕然。所有下机的旅客携带的东西均不予检查即行放走，一位带了不少港货的乘客感激非鲜。事后告人："此乃'老主席'之所赐也。"

现在每次由港来的飞机到达时，机场仍然杀气腾腾。此间报纸未见透路〔露〕有关龙的任何消息，《中央日报》则说龙云有电给卢永衡主席，说这次向总统请准假两月，到港养病。根据从香港回来的人说的话和飞机场那种景象，可以断定龙云这次的离京并不是事先"准假"的了。但值得玩味的，是怎能够脱离"虎口"？又为甚么先到广州再冒险转船？既乘外国包机何不直飞香港？

至于昆明人士对龙云出走的反响，一般都良好。在背地里常常可以听到这几种谈论："龙主席自由了，我们希望他能够回来云南。""今天云南的局面要龙主席回来才有办法。""如果龙主席要回云南主政，必先换过一批干部才有希望做得好。"一位三市街的金钞商人很坦白的告诉我说："我今天（十三日那天说的）做生意虽然赔了十个拖拉（印度黄金，重三两七钱三分），但听到'龙哥'（也许是'龙老官'）的消息，心里十分愉快，等于倒赚了十个一样。"我知道这是一个过去对龙云没有十分好感的人，但今天却有这种感情的流露。

《大公报》（香港版）1948 年 12 月 26 日，第 2 张第 7 版

李济深谈时局

【本港讯】昨（廿六）日上午，合众社记者访问国民党革命委员会主席李济深谈论时局，兹摘要转录如下：〈中略〉

问：报载华南六省联防之说，不知李将军有何意见？

答：此说传之已久，他们企图作最后之挣扎。联防之说是可能的，不过我看这完全是他们的幻想，将来一定要失败的。连蒋介石的南京政权都不能抵抗人民的力量，六省联防更必失败无疑。

问：闻亦有人向龙云将军探询对于六省联防的意见，李将军以为如何？

答：龙将军一向同情民主运动，如有此事，必想予以斥责。

《大公报》（香港版）1948年12月27日，第1张第1版

昆明西郊饿豹伤人

一村妇在龙云别墅前被抓；豹遭击毙尚有一雄豹在后山中

【昆明二十五日航讯】前晨本市西郊海源寺龙前主席别墅门前，突发生一饿豹下山伤人事，结果人伤豹死，各情如后：二十三日晨，气候奇寒，海源寺山后，突发现怪吼声，旋即有大雌豹一只，自山上飞跃而下。此时适有一村妇晨起，拟至山上拾柴，讵料南行至山脚，即遇该饿豹，当被巨爪扑倒抓伤。〈后略〉

《大公晚报》1949年1月5日，第1版

卢汉过港时　未会晤龙云

【昆明二十三日航讯】战略顾问委员会代主委龙云自抵港后。日昨始电省府卢主席称：因京中气候不佳，已奉准假，由粤赴港养疴。电文词句简洁，未提及其他事。

【本报上海三十日航讯】云南省主席卢汉奉召于二十九日晚六时零五分由昆明飞抵上海，定三十日晚搭夜车转京，晋谒蒋总统。卢氏所乘中航公司班机路过香港时，曾略停加油，然后继续飞沪。记者问卢氏在香港停留时，曾否会见亲友？卢氏答称："只停留二十几分钟，并没有离开机场，也没有会见何人。"卢氏因旅途劳顿，不愿多言。

《大公晚报》1949年1月5日，第1版

龙云在香港

余学文寄自香港

龙云来到香港作寓公后，住在幽静的浅水湾，深居节出，从不接见宾

客。他的很多同乡想去看看他,也都常被拒绝,新闻记者是更不用说了。最近因了《文汇报》的某记者因为与他私人交情很深,才得见过他一次,而且谨慎的发表了消息之外,其他各报各通讯社的记者去访他,都吃闭门羹了。〈后略〉

《大公晚报》1949年1月17日,第1版

黄绍竑在港　昨会见龙云

【本报讯】前天发表为五位向中共议和代表之一的黄绍竑,昨天还在香港。昨天下午,他曾到浅水湾去拜望过龙云,两人曾谈了很久。黄氏是现任的立法委员,在约一星期前到香港来。

《大公报》(香港版)1949年1月24日,第1张第4版

龙云发表谈话
西南联盟只是幻想　蒋下野后还有阴谋

【法国新闻社香港二十五日电】法新社记者最近曾往访龙云,二十五日龙氏允许发表他的谈话。龙氏严厉批评蒋介石,并说他"没有忏悔的诚意"。蒋的离开南京只是"争取时间的阴谋"而已。

龙氏说:他在十二月冒了"很大危险"离开南京,以"寻取身心上的快乐"。他说,外传他要参加广东、广西、云南、贵州和四川的"西南联盟"的消息是不确的。组织这样一个"联盟","只是一种幻想"。现在国共间的纠纷是军事上的,这应当以政治代替军事行动来解决。"蒋凭借武力造成现在的局面,是很自然的事。现在虽然他已离开南京,但他没有忏悔诚意,这些方法都表示是一种争取时间的阴谋而已,只有经过全国人民的努力才能得到真正的和平。"

龙氏说他对各党派有道义上的同情,他痛恨"专制政府"。在抗战时,他曾反对用武力解决国共纠纷,他支持战事结束后政治民主化。他没有考虑"现在"回昆明去。记者问他关于未来的外国在华利益时,他说只要这

些利益是根据平等和互惠的原则，将来都不受影响，但危害国家主权以及和平等原则相反，如像开放内河航行权，就要受到人民的反对。

《大公报》（香港版），1949年1月26日，第1张第2版

龙云夫人飞港

【本报昆明廿六日专电】 龙云夫人、监委顾映秋，今日飞港探望龙氏。

《大公报》（重庆版）1949年1月27日，第1张第2版

黄绍竑在港拜望龙云

【香港】 黄绍竑二十三日还在香港，他曾到浅水湾去拜望过龙云，两人谈了很久。

《大公报》（上海版）1949年1月28日，第1张第5版

龙绳祖自京抵沪

【中央社上海三日电】 龙云将军次公子龙绳祖，三日由京来沪，候船赴穗，此行系随政府南迁。

《大公报》（重庆版）1949年2月4日，第1张第2版

嗜杀的卢汉

王　孙

卢汉在昆明又杀人了，央行门前枪声起处，无辜者又死了廿余人！

卢汉是嗜杀著名的，他在那愚昧的山国以杀人起家。出身贫困，投靠龙云，以拜把关系而渐获高位的卢汉，平生做了不少背信忘义的事。他虽追随龙云发迹，但是他背叛了龙云。抗战末期蒋介石决心对云南用兵之时，首先就用离间阴谋把他笼住。龙云的嫡系部队交给他带，他却

接受了蒋介石的任命，贪做第一方面军司令的高官而愿把部队调离昆明。驻防滇越边境时，他更不理会龙云的呼唤，进一步接受蒋的遣派入越主持受降典礼。就在这个时候，杜聿明在昆明得以从容动手，一夜之间把云南人民屠杀了一阵，把龙云从云南统治的宝座拉了下来。卢汉更在蒋介石的信任下，被削兵权，做了傀儡，由越南回昆接任主席职位。

是良心的谴责罢？他回到昆明之后曾痛哭过几次，最沉痛而露骨的是他在云南省府某次纪念周上发表的"训辞"，他挥泪地说："你们要争气啊！我们云南人受欺侮了，我们受骗了！大家如不振作自爱，就对不起龙先生（按指龙云）……"

卢汉作此"训辞"的时间环境，正是蒋介石派关麟征及李宗黄耀武扬威君临云南进行镇压加强反动统治之际。那时候卢汉深感权势旁落，而云南人民对他的责骂也令他又羞又悔又恨，龙云被架到重庆后对他的批评也是一番冷嘲。

笑骂由人，卢汉在云南竟做了三年主席了。〈……〉据昆明来的人说：卢汉的心理已近于疯狂的变态，他企图用高压和血腥手段来挽救末运。在央行门前枪杀善良人民的残忍行为，不过是例证之一而已。

《大公报》（香港版）1949年2月14日，第1张第2版

滇西夷区透视（续完）

杨亚宁

因之，土官与流官即土司署与设治局之间，职权上既不能避免牵掣与侵犯——从而尔虞我诈、倾轧掣肘的风气无法遏阻；利益上更不能消除冲突和矛盾——从而你争我夺，排挤冰炭的形势已属必然。据我所知，瑞丽设治局每年向猛卯土司署拨用的租谷（俗呼吭头谷）竟占土司岁入的百分之四十五，试问：土司怎不仇视汉官？怎不把设治局长之流当做肉里刺、眼中钉呢？

当然，在土司势力大、气焰高，而设治局长懦弱无能的场合之下，那么，土司大可目空一切的玩弄设治局长，使汉官事事仰其鼻息。反之，汉

家官吏如果的来头大、背景硬，则又可无法无天的压榨土司，巧取豪夺，无所不用其极。

滇西盛传：龙云的长子龙绳武任腾龙边区监督时代，曾派其爪牙李竹溪为盈江设治局长。廿九年三月，李局长奉龙监督命令，要干崖土司刀保图缴呈十万两鸦片。对方抗不照办，且动员山头人将李局长及其部属杀害。龙大公子不胜恼怒，立即调兵遣将，设法把刀土司之三弟刀保固（字完松，为人凶横跋扈，绰号"刀三怪"）捆绑到南甸土司境内的油松岭，严厉的予以殴打和侮辱。结果，刀土司甘拜龙监督的下风，献金缴烟，这才"化干戈为玉帛"的。〈后略〉

《大公报》（上海版）1949年2月19日，第2张第5版

刘攻芸、赵棣华昨天由港飞沪

【本报讯】中央银行总裁刘攻芸及交通银行总经理赵棣华，昨天由港乘机飞沪。又龙云的第三〔二〕子龙绳祖昨由沪乘机抵港。

《大公报》（香港版）1949年2月28日，第1张第4版

龙绳祖赴港省视龙云

【本报广州九日专电】总统府参军龙绳祖，由沪乘机来穗报到后，已乘船赴港省视龙云，两周后返来。

《大公晚报》1949年3月10日，第1版

龙云谈滇省人民武装
人民为反抗南京暴政而奋起　　相信没有共产党在背后策动

【本报讯】因西南各省人民武装群起反对暴政的消息，一天一天的多起来，使人联想到刻在浅水湾头栖息的龙云。昨晚记者访龙氏于寓所，他表示占领湄公河畔的盐兴、普洱并威胁寻甸（昆明东北七十哩）的人民武

装，相信都并没有共产党参加的队伍。他说："因为人民要摆脱南京政府的暴政，争取自由解放，所以他们就要武装起来。这些举动，都不是共产党在背后策动的。"

龙氏抽着雪茄烟，很细心的答复各项询问。他说："人民要和平，但是蒋介石并不是在搞和平，所以人民非把暴政推翻不可。"

记者问："假使人民武装巳〔已〕占领了整个云南，你是否要回到云南去领导？"龙氏答："我暂时还没有考虑这一点，但若果人民欢迎我回去，我是要回去的。"

龙氏又说："现在那些人民武装只是想摆脱暴政，可是他们并不喜欢共产党。当我在云南的时候，云南是没有共产党的，现在也许有一些。"

记者问他以上这句话可否发表，他答道："可以。"龙氏的儿子龙绳勋坐在旁边，提醒龙氏说："爸爸，这句不可以发表吧？"龙氏听了仍认为可以发表。

关于苗人组织"湘、鄂、川、贵人民自卫军"的消息，龙氏说：他不大清楚。他认为一切人民武装，不管他们欢迎那一党派，都是因反对暴政而兴起的。在约半小时的谈话中，龙氏曾一再提到"人民"这个新名词。

龙氏说：孙渡领导的云南军约五万人（两个军），已在东北投入中共，这些都是龙氏的老部属，但他现在和这些军队已没有关系。

龙云于去年十二月秘密逃出南京的牢笼，来港作寓公。一般人对龙氏今后的出路，曾有过很纷纭的揣测。可是截至现在，龙氏似乎仍没有很积极的参加政治活动。龙氏的浅水湾别墅四周尽是美好的景色，然而警卫森严，在作客的人们看来，空气倒是怪严重的。龙氏穿朴素的长袍、布鞋，架玳瑁眼镜，若果陌生的人在路上碰见了他，很可能认为他只是一个乡村的"绅士"，而不知道这就是曾经做过"云南皇帝"的人物。

《大公报》（香港版）1949年3月20日，第1张第4版

龙云电滇当局　严办假借名义份子

【□□十七日航讯】报载近来时局动荡，谣诼纷纭，间借失意政客、

闲散军官,假有息影香港龙前主席之名义,扰害地方者。顷据与龙氏关系最深者云:龙前主席在港,得悉此项情报,极为愤怒。并闻已函当局,查拿严办,以杜假借,而维桑邦。

《大公晚报》1949年3月23日,第1版

云南治安重心　由东南移西南

【本报昆明廿日专电】云南全省的治安重心由滇东南移向滇西南,当局正注视中。因此有人传说龙云将军在几天前坐飞机回到了滇西的某地,故谣言更多了起来。关于这个事情,当局认为传说荒谬。记者从各方面去打听,也得不到什么可以证实这件事的根据。今天云南通讯社发出这么一个消息,说近以时局动荡,谣诼纷纭,问〔间〕有失意政客、闲散军官,假借息影香港龙前主席之名义,扰害地方者。根据龙氏与关系最深者云:龙前主席在港得悉此项情报,极为愤怒,并闻已函当局查拿严办,以杜假借名义而维桑邦。

【本报昆明廿日专电】云南邮政管理局长沈松舟二十日在纪念中华邮政五十三周年招待会中说:全省邮路已有三分之二不通了;尚可通邮的三分之一地区,有些只能半通了;邮差被劫者平均每月达百余起。

《大公报》(重庆版)1949年3月21日,第1张第2版

昆明中央社消息　龙云旧部陆续返滇
卢汉代表杨文清飞沪转京

【本报昆明廿二日专电】关于龙云将军的种种传说,龙氏家属日内将向外界有所说明。此间中央社廿二日又发出一则有关龙氏的消息,很多报纸都刊在要闻版上。这消息说:据南京来人谈,云贵区监委行署监委张维翰在京语记者谓:昆明百里以外即有土匪,滇境土匪约有四万人,而国军则仅二万人,近闻龙云旧部已陆续返滇。

【本报昆明廿二日专电】滇省委杨文清,廿一日飞沪转京,代表卢汉

主席，向李代总统陈述滇省政情。

《大公报》（上海版）1949年3月23日，第1张第1版

关于龙云传说颇多

【本报昆明廿二日专电】关于龙云将军的种种传说，龙氏家属日内将向外界有所说明。此间中央社今天又发出一则有关龙氏的消息，很多报纸都刊在要闻版上。这消息说：据南京来人谈，云贵区监委行署监委张维翰在京语记者，谓昆明百里以外即有土匪，滇境土匪约有四万人，而国军则仅二万人。近闻龙云旧部已陆续返滇。

《大公报》（重庆版）1949年3月23日，第1张第2版

滇西变乱未已
滇缅公路东段不靖

顺宁告急，云县县长被扣

【本报保山廿三日专电】滇西云县前教育局长赵正元倡导民变，十三日拘押县长杨泰来，举张幼贤补缺，以"欢迎龙云，反对卢汉"为号召，与滇南万保邦部相呼应。议长唐合甫奔顺宁求援，顺宁县长朱兆十五日电此告急。澜沧、双江、缅宁、耿马、景东、祥云六县境内，均有变乱，澜沧县长关旭且有自杀说。滇缅公路东段昆明下关间难通。

《大公报》（重庆版）1949年3月24日，第1张第2版

卢汉代表　将晤龙云

【本报昆明廿八日专电】此间获京电告：代表卢汉飞京晋谒李代总统之滇省委杨文清，在京公毕，廿八日离京去沪转港。众信杨氏赴港，将与龙云将军有所商谈。

《大公报》（上海版）1949年3月29日，第1张第1版

| 《大公报》卷 |

卢汉代表在京公毕　将赴港访龙云

【本报昆明廿八日专电】此间获南京电告,代表卢汉飞京晋谒李代总统之滇省委杨文清,在京公毕,廿八日离京去沪转港。众信杨氏赴港,将与龙云将军有所商谈。

《大公报》(重庆版)1949年3月29日,第1张第2版

龙云在港谈话

如果人民欢迎他,他可回到云南去

【本报香港航信】因为云南局势的不断演变,使人联想到在浅水湾头栖息的龙云。昨晚记者访龙氏于寓所,他说我相信占领湄公河畔的普洱等县及威胁寻甸(昆明东北七十哩)的人民武装,都没有共产党参加的队伍。他说:"因为人民要争取自由解放,所以他们就要武装起来。这些举动,都不是共产党在背后策动的。"

龙氏抽着雪茄烟,很细心的答复各项询问。

记者问:"假使他们已占领了整个云南,你是否要回到云南领导?"龙氏答:"我暂时还没有考虑这一点,但是如果人民欢迎我回去,我是要回去的。"

龙氏又说:"云南人民并不喜欢共产党。当我在云南的时候,云南并没有共产党的,现在也许有一些。"

记者问他以上这句话可否发表,他答道:"可以。"龙氏的儿子龙绳勋坐在旁边,提醒龙氏说:"爸爸,这句话不可以发表吧?"龙氏听了,仍认为可以发表。

关于苗人组织"湘、鄂、川、贵人民自卫军"的消息,龙氏说:他不大清楚。他认为:一切人民武装,不管他们欢迎那一党派,都是因反对暴政而兴起的。在约半小时的谈话中,龙氏曾一再提到"人民"这个新名词。

龙氏说:云南军约五万人(两个军),已在东北投入中共,但他现在和这

些军队已没有关系。

龙云于去年十二月秘密由南京来港作寓公。一般人对龙氏今后的出路，曾有过很纷纭的揣测。可是截至现在，龙氏似乎仍没有很积极的参加政治活动。龙氏的浅水湾别墅四周尽是美好的景色，然而警卫森严。在作客的人们看来，空气倒是怪严重的。龙氏穿朴素的长袍、布鞋，架玳瑁眼镜，若果陌生人在路上碰见了他，很可能认为他只是一个乡村的"绅士"，而不知道这就是曾经做过"云南皇帝"的人物。（二十日）

《大公报》（重庆版）1949年3月30日，第1张第2版

滇西动乱写意画
富庶淳朴都变了　　兵慌马乱到处闻

〈前略〉十二日的昆明报上说：因匪乱而向滇省府辞职的县长，截至十一日止，已达六十四人之多（云南行政区域共有一百卅四单位，惟县区仅一百十五个，所以六十四这个数字，已是全滇过半数县长了）。但记者却要补足为六十五，因为廿日前后，保山杨县长亦有"电省请辞"的"可靠消息"了。

祥云，老名叫"云县"，而云县的老名却称"云州"。两县中间相距遥远，但多数云南人也弄不清这两个地名。跟其他澜沧江流域县份一样，云县的富人也多半是贩卖黑货（鸦片）起家的。曾经担任过云县教育局长的邑人赵正元，字复初，三十多岁，也是有名的大烟老板。旅居昆明多年，忽于二月廿五日回乡，三月十三日便乒乒乓乓地闹起民变来。他们的口号是："欢迎龙云回滇主政，反对卢汉……"起事后即将县长杨泰来（本地人，是个油滑的老头子，当过几任县长，弄了很多钱）拘押，然后开会选举邑绅张幼贤为县长，又把驻在该县的征兵官的武器提去。除了议长唐合甫及其他官吏相率逃奔邻县顺宁告急避祸之外，尚无其他流血情报。〈后略〉

《大公报》（上海版）1949年3月31日，第2张第5版

传龙云有意出山

派子赴京与李何斟盘　想出任滇黔绥靖主任

【本港讯】在浅水湾休养的龙云，过去数月间，各方面对他的行动，都很注意。有的说他反蒋，有的说他联宋，有的说他要打倒卢汉夺回云南王的土地及位置，另树反共的旗帜，传说纷纷，莫衷一是。据最近未证实消息：南京李［宗仁］何［应钦］都来电挽龙出山，正中龙的下怀，故密派其子绳武偕同秘书胡百伟乘机飞沪（廿九日）转宁，有所洽商。据知内幕者说：这是龙云乘时回滇的机会了，他要李、何给以"滇黔绥靖主任"的名义。又讯：卢汉之代表杨文清，已在南京公干完毕，原定日昨飞港与龙云密商滇省政权的交替办法，刚巧龙绳武也飞到上海，他们彼此相遇，还有意见须得交换，杨乃改期来沪，但至迟不会超出二三日即可到达。

《大公报》（香港版）1949年4月5日，第1张第1版

何应钦飞穗

各部会首长偕行

【中央社南京六日电】政院何应钦院长今晨九时十分乘自强号专机飞穗，各部会首长李汉魂、叶公超、夏晋熊、黄伯度、庞松舟、倪炯声等偕行，李代总统夫人及龙云代表龙绳武亦同机飞穗。〈后略〉

《大公晚报》1949年4月6日，第1版

龙云不返京

代总统曾电邀共商国是

【本报南京五日专电】李代总统曾电港邀龙云将军赴京，共商国是，龙氏因健康未复，特派龙绳武赴京晋谒代总统。龙氏当由港抵沪，转京晋

谒，此为前数日龙绳武晋京之内因。

《大公晚报》1949 年 4 月 6 日，第 1 版

何应钦抵穗

〈前略〉

【中央社南京六日电】政院何院长六日晨九时十分乘自强号专机飞穗，各部会首长李汉魂、叶公超、夏晋熊、黄伯度、庞松舟、倪炯声等偕行。李代总统夫人及龙云代表龙绳武亦同机飞穗。至机场送行者，有黄少谷、桂永清、周至柔、张耀明、李宇清、鲍静安、程思远、时昭瀛等多人。〈后略〉

《大公报》（上海版）1949 年 4 月 7 日，第 1 张第 1 版

龙云不甘寂寞

龙绳武、杨文清在穗会面，商讨卢汉转让云南地盘问题

【本报专讯】广州六日消息：龙绳武六日与何应钦同机来穗，卢汉之代表杨文清也自香港到了广州，彼此曾交换有关龙云返云南主政的意见。因为云南情势严重，闻李宗仁、何应钦均同意龙云出山，重返云南，但卢汉还不同意。溪口方面也未允诺。现龙绳武及杨文清决定七日飞香港，与龙云密商滇省政权的交替办法。

《大公报》（香港版）1949 年 4 月 7 日，第 1 张第 1 版；《卢汉代表杨文清　曾到香港访龙云　咋已赴穗　明日再去港晤谈》，《大公报》（重庆版）1949 年 4 月 7 日，第 1 张第 2 版

龙云酝酿返滇　龙绳武等将飞港

【本报广州六日专电】龙绳武六日与何应钦同机来穗，卢汉之代表杨文清也自香港到了广州。闻彼等会交换有关龙云返云南主政的意见，因为

云南情势严重。传李宗仁、何应钦均同意龙云出山，重返云南主政，但卢汉还不同意。现龙绳武及杨文清决定七日由穗飞港，与龙云密商滇省政权的交替办法。

《大公报》（上海版）1949年4月7日，第1张第1版

郭德洁赴港　将与龙云会面

【本报广州七日专电】李代总统夫人郭德洁，七日下午二时乘机赴港。此间传出消息，谓郭德洁赴港将与在港的龙云会面，代表李氏请龙云晋京共商国是，与龙云重返云南主政事有关。

《大公报》（上海版）1949年4月8日，第1张第1版；《郭德洁赴港任务　邀龙云晋京共商国是》，《大公报》（重庆版）1949年4月8日，第1张第2版

龙绳武赴港

【本报广州七日专电】龙绳武七日下午三时搭中航机飞香港，携李代总统及何院长应钦亲笔函往晤龙云，对龙云复起及滇局将作决定。

《大公报》（上海版）1949年4月8日，第1张第1版

怂恿龙云登场

龙绳武、郭德洁来港

李宗仁、何应钦有信相劝

【本报专讯】广州七日消息：龙绳武七日下午三时搭中航机飞香港，携李宗仁、何应钦致龙云亲笔函，对龙云复出及云南局势将作决定。

【本报专讯】广州七日消息：李郭德洁七日下午二时乘机赴港。此间传出消息，谓郭德洁将与在港的龙云会面，代表李宗仁请龙云赴京，"共商国是"，与龙云重返云南主政事有关。另据郭德洁对记者称：他想在港

会见何香凝。

《大公报》（香港版）1949年4月8日，第1张第1版

龙云复出之谜

浅水湾一七七号龙公馆最近已成了云南政局的中心。根据南京、昆明、广州传来的关于它的主人的消息，我们知道以前的云南的统治者已有脾〔髀〕肉复生之感。同时，南京政权也急于把他拖下泥坑去，希望他把云南的民变之火踩熄，为广西军队保留一条退路。法国帝国主义者也幻想着他重返云南，背击越盟政府。

可是龙云真的会短视到那个地步，甘为南京政权的陪葬品和法帝的帮凶吗？这就是许许多多人要知道的问题，而能够切实答复这个问题的，还是只有龙云自己。

龙绳武含糊其词

昨天下午，刚刚和何应钦同机从南京返广州的龙绳武在浅水湾约见记者，发表了一篇书面谈话，原文如下："此次因奉何院长电邀家父晋京，因健康关系不便前往，为友谊及同袍之故，盛意难却，所故派绳武前往致谢并代问候。因此之故，外间传说纷纭，各位记者先生关切造访，是以不得不将此事经过向各位报告。绳武此次在京，李代总统、何院长曾数次召见，垂询滇局问题颇详，盼家父能有所协助。但因绳武晋京之前，并未考虑及此问题，是以立即呈复李、何二公，谓'家父在滇虽执政多年，至抗战胜利之始，即已卸去省政，离开云南，迄今将近四载，对于当地情况之演变甚为隔膜。最近虽于报章上略有所见，实堪痛心。绳武深知家父近年来虽对于桑梓极为关怀，但对于政治不感兴趣，对于行政尤感厌恶，故不便作答。'于本月五日何先生来穗之便，被邀同机来穗返港。"

除了这篇态度模棱的书面谈话外，龙绳武避免答复其他主要问题。记者问他："龙老先生是否对何院长的邀请重掌云南曾加以考虑？"龙绳武答："考虑的成份恐怕很少吧。"记者问："龙老先生是否认为现在的云南

省政府有措置失当之处?"龙绳武的答复是肯定的。记得上次龙云接见记者时,曾经答复记者询问道:"若果云南人民需要我回去,我是会回去的。"从那时起,很多人就感觉到龙云已渐渐不甘寂寞了。

杨文清神秘任务

卢汉代表杨文清最近从昆明飞南京,又从南京飞香港,前几天到过广州,前天上午又回到这里来。他这样的南北乱飞,无非是在做说客。昨天记者问龙绳武道:"杨文清来了香港吗?"他答道:"没有。"可是昨天下午八时一刻,龙绳武和杨文清突然在百乐门酒店出现,同行的还有中国侨民商业银行广州分行经理林劲生和外交部的李宝滢。林、李两人是和杨文清一起刚从广州来的,昨天下午曾做过龙公馆的座上客。他们对记者说杨文清已外出,约记者第二天再来。可是据记者所知:杨文清今天上午九时半就要离开启德飞机场回昆明去了,所以记者只有抽烟再候。不料杨文清此时自动出来了,这使得大家都有点尴尬。

以上这一段叙述,目的是告诉读者:他们的行动,都是神神秘秘的。

政治买卖将如何

杨文清操云南官话说:他来香港只是要拜候龙云,此外别无任务。龙云执政时期,杨文清曾经做过云南公路总局局长和建设厅长。后来卢汉升上了云南宝座,他又当过民政厅长,现在是省府委员。这样的一个八面玲珑的政客,自然是做龙云卢汉间的"缓冲地带"的适当人选。他之飞来飞去,任务是很明显的。

郭德洁来港,据说也要去看龙云。现在为龙云的出路最着急的,恐怕就是李宗仁。传说纷纭,龙云自己在想着什么呢?住在浅水湾的大概都是可悲的角色,昔日保大就在浅水湾把自己和越南出卖过,我们难保另一桩买卖不曾因货主的意志不够坚定和捐客们的油嘴而谈成功。

《大公报》(香港版)1949年4月10日,第1张第4版

杨文清返滇谈　中央重视云南治安

昆明市郊近亦发现散匪

【本报昆明十日专电】滇主席卢汉代表杨文清十日返昆，据语记者：中央重视云南治安问题，李代总统及何院长均表示交由卢主席全权处理。杨氏并称：中央除盐税及关税外，将货物等税归地方，使各省财政能自给自足，无须仰赖中央补助。此项措施，短期内即可实行。杨氏续称：此次在港晤龙云将军，系一种私人访问，外传龙氏短期返滇，尚无事实证明。

【本报昆明十日专电】（一）市郊军事要地碧鸡关近日发现散匪，治安当局派队驻守关上，以防不测。（二）保山宣布戒严，守军在城郊布防。（三）滇东会泽、寻甸及滇南之新平，传已先后失守。滇中之双柏县自卫队长叛变，县长受伤，县城失陷，官方表示尚未接获是项报告。

【本报保山十日专电】（一）赵正元部占顺宁后，举老绅士袁恩赵为县长，一部由杨某率领，逼近昌宁，赵则率部向蒙化移动。（二）昌宁新县长王杰派人送印谋和，旧县长邵润则被地方扣留。保山法院人员九日溜走，引起地方公愤。省府八日委议长范捷正为县长，兼联防剿匪指挥官。

【本报昆明十日专电】此间云南社讯：顷自有关方面悉，返昆之某滇籍人士透露，中央曾电邀龙云返京，龙氏曾嘱二〔大〕公子龙纯武飞京，晋谒李代总统及何院长。据渠所知，中央拟请龙氏返滇，任务未悉。龙大公子绳武十日在港报发表谈话中，有龙云将军对云南军事较为熟悉等语。据一般推测，龙氏有返滇主持军事之迹象。惟该人士表示，此事颇为困难，如地位与名义均有问题。但目前之情形，变化万千，一切都难一定。

【联合社香港十日电】前云南省政府主席龙云十日在此宣称：李代总统与何院长一再电询滇省局势，邀余晋京协助中央处理省政，但因健康欠佳，已派长子绳武代表前往。另据报载：龙氏正与法国官员会商未来滇越关系，政治观察家金信殆系讨论滇越边境抵抗共军的联防工作。李代总统夫人郭德洁闻曾访问龙氏，谈及此事

【法国新闻社香港十日电】龙云长子龙绳武十日对记者谈称：前云南

主席龙云对于李代总统邀他重任云南主席一事，暂时尚未有所决定。据龙绳武谈，其父接受李代总统邀请有三个先决条件：（一）云南应采取一种稳定的通货。（二）应有平衡的经济，使云南可以应付其本身的需要而无须南京援助。（三）建立云南军队。

龙绳武证实：他曾代表其父访问南京，其父因健康不佳，不克亲自前往。又称：龙云返滇一事，"可能极为复杂"，而其态度将基于国民政府的立场及云南人民的舆论。据消息灵通人士称：龙云在政治方面向以谨慎著称，故对李代总统的邀请迟疑不决。他自然希望返回本省，但似将避免任何足以引起共党猜疑的行动。此间共党报纸迄今为止尚未刊载任何敌视龙云的消息，或系由于他对蒋总统的敌对态度。同一人士相信，龙云近曾拒绝访问华北，然曾致函其旧友现在北平的国民党革命委员会主席李济深，说明由于"健康不佳"不能成行。

《大公报》（上海版）1949年4月11日，第1张第1版；《卢汉代表杨文清返昆　谓看龙云系私人访问》，《大公报》（重庆版）1949年4月11日，第1张第2版

无花的蔷薇

丝韦

〈前略〉龙云现在"对于政治不感兴趣，对于行政尤感厌恶"。龙云注意：如果这是谎话，人民对你将"尤感厌恶"的。〈后略〉

《大公报》（香港版）1949年4月11日，第2张第8版

龙云不拟回滇　已函中枢拒绝

【法国新闻社香港十一日电】前云南主席龙云十一日晨致函南京当局拒绝再任云南主席。他在该函中坚持李代总统应接受毛泽东所提作为和谈基础的八项条件。按国民政府曾邀龙云再度就任云南主席。

《大公报》（上海版）1949年4月12日，第1张第1版

龙云正式表明态度　反对以滇省为反共基地

【本报讯】龙云昨天初次在港正式招待记者，证实龙绳武的赴南京和杨文清的来港都和他本人"再登政治舞台"的传说有关。但他拒绝肯定表示是否愿再主滇政，只发表了他昨天发给李宗仁的信，说明他的态度，要李接受毛泽东的"八项主张"，并反对以滇省为反共的基地。

在讲述龙绳武赴京前后情形时，龙云说：何应钦先约他去南京，因为身体不好，便叫龙绳武代去，问何是什么意思。龙绳武到京见过李宗仁、何应钦两人后，才知道他们两人因滇局不安，希望龙出来负责。龙绳武和何应钦同机到广州时，何还再三希望龙出来。龙绳武回来报告后，龙云说他自己还始终没有向何答复。但同时他又说，在他没有答复前，"他们也可能自行发表"。

龙氏也证实杨文清的来港是代表卢汉，请龙回滇。他还说：他和卢汉有亲戚关系，自小他即领卢入学从军，私人关系很深。但卢以前在云南军政两界中直接关系不深，处处代表龙办事而没有独立过。龙相信卢现在"受南京特务的钳制"。他曾以"人家尚未发表"为理由，拒绝肯定申明他是否接受这种邀请，但他说：以做官为例，官是要愈做愈大，他已做过位置崇高的战略顾问委员会委员，尚且弃之离京；现在昆明同南京一样，同属蒋管区，同样的黑暗，"以我这样大年纪（六十二岁），我会不会接受呢？"

在接见记者时，他先寒暄一番，并说明他以前不接见记者的理由：（一）龙离京后，蒋介石即下全国戒严令。龙深知蒋对他不放心，又因他和云南关系密切，来港后，蒋一定多疑。龙为了怕在特务统制下的云南受蒋的打击，所以不愿说话。（二）龙离京不久，蒋即下野，这一点在龙看起来是蒋已误国，因而自行引咎的应有举动。他下野之后，龙认为和平可以号召、善后有人负责，按中国人不落井下石道德观念，再攻击南京政府及蒋都是不必要的。但是，他说：今天的情形已不同了，大局正在和战决定之时，同时各方面有认为蒋介石可能再出；"由此可见此人没有悔祸，要毁灭大江以南。我站在中国人民的立场上，是不能赞成的。"

谈到云南的情形，龙说蒋是"占领云南"。他说麦克阿瑟占领日本，尚顾日人生活，但云南则三年多来民不聊生，土匪遍地，十几年的积谷已吃光，抽壮丁时独子都不能免。现在云南人觉醒，自求解放，民众自行武装起来，已有两年多了，最近尤为扩大。龙说："这种情形是蒋之所赐。"

他接着说："云南人民已站起来了，决压不下去，即使找我去也不能用这种手段来收效。此外，云南有不少编余的少壮青年，返自东北、江淮各地，他们经八年抗战、三年多内战，也已恍然大悟，决不再任人压迫。"因此，龙说他也坚决反对以云南为反动基地的企图，"如再有人有这种企图，我一定追随云南父老兄弟之后，把他们赶出去"。当记者问他如何赶走他们时，龙说："我又没有兵，没有武器，怎样做法？力量还是在人民手里。"

同时，龙又解释他以前所说云南人民怕共产党，是指三年以前的事，"那时我都怕共产党呀！现在不同了"。

在发表谈话时，龙追述了蒋和他个人的关系。国民党二中全会时，到会将领不少，龙也曾参加。在开秘密会议时，他们讨论如何处置中共，蒋曾征询龙的意见，龙回答说："你负国家责任，抗日就不要剿共，剿共就不该抗日。"自此以后，在这些问题上，蒋对他即避而不谈。

又抗战时期，龙认为蒋借抗战以推行集权，曾对蒋"忠告"。蒋说战后可改正，龙即要求他废除"五五宪草"，另订民主宪法，蒋也非常不高兴。

在抗战结束后，龙说他认为当时蒋一定可以采纳众意，却不料他在昆明突然实行"古里古怪的改组政府"。龙又说："这时我的兵都已派出去打仗或受降，省城无兵，他又何必叫败兵之将杜聿明来个什么夜袭呢？"龙认为当时大家都希望国共合作，不要内战，而昆明的炮声实是蒋发动内战的第一声。

在南京的时候，龙说他曾召集战略顾问委员会，对"戡乱"问题提出意见，但蒋却不感兴趣。在龙离京前不久，蒋又派人要他草拟作战计画，他的回答是："我们只研究国防战略，不知内战；你已有美国顾问，可以不必问我。"但据龙说，传话的人当时不敢完全把这篇话告诉蒋。他认为蒋是个自认为皇帝的人，只承认别人是他的部下，不承认人可以做他的顾问。

龙云承认他来港之后，宋子文曾去看过他，李宗仁夫人也定昨天去看他。但他说，在政界服务已久，人事往还在所不免。但朋友尽管是朋友，意见却不一定尽同。他引一句古语说："三军可夺帅也，匹夫不可夺志也。"他说他的夫人现在已返昆明，意见方面完全和他一致。

对于大西洋公约、中国联合政府以及法越问题，龙云都不肯发表明确的意见；对于世界大局，他说他"感到忧虑，但不敢分析"。提起第三次大战，龙说国民党的反动份子希望第三次大战，但他认为"第三次大战决救不了他们"。

《大公报》（香港版）1949 年 4 月 12 日，第 1 张第 1 版

龙云致李宗仁、何应钦公开信　劝促成真正和平

下面是龙云发表的给李宗仁和何应钦的公开信：

南京李代总统德邻兄并请转何敬之兄勋鉴：日前接奉敬之兄电邀入京，共商国是。盛意殷勤，当嘱小儿绳武晋京候教，并略抒鄙怀。归述厚情高见，并关垂滇局，感纫无任。窃以国是一日不定，滇局绝无安定之可能，非个人出处所能为力。而今之所谓国是，一言可决：即须兄等毅然决然，勇敢接受中共毛泽东主席所提八项原则，电嘱北上代表，依照原则，作出具体决定，刻日签字，付之实施，将为吾民族开万世永久太平，岂独吾滇一省一时受赐？

昨读吾兄致电毛主席七日电，具见仁勇；毛主席复电，亦极宽仁大量，和平可期，深为庆幸。惟弟犹欲再献一言，即今日之事，幕后操纵、怙恶不悛者，正大有人，指示挣扎，作困兽之争，荼毒人民。吾兄必须洞烛阴谋，作刚毅之决断，始能免除战祸，立现和平。如少犹豫，必中操纵者鬼蜮之技，江南浩劫，既不能免，而兄等亦必同归于尽。

吾人须知：中国共产党与民主人士，所艰难英勇斗争以求实现之和平，为外除帝国主义之压迫，内除封建制度之剥削，其和平为基本之和平，为永久、真正之和平，为大多数人民所渴望之和平，与孙中山先生毕生之愿望，与国民党真正之主义，并无二致，其前途为正大、为光明。而独裁者所操纵之和平，则为保持自己残余力量，以供帝国主义者之利用。

以维持封建制度之剥削、以继续残杀人民而肆其凶焰，其前途为黑暗、为死亡。故二者和平之观念，根本不同。兄等为自存，当自存于正大光明之途，不当与黑暗死亡者同列。如明乎此意义，服从真理，接受和平，共入光明之途，亦绝无投降屈辱之义。

又伪宪法统，实为独裁者涂民耳目，欺骗国际之技俩。徐蚌决定性战事结束，黔驴之技已穷，而吾兄等乃得有所谓依法承继。今后无论为和为战，此伪宪法统，在人民真正公意之前，必将迅即消失。惟吾兄因代位而得主持和谈，敬之兄亦以组阁参赞，兄等苟借此千载一时之机，签一为民族万世开太平之约，以伪法统而获真和平，此所谓化朽腐为神奇，其为大勋，千秋之后，应有定论。

至弟抗日之际，支柱后方，劳苦艰难，心力早瘁；胜利来临，遵命饬属全部入越受降，并建议必须以政治协商解决国是，反对剿共，永息内争，实行民主。以此遭独裁者之忌，致有昆明事变，滇军亦因而调赴东北，强迫参加内战。幸旧时袍泽，深体鄙意，于时机成熟之际，即先后举义，参加人民解放大业，令时局急转，私心窃慰。自去岁脱险南下，海隅养疴，滇中每有人来，因询及家乡民变四起，大都含有政治意义，反抗压迫、要求解放，断非所谓绥靖力剿所能平息。如能因兄等果断，全国真正和平迅速实现，则滇省一隅动乱，自必不复存在，弟与兄等，似均无所用其关注矣。

弟已垂老半生，伏处西南边陲，今后当以余年尽览海内山川之胜，而外绝无所求。惟微闻反动者诡谋布置，欲于和谈破裂之后，即以其残余军力，窜入滇省，不惜以吾滇昔年民主之堡垒，为将来反动最后之根据，以图死灰复燃，此在吾滇为奇耻，为大祸，亦民族解放大业垂成之际之隐忧。则弟虽疲惫，亦或将有以从吾父老昆季之后矣！

谨布胸臆，诸维亮察。弟龙云拜启，四月十日。

《大公报》（香港版）1949 年 4 月 12 日，第 1 张第 1 版

重新做人的良好时机

在一般不觉悟、不悔祸的反动者，出死力的在各地方布置反共基地的

时候，龙云发表了他致李宗仁的信，要李宗仁接受毛泽东的八项主张，并反对以滇省为反共基地，这种态度是正确的。在大时代的转变中，任何人只要能看清路线，认明责任，毅然和人民站在一边，便不会被淘汰清除。人民受反动者的荼毒，痛苦已深；各地破坏惨重，亟待建设；凡能有助于解放，不助敌为虐，都可以忏除过去，得到谅解。这是时代的恩赐，也是每个人努力重新做人的最好时机。

《大公报》（香港版）1949年4月12日，第1张第1版

真正和平实现 滇省动乱可平

龙云函复李宗仁

【本报昆明十二日专电】 龙云将军于去岁离京赴港后，各方对渠今后之动向纷加揣测。日前李代总统及何应钦院长曾电邀龙氏入京，共商国事。龙氏除嘱其大公子晋京外，并函复李、何两氏，对大局之处理有所贡献，对云南局势及渠之态度，亦有明白表示。兹探志龙氏致李代总统之复函大要如次："日前接奉敬之兄电邀入京，共商国是，盛意殷勤，当嘱小儿纯武晋京候教，并略抒鄙怀。归述厚情高见，并关垂滇局，感纫无任。窃以国是一日不定，滇局决无安定之可能，非个人出处所能为力。而今之所谓国是，一言可决，即希兄等毅然决然，勇敢接受中共毛泽东主席所提之八项原则。电嘱北上代表，依照原则作出具体决定，克日签字，付之实施，将为我民族开万世永久太平，岂独吾滇一省一时受赐。昨读吾兄致毛泽东主席七日电，具见仁勇，毛主席复电亦极宽仁大量，和平可期，深为庆幸。惟弟犹欲再进一言，即今日之事，幕后正有人在指示挣扎，作困兽之斗，吾兄必须洞烛阴谋，作刚毅之决断，始能免除战祸，立现和平。至弟抗日之际，支柱后方，劳苦艰难。心力早瘁。胜利来临，遵命饬属全部入越受降，并建议必须以政治协商解决国是，反对剿共，永息内争，实行民主，以致遭忌，致有昆明事变。自去岁脱险，南下海隅养疴，滇中每有人来，因询及家乡民变由起，大都含政治意义，反抗压迫，要求解放，断非所谓绥靖力剿所能平息。如能因兄等果断，全国真正和平迅速实现，则滇省一隅动乱，自必不复存在，弟与

兄等似均无所用其关注矣。弟已垂老，半生伏处西南边陲，今后当以余年，尽览海内山川之胜，此外绝无所求。惟闻反动者正布置欲于和谈破裂之后，即以其残余军力，窜入滇省。此在吾滇为奇耻，为大祸，为人民解放大业垂成之隐忧。则弟虽疲惫，亦或将有以从吾父老昆季之后矣！谨布胸臆，诸维亮察，弟龙云叩。"

《大公报》（上海版）1949年4月13日，第1张第1版；《龙云致书中枢　谓今日之国是一言可决　大局如解决滇乱自消除》，《大公报》（重庆版）1949年4月13日，第1张第2版

割据的迷梦该幻灭了

据说在广州的国民党元老、立监委和高级军人，对于李宗仁、毛泽东的来往信件很注意，认为李宗仁接受了毛泽东所提八项条件为和平基础，跟他所拟的原则相违背，不会得到他们所谓的"对等和平"。刚由溪口返穗的陶希圣，在国民党中央党部纪念周公开指摘李宗仁致毛泽东的通电"充满投降色彩"；陈立夫、谷正纲之流在发动迎蒋南来的运动。〈中略〉

陈立夫在穗谈话也说经济影响了政治，政治影响了军事。虽然他在大呼打到底，仍然掩不住对经济绝境的悲哀。这样的情形持续下去，不必解放军到来，他们自己的印钞机就会先把他们打垮了。反动军人冀图割据，以阻宕人民的解放，已经是形格势禁绝搞不通。最近龙云发表谈话，说明云南人已经站起来，决压不下去；并坚决反对以云南为反动基地的企图。他又致函李宗仁、何应钦，劝促成真正的和平，以期"外除帝国之压迫，内除封建制度之剥削"，不要"为保持自己残余力量，供帝国主义者之利用，以继续残杀人民而肆其凶焰"。这可以给广东军人一种很好的劝告。国民党腐化到了如此田地，结怨人民如此之深，稍有脑筋的人都知道何去何从。此时还要妄想侥幸于万一，徒增加人民的痛苦，决不会得到什么好结果的。华南的军人政客，割据的迷梦应该终于要幻灭的了！

《大公报》（香港版）1949年4月13日，第1张第1版

卢汉招待记者　说明滇西情形

【本报昆明十六日专电】滇主席卢汉为此间各报近月来刊登匪情消息事，于十六日记者招待会中提出意见，谓政府固尊重新闻自由，惟自由超出范围而影响地方安宁时，政府当依法追究，盼各报慎重发布。卢氏对目前滇西情形作扼要说明，谓迤西近月来之变乱，纯系地方恶势力以时局动荡，而作投机行动。渠称：若干土豪劣绅，深怕共党来后为革命对象，故趁机变乱，更改旗帜，以掩护自己。卢氏称：云南之地方武力，自清末迄今，数十年来，均未积极建立。前主席龙云时代，虽曾有经营，自省府改组后，各县之枪械悉被霍揆彰没收。其中有已腐朽者，有被盗□与地方恶势力者，此后即无地方武力可言，致各县防务空虚，偶有土劣变乱，县城即虞不保。渠表示：滇东南治安〈……〉由廿六军全权负责后，情况已好转。滇西方面决于周内将自各县调昆整训之保安团编成一旅，派驻保山、弥渡、蒙化等地，进行清剿，两三月内可告太平。

《大公报》（上海版）1949年4月14日，第1张第1版；《滇局何似　卢汉招供》，《大公报》（香港版）1949年4月22日，第2张第7版

论湘局

【社评】在这解放军渡江南下的前夕，湖南局势更见动荡起来了。〈中略〉过去程潜与李宗仁、白崇禧曾经一度拉拢，李、白对龙云曾存有幻想。如果初时所传龙云能在云南搞出一个局面，则湘桂滇未尝不可沆瀣一气，自谋一个苟延残喘的退路；现事实证明龙云深明大义，愿意协助解放事业的推进，李、白自顾不暇，因了利害的不一致，不但对湘省不能再有什么裨助，白、程之间还渐渐的尖锐对立起来。最近滇南、滇西民军蜂起，更说明西南大局的趋向，已不是国民党所能控制的了。〈后略〉

《大公报》（香港版）1949年4月19日，第1张第1版

黄绍竑昨抵港

据说要劝龙云改变态度

【路透社广州廿日〔日〕电】 消息灵通人士称：黄绍竑去香港有特别的使命，旨在说服龙云改变态度。黄氏并可能与香港中共代表接触。

【本报讯】 黄绍竑昨天由广州到港，下午在寓所招待记者，谈赴平观感。但对有关和谈的正面问题拒绝发表意见。（详情请看第四版）

《大公报》（香港版）1949年4月22日，第1张第1版

滇西收复龙陵　滇中易门又紧

【本报昆明廿六日专电】（一）龙陵十七日失陷，廿四日收复；传凤仪已失。当局派保二团驻防滇西，并限期收复保山。保山县旅昆同乡乐捐黄金一百廿六两，作运送该团之汽油费。（二）易门又告紧。（三）中央社息：万保邦之副总司令杨德源已被廿六军陈团击毙，卢主席犒赏半开三千元。按杨曾任龙云之宪兵司令。

《大公报》（上海版）1949年4月27日，第1张第1版

中监会讨论党纪时曾提到黄绍竑、龙云

【本报广州十二日专电】 国民党中央监察委员会前日六九次会议，讨论党纪处分案时，除决议开除杨虎党籍外，曾就前滇省龙云、前浙省主席黄绍竑两中委在港所发言论加以讨论，认为彼等对中共占领区颇多颂扬，而于国共和谈破裂以还，不责中共渡江破坏和平，反以政府代表不能接纳和平为憾。当时有若干中监委对龙、黄两氏言论研讨良久，嗣有某委员建议："中央对一切处分，向持宽大，龙、黄两氏过去忠党爱国，颇有〔功绩，贡献〕足多，地位崇高，当不愿牺牲其过去在党国之光荣历史，允宜促其警觉。"各出席委员认为中肯。决定邀请稔于龙云、黄绍竑之友好，

提请予以劝告。

《大公报》（重庆版）1949年6月13日，第1张第2版

龙云昨纵谈时局

军事的暂时沉寂将引发更大的攻势，蒋府封锁港口将促使华南提早解放

【本报讯】龙云将军昨（廿九）天和记者畅谈了差不多两小时，他对新社会的到来，表示十分愉快。记者问他是不是要去北方走走，龙氏说：是要去的，不过在交通上还有困难，所以时间还没有决定。最近派了一个人先去，也为交通所阻，现在还未回来。记者问他是否要回云南去，他说：也是时间上的问题。

谈到目前的军事形势时，龙氏认为目前已迫近华南的解放军的攻势暂时沉寂是必然的，因为人民解放军的渡江，是军事先于政治的，同时解放的地区也愈见广大，在政治上必须有个部署。他相信在沉寂之后必会有更强大的攻势，而这一庞大而有力的攻势，很快就会到来。他说据他的纪录，去年的战事，在夏秋交替时也是一度沉寂的，从八月十五日起大战开始爆发，而形成今日这个伟大的局面。

龙氏对广州伪政府宣布封锁解放区的各港口会促使华南的提前解放的说法，表示同意。同时，他指出广州伪政府当局这种封锁行动，仅能使交通上一时停滞，致工商业略受影响，对解放战争是没有什么作用的。滨湖和华南各省已是新谷登场的时候了，民食也是无问题的。

龙将军对云南人民能够一致团结，坚决反对蒋桂残兵退入云南作最后挣扎，感到万分欣慰。他说：曾泽生率领的人民解放军第五十军，三个月前就由东北随林彪将军到了汉口参加作战了。这个军三分之二是云南子弟，将来随军事的发展能够回到云南去解放自己的家乡，那是方便而光荣的。

记者问龙氏今后西南局势将会怎样，他说：四川情势比较复杂，川人的意见好似未能一致，看样子胡宗南的溃军是要入川的，但是人民解放军也必追入四川去消灭他。四川成了战场，那么，四川人民当然要吃亏；如

果四川人民用团结力量拒绝胡军的窜入，或者一致起来首先做消灭工作，那就好了。蒋桂残匪也可能逃入滇境去为害云南地方，但云南全省一千三百万人民一定会站起来打击这班家伙，消灭他们，迎接解放的到来。

《大公报》（香港版）1949年6月30日，第1张第4版

龙云行踪　传将赴越南旅行

【本报昆明十六日专电】传龙云于下周内离港赴越南旅行，入境手续完备，不拟再返港。

《大公晚报》1949年7月17日，第1版

记张冲将军

云父

云南人一谈到张冲将军，莫不眉飞色舞，兴奋异常。原来张将军留给云南人的印象太深刻了，他是一位杰出的军事人才，一位具有创造性的实业家，一位最讲义气的英雄，一位身经百战、遍身是枪疤的好汉，一位出身绿林但始终肯为人民服务、通晓马列主义的前进分子。他的动人的故事太多了，因此上述这些还不足以形容他的全部。但我仅想简略地来介绍他，还不想把他的生平全部写出。〈中略〉

民国十六年他改编到胡若愚将军部下，以后他发觉胡不足与谋大事，又与龙云将军靠拢。从此他与卢汉等协助龙将军打败其余与龙对垒的军人，使龙将军掌握全省行政，共计十八年之久。

龙将军初握政权时，遍地是土匪，迤西悍匪张结巴尤为凶悍。张冲将军那时是师长，龙为省主席，派他剿张结巴。他智勇兼备，短期内把张结巴及其部属完全剿灭。迤西民间直到今天还流传着许多他剿灭张结巴的惊险故事。

民国二十一年张将军与卢汉等四师长，曾经与龙主席闹过别扭，龙负气出走。张、卢两人后来觉得不妥，又去追赶龙，向龙认错，将龙请回，

从此龙就将他们解除兵权，让张做云南盐运使。张在盐运使任内，表现了具有创造性的伟大成就，那就是将盐永井的盐卤，敷设沟渠，使流到四十里外较低的一平浪，以一平浪出产的煤来煮盐，这样可以大量生产，较过去用木柴煮盐，经济好多倍。多年来，一平浪平均每天出盐四万斤以上，为云南人民企业公司最大的一份财富，云南人都知道这是张将军的杰作。〈后略〉

《大公报》（香港版）1949年7月19日，第1张第2版

时人行踪

【本报广州廿日专电】〈前略〉现在港寓公之前云南省主席龙云氏，昨在其浅水湾公馆设筵，祖饯最近来港候轮赴美之国府前行政院长翁文灏。查翁氏近以私人资格出国赴美，其护照经于十七日办妥。

《大公报》（重庆版）1949年7月21日，第1张第2版

拥护中共正确政策　黄绍竑等将发宣言

【本报讯】黄绍竑、贺跃〔耀〕祖、刘建绪、龙云、吴奇伟等二十余人，日内将联名发表《我们对于现阶段中国革命的认识与主张》。指斥蒋介石及其反动集团背叛孙中山的革命的三民主义，劫持国民党，投靠帝国主义，出卖国家民族；赞同并愿竭诚拥护毛泽东的新民主主义，认为要救国救民，必须服从中国共产党的正确领导。

《大公报》（香港版）1949年8月5日，第1张第4版

拿出行动来

香港四十四个国民党员发表了一个宣言，据说这已酝酿很久了，所以发表出来并不怎样耸动。由黄绍竑领衔，继以贺耀组、龙云诸氏，分子复杂，可说良莠不齐。形式上有一点共通，就是他们在转舵了，表示愿与

"共产党彻底合作"了,赞成"新民主主义"了。这是进步的。

　　站在人民立场,我们欢迎和鼓励进步。但对伪装进步的投机分子,阴谋混入人民阵营的奸细,我们也要提防。不幸的,香港四十四个国民党员的宣言,适值美国"白皮书"发表之际,如果他们想做艾其逊先生指望的"民主个人主义"者,那便不妙了。至少表现在宣言里的思想尚有问题:他们是准备与共产党"彻底合作"的,不是要接受共产党领导的。用"合作"这字眼,有分庭抗礼之嫌。论身分,论力量,都不大相称,可见他们还没有搞通思想。进一步说,这些国民党员有许多人双手血污,造过罪戾,有罪应立功自赎,一纸宣言抵不了什么。就是说,不拿出行动来,人民是不相信的,不会饶恕他们的。

　　寄语香港四十四个国民党员,宣言固好,空言无用,请拿出行动来。对于身在新中国的国民党残余和"民主个人主义者",这宣言倒是一个启示。

《大公报》(上海版)1949年8月17日,第1张第1版

黄绍竑、龙云等表示　向人民靠拢　与蒋党决绝

【本报香港十五日专电】在港国民党党员黄绍竑等四十四人,十五日公开招待记者,发表宣言,坚决表示与中共合作,与蒋党决绝,并对李济深领导的民革、民促、民联等团体表示敬意。全文二千余字,最后号召联合忠于三民主义、忠于人民的国民党员团结起来,凝成一个新的革命动力,坚决明显向人民靠拢,遵照中山先生的遗教,与中国共产党彻底合作,为革命的三民主义而奋斗,为建设新民主主义的新中国而共同努力。签名者有黄绍竑、贺耀组、龙云、罗翼群、刘斐、刘建绪、李任仁、胡庶华、周一志、李默庵、舒宗鎏、覃异之、李觉、祝平、毛健吾、张潜华、潘裕昆、谌小岑、李荇廷、朱惠清、黄统、金绍先、高宗禹、陈汝舟、李宗理、杨玉清、唐鸿烈、杨德昭、麦朝枢、林式增、黄〔琪〕翔、骆介子、骆美轮、李炯、朱敬、徐天深、瞿绶如、罗大凡、郭汉凤、刘绍武、王慧民、郭威白、黄筳、彭觉之。

《大公报》(上海版)1949年8月17日,第1张第1版

龙云之妻返昆

【本报昆明二十九日专电】 龙云之妻顾映秋，近忽由香港飞返昆明，颇惹人注意。

《大公晚报》1949年8月29日，第1版

高举义旗出民水火　长沙解放有助全局

黄绍竑、龙云、贺耀组等五十五人　电程潜陈明仁暨全体将士致敬

【本报讯】 黄绍竑、龙云、贺耀祖、罗翼群等五十五人，昨日联名电程潜、陈明仁暨参加长沙起义全体将士致敬。原电全文如下：

长沙程颂云先生、陈明仁先生暨全体将士勋席：公等念闾阎之疾苦，顺时势之要求，高举义旗，出民水火，使顽固之徒，为之心胆悚寒；使开明之士，为之须眉飞舞。国际视听，因之而转移；战争形势，亦因之而丕变。影响所及，关保全局綦重，岂仅长沙局部和平而已哉！谨电驰慰，并希为国珍重。

黄绍竑、贺耀组、龙云、罗翼群、刘斐、罗〔刘〕建绪、李任仁、胡庶华、舒宗鎏、李觉、周一志、李默庵、潘裕昆、覃异之、张潜华、谌小岑、李荐廷、朱惠清、黄统、金绍先、高宗禹、陈汝舟、李宗理、杨玉清、唐鸿烈、杨德昭、麦朝枢、林式增、黄〔琪〕翔、骆介子、毛健吾、祝平、骆美轮、李炯、朱敬、瞿绥如、罗大凡、郭汉鸣、徐大〔天〕深、刘绍武、王慧民、郭威白、黄权、彭觉之、邓召阴〔绍荫〕、陈剑修、李黎洲、黄祖培、陈明仙、李翰园、朱紫朝、姚忠华、赖希如、王连庆、李达九。八月廿九日。

《大公报》（香港版）1949年8月30日，第1张第4版

云南局势

王　孙

【新闻经纬·天下事】 云南局势扑朔迷离，一说卢汉不肯赴渝参加蒋

介〔石〕召开的西南军事会议；一说调集保安团队于昆明，企图不明。据我们得到非正式的消息，卢汉之不去重庆，原因是他认为没有去的必要。他在昆明对人表示：蒋既以"总裁"身份到西南，与军政无关，他不去，岂非有理？

当然，这表示的背后是有深意的。云南处在特殊状态之下，卢汉如要有所作为，当然不会自己解除应有的戒备。以蒋介石廿年来的背信忘义，远如胡汉民、李济深之被拘，近如龙云之被压迫褫夺兵权，更近如陈仪、朱绍良之被诱捕……例证俱在，他能不有所警惕？

云南处在转折点上，由云南的民意机关及学生们反对美帝及反对特务的积极活动看来，似乎转变的酝酿渐成熟了。它是变向封建式的割据，抑变得投靠人民？政治军事的情势即将逼它露形。最近蛰居香港的龙云夫人就在这样谣诼纷纭中突回昆明，这不寻常的小事更值注意，更有助于对云南局势的理解。

《大公报》（香港版）1949年9月2日，第1张第2版

有此传说

【短评】在昆明的蒋系官僚，如伪教育厅长王镇、伪建设厅长陇体要已逃到香港。八月廿二日龙云在港发表谈话，认为云南将和湖南一样，在解放军胜利前进中获得解放，但他否认昆明发生"政变"。因为有一种传说，"昆明已进行不流血政变，出现一个党：人民进步党。该党赞成中共领导的解放战争和人民政府"。在龙云否认政变十三天后，昨晚本报接香港电，云："此间《新生晚报》和《星岛晚报》今出号外，报道卢汉通电反对国民党，陈纳德航空队驻昆办事处已仓皇撤到广州。昆明蒋军余程万部退驻城郊，战犯李宗仁、阎锡山召开紧急会议。"照这些消息判断，这两天昆明可能是有事变发生的，经过好像曲折复杂，尚未澄清。我们不明卢汉的心迹，不知昆明变到那里去，只能以传说奉告读者参考。

《大公报》（上海版）1949年9月5日，第1张第1版

龙云上月电促卢汉　当机立断靠拢人民
摧毁反动集团　缩短革命过程

【本报讯】前云南省主席龙云将军于上月中曾致电云南省参议会及滇主席卢汉等，请即当机立断，参加人民解放大业。前滇参议会副议长李一平代表龙云将军于昨晚将该电发表，原文如下：

云南省参议会议长全体参议员、云南省政府卢主席、各委员均鉴：中国人民解放军革命战争自徐蚌战事结束，即已获得决定性之胜利。然此不过纯就军事观点而言，若衡以历史发展必然法则，因中华民族必须独立，中国人民必须解放，则帝国主义加于中国之侵略势力与原有封建之剥削制度，必须完全摧毁。以此必然之理，必表现为必然之事。而蒋介石集团之反动势力，无非为帝国主义与封建制度二者在中国历史最后集合勾结之具体表现，作最后一次之挣扎，其必然崩溃、惨败死亡，早已昭然若揭，无可置疑。

吾滇为中国之一部，以吾滇人民早日参加人民解放革命战争，则自身早日获得解放，而全民族解放大业亦必提早完成，全国人民又减少痛苦。若吾滇尚依违观望，或竟直接、间接供蒋介石反动集团之最后利用，虽终无弥于反动集团之灭亡，而吾滇人民与全国人民之痛苦，亦必因之延长，此亦昭然若揭，无可置疑者。

吾滇偏处西南，与解放大军距离既远，益以反动者早将吾滇军强调东北，复以客军镇压，形格势禁，以至今日。吾滇既未能争取主动，举义响应，参加革命，反处被动，不免于励助戡乱，征粮征兵。护国之役，吾滇曾不顾利害，一举而倾覆帝制。缅怀光荣史实，今昔相较，云为滇人，不免怀惭。年来吾滇人民已纷纷奋起，最近解放大军于陕、甘、闽、湘、赣节节扫荡，即将疾入川、粤、桂。蒋介石反动集团残存主力之破灭，直生指顾呼吸之间。而镇压吾滇之客军，因情势所示，亦特审悉利害，苟晓以大义，未必不弃暗就明，协同动作。

参议会、省政府为代表领导吾滇人民之机构，于此时关犹不毅然决然作明确之决定，将何以对远征东北、艰难劳苦参加解放军之昆季？如何以保持护国之役革命光荣传统？在所谓戡乱时期，直接、间接有助于蒋介石反动集团者，而不于此时采取行动，将失机无以自赎。苟欲参加民族独立、人民解放之大业者，不于此时采取行动，亦将失机无以自效。

云前者于徐蚌战争结束和谈进行之际，欲免除江南战祸，间接保存吾滇，曾函李宗仁、何应钦，揭破独裁反动阴谋，晓以是非利害，劝其立即接受中共毛主席八项原则，实现全面和平。不蒙采纳，甘入绝途，今者狼狈悲惨之状，已注定其命运之无可挽回，而我江南人民，则已受其大祸。

参议会、省政府诸君，于云为夙好，洞达是非，深明利害，非李、何所可比伦。观于最近滇中舆论表现，亦已知诸君所努力默许，其指标所示，正向光明。惟仍不作明朗之表示，为实际坚决之行动。或以为吾滇偏处一隅，尚可从容沉着应付，不知反动者将以吾滇当局，依违瞻顾，徘徊歧途，为有机可乘。苟于挫败之际，窜入吾滇，凭险恃阻，以吾滇昔年民主之堡垒，为最后反动之根据，使吾蒙奇耻、受大祸，试问一旦致此，责任谁属？

中国人民解放革命战争之胜利，为中国开万世永久太平，为世界人民民主阵营确立胜利之基础，将以吾民族空前之伟绩，为人类历史真正转变之关键。吾滇人民有革命光荣传统，于仁不当让，于义无反顾。远征昆季既已参加行列于先，留守乡土者断不容犹豫于后，切望诸君当机立断，立刻宣告吾滇全省人民，与蒋介石反动集体断绝关系，即日起义，为全国人民解放而斗争，必可令反动集团幻想破灭，加速瓦解，缩短革命过程，减少人民痛苦。中国人民解放大业，将以吾滇一举而竟最后之功，诸君乃不负人民所托。

云凛桑梓爱人以恭敬之义，以时机迫切，故为诸君罄其所欲言。乞速图之，不胜厚幸。龙云，八月十七日。

《大公报》（香港版）1949年9月5日，第1张第1版

部署周密终操胜算 卢汉起义完全成功

【本报讯】国民党云南省主席卢汉率部起义一事已获留港云南政界人士证实，不过因昆港交通中断，卢汉的起义通电还未能寄到香港，但卢汉

的起义是根据龙云前次发表的致李宗仁书及昨日本报发表的龙云致卢汉的电报而向人民靠拢，则是毫无疑问的了。

记者昨日访问一位刚从昆明来港的某政要（他不允发表真姓名），他很兴奋的说："这次'昆明事件'是经过了几个月的缜密部署，时机完全成熟了的，外传是'提前发动'完全不确。这次'事件'不仅是卢汉个人转变的事情，而是云南全省人民的一致要求。熟悉云南情形的人都知道，自从蒋介石以卑鄙手段迫走龙云之后，云南人民（连卢汉在内）都一致痛恨蒋介石，蒋党爪牙何绍周、霍揆彰等在云南明抢暗刮，'中央'特务暴徒在云南为非作歹的暴行，更加深云南人民对蒋党的仇恨。最近一年来，朱家璧将军、余卫民将军等领导的云南人民解放军日渐壮大，便是明证。"

起义过程曲折紧张。谈到这次起义的过程，他说："在上月底，卢汉便命令他的部队开始破坏各地机场，只留下昆明一个民航机场。也就在那个时候，蒋介石准备先派一大队空军进驻昆明，但因为空军机场都破坏了，昆明唯一民航机场又在卢汉的保安团控制之下，所以蒋无法施其'解决龙云'的故技。跟着蒋就派俞济时飞昆明对卢汉作最后的威迫利诱。俞到昆明住在卢的公馆，苦求卢汉到重庆去。当时卢汉表示：这是云南全省人民决定要这样作的，他个人只有服从民意。俞济时说：你不去（重庆），简直是给'总统'致命的打击，比你发通电还要严重。如果你去了，就是云南'丢了'（解放了），至少在政治上还不致于完全输光。俞说这番话时，几乎是声泪俱下。二日晚上，余程万发帖子宴请卢汉和卢的各高级将领，当时卢汉等都警惕到这可能是摆的'鸿门宴'，于是群商对策，决定借口俞济时住在卢公馆，说是当晚卢要设宴请俞，不能参加余的宴会，同时也发了帖子请余程万和他的参谋长、师长作陪。至于卢汉以下的各将领则轮班赴余的宴会。那天晚上，卢汉的保安团枕戈待旦，十分紧张。事实上卢汉起义是在二日那天就正式公开了的。"〈后略〉

《大公报》（香港版）1949年9月6日，第1张第1版

蒋府闻讯震恐　群丑闪烁作答

【路透社广州五日电】 "总统府"秘书长今晨对记者谈：关于昆明起

义一事，他还未接到从昆明来的官报。因此，他在接获正式报告前，不愿作任何表示。他又说：李宗仁并未接到龙云从香港的来函。当记者问他"政府"官员是否被迫离开昆明，他说：在最近几月来，驻留昆明的"政府"官员很少。今晨广州与昆明间的无线电交通仍照常，但航空已经停止。

《大公报》（香港版）1949年9月6日，第1张第1版

龙云代表李一平招待各报记者

【本报广州五日专电】香港讯：龙云代表前云南省政府副参议长李一平，于昨夕十时假域陀餐室招待各报记者，并发表一篇龙云致云南省主席卢汉及省参议会的信。据李氏说：该信已于八月十七日龙云在港电往。

《大公报》（重庆版）1949年9月6日，第1张第2版

龙云未离港　昆明空运恢复

【中央社香港六日电】据此间得到的消息：昆明局势已大见缓和，当局虽宣布戒严，但一切均甚宁静，中央政府的官员均甚安全，政府军第廿六军和省保安团之间无并冲突。据接近龙云的人说：龙云仍住香港浅水湾的私寓中，尚未考虑回昆明。五日停止的香港昆明间的商用班机，六日已有部份恢复，今晨有一架中航的运输机直飞昆明，据说明天就要恢复正常的班机。中航和央航都收到在昆明的电报说，他们的人员并未撤退。

《大公报》（重庆版）1949年9月7日，第1张第2版

张群、阎锡山分途自渝抵穗

【路透社广州九日电】张群于今日由重庆经桂林抵达广州。据他对记者说：他曾与蒋介石及卢汉举行一连串会议。他说：卢汉已表示"效忠中

央政府"并"拥护其反共政策"。张群否认昆明"政变"之说。他认为龙云在香港所发的声明系"企图煽动反政府的骚动"。他并称:"云南是在西南长官公署指挥下的重要后方基地,该区任何反动力量将被消灭。"

据刚自云南传来的私人方面的消息称:蒋介石与卢汉之间关于昆明事件的解决已拟定有如下的条件:(一)所有在滇省府内占据重要职位的亲共份子应被清除,重新改组滇省政府;(二)调动更多的国民党军到云南,以制止可能的"暴动";(三)在云南发行国民党政府的银元券;(四)成立云南长官公署,直属"中央政府",不受张群的管辖,卢汉任命为该公署长官兼省主席。〈后略〉

《大公报》(香港版)1949年9月10日,第1张第1版

黄绍竑等五十五人　政院会议决予通缉

【中央社广州十四日电】行政院以黄绍竑等五十五人公然发表宣言,附逆叛国,罪大恶极,特于十四日第八十九次政务会议时,决议通过通缉黄绍竑等五十五人,归案究办。兹将决议及附逆名单录后:

通缉黄绍竑等附逆人员案,决议:(一)黄绍竑等四十三人,暨邓绍荫等十一人,在报章发表宣言,附逆叛国,应予并案通缉归案究办。(二)龙云历任中枢及地方要职,竟公开勾结云南"匪共"份子,图谋叛乱,罪大恶极,应予专案通缉究办,并没收其财产。以上两项,并呈请总统明令通缉。(三)《惩治叛乱条例》对于附逆叛乱份子,应加没收财产之规定,交司法行政部拟办呈核。(四)所有文武官员及国营事业高级人员,应由各机关速即分别详细查明,报院核定后,另案通缉。

附逆人员名单:黄绍竑、贺耀组、龙云(专案通缉)、罗翼群、刘斐、刘建绪、李任仁、胡庶华、舒宗鎏、李觉、周一志、李默庵、潘裕昆、覃异之、张潜华、谌小岑、李荐廷、朱惠清、黄絜、金绍先、高宗禹、陈汝舟、李宗理、杨玉清、唐鸿烈、杨德昭、麦朝枢、林式增、黄〔琪〕翔、骆介学〔子〕、毛健吾、祝平、骆美轮、李炯、朱敬、瞿绶如、罗大凡、郭汉鸣、徐天深、刘绍武、王慧民、郭威白、黄权、彭觉之、邓绍荫、陈剑修、李黎洲、黄祖培、陈明仙、李翰园、朱紫朝、姚忠华、赖希如、王

连庆、李达九。

《大公报》（重庆版）1949年9月15日，第1张第2版；《蒋朝又发梦呓"通缉"龙云等人》，《大公报》（香港版）1949年9月15日，第1张第1版

龙云、刘斐等开除国民党籍

【中央社广州十五日电】中国国民党中央党部以中央监察委员龙云旅居香港，勾结共匪，数次发表谎谣言论，并煽动其滇省旧属，图谋叛变。又黄绍竑等四十四人于本年八月十四日在香港招待报界，发表声明，诋毁政府，歌颂共匪，违反本党决议，除已经开除党籍及另案办理者外，所有刘斐、李任仁、舒宗鎏、李觉、周一志、李默庵、潘裕昆、覃异之、李荐廷、朱惠清、唐鸿烈、林式增、黄琪翔、骆介子、毛健吾、祝平、骆美轮、朱敬、瞿绥如、刘绍武、王慧民、郭威白、黄权、彭觉之、杨德怡〔昭〕、麦朝枢、李炯、郭汉鸣等二十八人均经中央监察委员会七十四次常务委员会会议决议，永远开除党籍，复经提出中央执行委员会常务委员会决议照办。

《大公报》（重庆版）1949年9月16日，第1张第2版

龙云送子赴美　昨在机场出现

【本报讯】龙云昨天下午突然在启德机场出现，机场记者以为他是搭飞机的，包围他问及日前所传昆明事件真相。但龙云始终缄默，不表示意见，原来他是到机场送他的儿子龙承勋赴美国留学的。

《大公报》（香港版）1949年9月17日，第1张第4版

龙云财产管理人　图飞港在昆被捕

【本报昆明十六日专电】在滇代表龙云处理财权问题之朱学高，闻政

府将在滇没收龙之财产，于十六日企图乘机飞港，于机场中被捕，即令其交出龙之财产。

《大公晚报》1949年9月17日，第1版

龙云、贺耀组痛悼杨杰
指斥反动派手段卑劣　希望港府加强保障居民安全

【本报讯】龙云将军昨天以同乡关系对杨杰将军在港遇害事接见记者，郑重发表谈话。他认为杨将军之死，是中国人民的损失，表示十分悲痛。他肯定的说："这是蒋介石一贯使用的卑鄙恶毒的手段。"他判断刺客是蒋党的特务无疑。据说："杨将军在昆明的时候，蒋介石已密令驻昆特务拘捕杨将军就地枪决，在黑名单上，杨将军是第一名。本月九日，杨将军借亲戚的帮助买了一张飞机票，在飞机起飞之前赶上飞机来到香港。想不到在香港这个地方也遇到了蒋介石如此卑鄙的谋杀，这是中国人民的损失。杨将军不仅是一个卓绝的军事学者，而且是献身于民主运动的斗士。"

杨杰反对独裁，为蒋介石所忌恨。龙云将军认为惊讶的，是"在英国政府统治的地区发生这种性质的谋杀事件，他希望香港当局能严缉凶手。英国自己对于中国政局一向表示采取中立态度，并且因为在英或殖民地秩序很好，所以受蒋介石迫害的人都避居香港，却想不到在香港发生了蒋介石阴谋指使的政治谋杀"。他说："杨杰将军为人态度非常和善，他除了坚决反对蒋介石独裁卖国因而遭蒋介石的忌恨之外，他个人绝无私仇私怨的。今天行刺杨杰将军的凶手虽已在逃，但谁是行凶的指使者，已经很明白了。"龙将军基于同乡和私人密切的友谊，对于杨将军的遇害，表示非常哀悼。〈后略〉

《大公报》（香港版）1949年9月21日，第1张第4版

龙云财产管理人　离昆前突遭逮捕

【本报昆明通信】在滇代表龙云处理财权问题之朱学高，闻反动政府

将在滇没收龙之财产,于十六日拟乘机飞港,于机场中被捕,即令其交出龙之财产。(十九日寄)

【本报昆明通信】"教部"高等教育司长黄龙先、参事刘士英,今由港飞抵昆明,国立昆明师范学院院长查良钊同来,下午五时谒卢汉商整理云大、师院办法。据刘士英谈:两校将设一整委会,由"教部""省府""教厅"共同组织,约需月余即可整理完竣。"滇省府"顷派朱景暄、杨文清、华秀升、范承枢、姜寅清、范邦杰、曾恕怀、马运升为云南省政府所属各公私立中等以上学校整理委员会委员,并指定姜寅清为召集人,迅速整理公私立中学,俾两周内复课。(十六日寄)

《大公报》(香港版)1949年9月21日,第2张第7版

何应钦新职发表　任战略顾问委员会主委

【中央社广州廿一日电】总统三十八年九月二十一日令:(一)战略顾问委[员]会主任委员白崇禧另有任用,白崇禧应免本职;(二)特任何应钦为战略顾问委员会主任;(三)特任白崇禧为战略顾问委员会副主任;(四)国防部次长黄杰另有任用,黄杰应免本职;(五)任命刘咏尧为国防部次长;(六)派孙渡为西南长官公署副长官;(七)战略顾问委员会委员龙云、刘斐、黄琪翔,应予免职,此令。

《大公报》(重庆版)1949年9月22日,第1张第2版

杨杰被刺详情

【香港航讯】昨十九日晚,湾仔轩鲤诗道瑞成公司四楼发生一宗谋杀案,死者为我国名军事家、最近由昆明抵港之杨杰将军。杨在我政府军事机关曾历任要职,为有名之军事家。最近发生之昆明事件,杨为其中重要角色,因此杨之被刺,引起各方重视。据熟悉内情者称:杨杰在留昆明期间,其行动虽自由,但经常有若干特殊人物监视,故不能经常离开。此次大抵因卢汉飞渝,杨感在昆再难立足,乃设法伺机来港。渠于本月九日由昆明乘机

来港，离昆时行踪极为秘密，有类于龙云离开南京时之情形。〈后略〉

《大公报》（重庆版）1949年9月23日，第1张第2版

湾仔殡仪馆中友好公祭　杨杰遗体昨天出殡

【本报讯】杨杰将军在港遇难，于昨天下午一时在湾仔香港殡仪馆公祭，由八十高龄云南绅士周孟丞主祭，到祭的有贺耀组、刘建绪、胡庶华、张潜华、陈剑修、陈汝舟、王晓籁、李一平、张相时及云南同乡等数十人。公祭仪式简单庄严，公祭后即出殡，灵柩暂厝西环东华义庄。昨天各界致送花圈挽联的颇多，送花圈的有龙云将军等。〈后略〉

《大公报》（香港版）1949年9月23日，第1张第4版

龙云港寓加强警卫

【本报广州廿二日专电】香港讯：杨杰被刺后，寓居本港之龙云氏之安全问题，香港政府已予极大关怀，曾一度派员与之晤谈，并对于龙氏住宅附近之防御力量，已特别加强。

《大公报》（重庆版）1949年9月24日，第1张第2版

来函照登

【各地通信·文艺】敬启者：刻阅贵报本月廿一日各地通信版内载有昆明通信云"在滇代表龙云处理财产权问题之朱学高，闻反动政府将在滇没收龙云财产，于十六日拟乘机飞港，于机场中被捕，即令其交出龙云财产"新闻一则，阅读之余，不胜惊异，与事实不符，且舍间根本不知朱学高其人，更无财产权管理人之设置。因恐传闻失实，请贵报赐予更正是幸，此致大公报编辑部台照。龙纯武谨上，卅八、九、廿一日。

《大公报》（香港版）1949年9月25日，第2张第7版

龙云电贺政协

承邀出席实为毕生光荣　因病难就道　稍愈即北上

【本港讯】龙云及华侨建设联谊会昨电贺北平人民政协，原电如下："北平人民政治协商会议公鉴：政协成功，人民胜利，开中国万世永久之太平，为人类历史真正转变之关键。光明永耀，薄海腾欢；承邀出席，实为毕生光荣。正拟北上参加，适因病未克就道，惭悚莫名。谨以至诚，电陈贺悃，并请准缺席，一俟稍愈，决即北来，竭其棉薄。拥护大会决议，为人民服务，诸维鉴察。龙云叩。有。印。"〈后略〉

《大公报》（香港版）1949年9月27日，第1张第4版

人民政协首届会议闭幕

中央人民政府委会选出毛泽东当选主席

【新华社北京卅日电】中国人民政治协商会议第一届全体会议在最后一天选出了毛泽东为中华人民共和国中央人民政府委员会主席，朱德、刘少奇、宋庆龄、李济深、张澜、高岗六人为副主席。中央人民政府委员五十六人的选举结果如下：陈毅、贺龙、李立三、林伯渠、叶剑英、何香凝、林彪、彭德怀、刘伯承、吴玉章、徐向前、彭真、薄一波、聂荣臻、周恩来、董必武、赛福鼎、饶漱石、陈嘉庚、罗荣桓、邓子恢、乌兰夫、徐特立、蔡畅、刘格平、马寅初、陈云、康生、林枫、马叙伦、郭沫若、张云逸、邓小平、高崇民、沈钧儒、沈雁冰、陈叔通、司徒美堂、李锡九、黄炎培、蔡廷锴、习仲勋、彭泽民、张治中、傅作义、李烛尘、李章达、章伯钧、程潜、张奚若、陈铭枢、谭平山、张难先、柳亚子、张东荪、龙云。〈中略〉

【新华社北京卅日电】人民政治协商会议第一届会议的闭幕式，由会议所选出的中央人民政府委员会毛泽东主席、朱德副主席、宋庆龄副主席、刘少奇副主席、李济深副主席、张澜副主席、高岗副主席主持。在毛主席和六位副主席登台时，在毛主席宣布闭幕式开始时，以及在朱副主席

致闭幕词时，全场再三地热烈鼓掌欢呼。闭幕式以军乐队合奏《义勇军进行曲》为结束。在奏乐时，主席台上悬起国旗，全体代表在庄严热烈的空气中起立鼓掌，长久不息。〈后略〉

《大公报》（上海版）1949年10月1日，第1张第1版

《共同纲领》胜过百万雄师　足够压倒一切反动军队
龙云在北上就职前发表话谈　表示今后要努力为人民服务

【本报讯】留港的中央人民政府委员龙云将军，昨天对记者发表他被选为中央人民政府委员的感想。龙云将军因为健康的关系，没有去北京参加人民政治协商会议，他是两位留港委员之一。另一位是李章达先生，他也是因为健康的关系，在人民政协举行之前回到香港。龙委员前天已经打了电报给北京中央人民政府的秘书长，表示短期内北上，为人民政府服务。以下是龙委员谈话的纪录：

他说："来了香港以后，因为解放战争正在向华南发展，我们留在南方也许有点作用，所以就留了下来。后来人民政协开会，筹委会来电邀请，我也很想去，可是交通困难，我不适宜乘船，飞机又办不到，所以赶不上参加开国的盛典。""人民政协已经胜利闭幕，中央人民政府已经产生，我被选为政府委员，自己感到非常光荣，也非常惭愧。这次中共和人民解放军在解放全中国的战事中，功劳实在太大。政府成立，应该让劳苦功高的人参加，我没有流血，没有献出什么力量，虽然当选，心里实在是惭愧。今后只有努力为人民政府服务，身体好点之后，就北上供职。"

新中国远景美丽
中央人民政府机构完备　扫除了阻碍统一的因素

"我觉得最高兴的一点，是《共同纲领》的颁布和有了新国旗。看了《共同纲领》之后，觉得它胜过百万雄师，足够压倒一百万美帝装备的反动军队。中央社是反动派造谣的总机关，可是《共同纲领》公布之后，他们一点谣言都道不出来，可见《共同纲领》本身的健全，这可以

说是全中国人民真正的、共同的意志。中央人民政府中所有的各政府机关，非常完备，可以说将阻碍国家统一的一切因素都扫除了，阻碍中国建设繁荣的毛病扫除得干干净净，全中国的人民都清楚看出了我们国家的远景。"

【谣言不扫自清　新国旗没有镰刀锤子】 "对于国旗，起先造谣者说，一定是镰刀锤子，还不是照苏联的样子吗？但是现在这些谣言是不扫自清了。《共同纲领》的公布，对于今天还在蒋管区内的人民，意义非常重大。它保证了人民解放军在解放华南、西南的战争中，会发展得格外顺利。现在有了《共同纲领》，各机关负责人踏实努力去做，一定可以迅速成功！"

美帝矛盾毕露

白皮书骂反动政府无能　现又强调承认　态度天真可笑

"政府成立之后，国际反应很好，很短的时间内就有这极多友邦承认，这是意料之中的，并不觉得意外，意外的倒是美国的姿态。美国表示继续承认反动派的政府，其实这是多余的声明，没有承认中央人民政府，当然是承认反动政府，这话暴露了美国的矛盾。美国《白皮书》骂反动政府贪污、腐化、无能，今天又强调承认反动政府，可见美国是存心承认一个中国人民所憎恨的坏政府，这态度天真得可笑。"

"今天是中秋节，记得去年中秋节，人民解放军开始打济南，那是解放长江北岸、歼灭国民党军主要会战的开始，一个顺利的开始。今年的中秋节，人民解放军开始了对华南的攻势，白崇禧在湖南将会遇到严重的打击。白崇禧想在衡阳撑下去等待美援，以为撤走了就拿不到，为着一个这样绝望的幻想，解放军已经到了楚西，恐怕连退回老巢都不可能了。"

云南人民自求解放

卢汉动摇不会影响

"云南人民配合解放军而组织的自求解放运动，并没有因为卢汉的动摇而受影响。基础并不受影响，等到解放军迫近云南的时候，人民还是会起来配合解放军来解放云南。国民党反动派想以云南为最后根据基地,云南周围几个小国都是反共国家,勾结起来自然容易。不过这还是没有用的,美国就曾经和反动派勾结,但是今天结果不是很明显吗?"

"云南是一个地广人稀的省份,解放以后值得开发的事情很多,有基础的要去发展。云南有些优越条件,矿业专家认为云南有很多特殊金属,将来是可开发的。交通方面,将来可以修好滇缅、滇越、滇川三条交通线,在交通方面会比其他省更方便,一条路直通太平洋,一条路直通印度洋。航空方面,云南有设备很好的大机场十个,小机场几十个。"

龙委员谈了一个多钟头,非常兴奋。这是他第一次以中央人民政府委员资格发表的谈话。

《大公报》(香港版)1949年10月7日,第1张第4版

龙云即将北上
在港谈话拥护《共同纲领》 斥美帝与中国人民为敌

【本报香港七日专电】龙云昨招待记者,表示他将于短期内北上。他说:我觉得最高兴的是《共同纲领》的颁布和有了新国旗。看了《共同纲领》之后,觉得它胜过百万雄师,它是全中国人民真正的共同意志。中央人民政府成立之后,国际反应很好,很短的期间内就有这么多友邦承认。美帝表示继续承认反动政府,暴露了它的矛盾。美帝《白皮书》骂反动政府贪污无能,今天又强调继续承认,可见它是存心承认中国人民所憎恨的政府,与中国人民为敌。龙云又称:卢汉的动摇投降,不会影响云南人民自求解放的基础。等解放大军迫近滇境时,他们还是会起来,配合大军来解放云南的!

《大公报》(上海版)1949年10月8日,第1张第1版

革命军委会副主席及委员

【新华社北京十九日电】今天举行的中央人民政府委员会第三次会议,

通过任命人民革命军事委员会副主席五人为朱德、刘少奇、周恩来、彭德怀、程潜；委员二十二人为贺龙、刘伯承、陈毅、林彪、徐向前、叶剑英、聂荣臻、高岗、栗〔粟〕裕、张云逸、邓小平、李先念、饶漱石、邓子恢、习仲勋、罗瑞卿、萨镇冰、张治中、傅作义、蔡廷锴、龙云、刘斐；总参谋长徐向前，副总参谋长聂荣臻。

《大公报》（香港版）1949年10月20日，第1张第1版

民革中委名单

【新华社北京廿日电】中国国民党革命委员会中央委员名单（四十五人）如下：李济深、何香凝、陈铭枢、程潜、李锡九、李任仁、邵力子、郭春涛、梅龚彬、蔡廷锴、朱蕴山、刘通、蒋光鼐、李章达、柳亚子、陈此生、张治中、刘斐、于振瀛、李民欣、范予遂、陈劭先、陈汝棠、许宝驹、贺贵岩、谭平山、陈其瑗、秦元邦、龙云、萧隽英、李世璋、武和轩、许闻天、林一元、宁武、王昆仑、司马文森、朱学范、余心清、吴茂荪、吕集义、谭冬菁、谭惕吾、李俊龙、罗翼群。

候补中央委员（二十人）：甘祠森、陈铭德、祁坤廉、刘炳藜、周颖、陈任一、杨春洲、李子诵、周一志、李世军、冯伯恒、刘遐、卢郁文、余勉群、张光明、许宝、唐志麟、周范文、田竺僧、谭明昭。

《大公报》（香港版）1949年11月22日，第1张第1版

龙云电复卢汉

起义宣言代为转达　希望安抚地方妥筹善后

【本报讯】前云南省主席卢汉宣布起义后，即致电留港中央人民政府委员龙云，报告起义经过。卢汉原电和龙委员复电全文如下：

龙委员志公钧鉴：佳汉来电（九日）计达钧览。抗战八年，滇省在钧座领导下，出兵出粮，竭尽人力物力，贡献国家。不意胜利甫临，国民党反动政府排斥异己，遂发动云南政变，且借机将数万健儿远戍东北，地方

民众武装剥夺殆尽,四年以来,人民痛苦,水深火热。汉勉力支撑,效傀儡之登场,居孤孽之地位,处境艰难,无言足喻。全省人民每念甘棠,莫不向往。脱离蒋党,解放全滇,早已成全省人民共同之意志,只以压力太大,不忍轻率从事,重苦人民。时机未至,不惜委屈忍辱,权为应付;时机已至,不惜任何牺牲,解放全滇。爰于佳日率部起义,脱离反动政权,宣布云南全省解放,为一千三百万人民争取光明,暂组临时军政委员会,维持地方秩序,听候中央人民政府接管。至汉个人,只求云南解放之完成,即当引退而待罪。刻驻滇蒋党各军军长均已就范,反动特务均已缉捕,除通电全国外,谨电奉陈,敬祈赐示,俾有遵循,是为至祷。旧属汉。亥灰(十日)叩。

龙云复电。昆明卢永衡弟鉴:佳、灰电均悉,殊为欣慰。解放全滇,不独发扬护国之精神,实亦为断送独夫之丧钟。除立即代为转达外,尚希安抚地方,妥筹善后,听候人民政府指示。总期早日恢复常态,减除人民痛苦,是所至盼。龙云。亥真(十一日),印。

《大公报》(香港版)1949年12月12日,第1张第1版

龙云的谈话

蒋匪当年种因　今天起义是果

【本报讯】留港中央人民政府委员龙云,昨天为云南起义事接见记者,发表谈话如下:"我今天以熟悉云南情形的云南人的地位和大家讲话。""云南起义的经过是这样的:四年前蒋介石种了因,今天的起义只是果。过去四年当中,云南人在黑暗中过日子,除了少数吃党饭的官僚外,不论农人、学生,早就普遍的想起义。因此这几年云南成了很动荡的局面,有起义的,有暴动的,也有铤而走险的。年来云南青年掀起的外间人所说的学潮,实际上就是革命思潮。反动统治对青年肆意摧残,民主人士牺牲不少,如李公朴、闻一多即是,其他遇害的不知名的民主人士更是不计其数。云南人为甚么会有这种思想和行动呢?袁世凯行帝制,云南在唐继尧领导下起义,后又得蔡松坡讨袁,各省响应,袁世凯便取消了筹安会,取消了帝制,羞愧而死。护国之役,云南人牺牲不少,但共和因此挽回。云南一般青年,幼时就富民族思想,等到蒋介石执政后,他的作风更

有甚于袁世凯。袁世凯称帝只是自私,想家天下,他的内政并没有蒋介石那么暴虐。所以云南青年认为若果容忍蒋介石下去,则护国的鲜血等于白流。云南人早就要求产生民主宪法,消灭法西斯。四年前的昆明事变,是蒋介石的内战的序幕。蒋介石的内战从云南始,今天他在大陆的生命从云南终,这不是偶然的。"

"目前的起义,当然经过很久的酝酿。我早就希望他们早点起义,可是卢汉顾虑太多,以至九月间进退失据,这真可惜!"

"现卢汉已经起义,云南人站起来,全省解放了。不论将来卢汉负责不负责滇省事务,但现在他已起义,把自己的环境、自己的观念、自己的习惯改变,不过分重视自己的利害,绝不忽略人民的利益,以完成革命大业,动机是好的。从今天起,要忠忠实实,执行人民政府的命令,对云南人尤其是青年要特别爱护,这是他们起义后我的希望。"

本报记者问:"据昆明电台消息,余程万和李弥都已下令所属听候改编,余、李的兵力各有多少?"

龙云答:"卢汉原有保安团一团,后加四团,共有五团。余程万一军共有三师;李弥号称一军,实际只有一师。可是他们的兵力分散,地方力量和他们的力量是相等的。若把人民力量加进去,则地方势力就强大得多了。起义时余程万和李弥被扣,但他们对起义并不反对,因此改编顺利。假使在改编过程当中有一些阻碍发生,也是不关重要的。"

龙氏又说:"抗战期间,美籍官兵在滇的共七万多,为期两年。美国人对云南特别感兴趣。这次起义对国际间的视听影响最大,蒋介石已再没有办法引诱'老美'了,美金的幻梦也破灭了。"

一法籍记者问:"龙将军会回云南去吗?"

龙氏答:"我要实现我过去的诺言。我在致李宗仁公开信里曾说过:如果溃军退入云南,我当以老百姓身份回去和他们战斗。现在溃军没有进去,我已不必回去。今后我可以遍游各处,我有了这个权利。我的行止不能预告,说不定到你们法国去呢!"他又笑说:"可是我不是白华。"

有人提起最近某些反动报纸造谣,一会说龙委员已赴昆明,过一会又说他不想赴昆明,龙氏答:"这都是胡闹。"

《大公报》(香港版)1949年12月13日,第1张第1版

昆明起义的情况

这几天到处传着卢汉起义的消息，迄昨夜止，知道昆明情况如下：卢汉有变化是事实，宣布起义的电报本月九日发往北京。据南京报载：昆明电台广播，十一日得到毛主席、朱总司令回电，并有所指示。又据本报香港十二日专电：卢汉曾致电龙云，报告起义经过，龙氏特复电嘉勉，原文云："昆明卢永衡弟鉴：九、十日电均悉，殊为欣慰。解放全滇，不独发挥护国之精神，实亦为断送独夫之丧钟。除立即代为转达外，尚希安抚地方，妥筹善后，听候人民政府指示，总期早日恢复常态，减除人民痛苦，是所至盼。龙云，亥真（十一日），印。"

照这些消息看来，卢汉虽宣布起义，但昆明尚包括一些复杂问题。据本报昨夜香港专电："港昆间电报已于十一日上午十时起恢复。"本报十日汉口专电："汉口、昆明电讯已取得联络。"目前昆明对外电讯是通的，但对昆明整个真实情形并不明了。（一）据昨夜本报香港专电："张群十一日乘国泰公司最后一架飞机自昆明逃到海防，十二日抵香港。据说，他即去台湾。"卢汉九日宣布起义，到十一日还让张群逃跑，这是一个问题。（二）蒋介石尚有李弥、余程万两个军在云南，他们的态度怎样呢？李、余曾赴成都见了蒋"该死"请示，九日回抵昆明。卢汉宣布起义的电报，李、余没有署名，但卢汉所组织的"军政委员会"，却发表李弥为"云南人民解放军暂编第一军军长"，余程万为"第二军军长"。李、余都向所部讲话，说在"卢主席领导下起义"，这些组织和番号自然都不是正式的。（三）据昆明广播，卢汉劝告伪贵州代省主席何朝宗起义，何就宣布起义，"拥护卢主席主张"，这种起义也是很轻易的。

因此，到此刻为止，我们只能向读者报告如上消息，一切有待于解放军的进入云南。要解放军进入云南，局势才能完全澄清。

过去的云南是这样的：在抗战期间，昆明是国民党后方的"上海"，因为它锁钥着通越南、缅甸，以至印度的国际通路。最初是滇越铁路，以后是滇缅公路，出国入国者在路上往来不绝，而昆明正是西南中国的国门。因此，以昆明为中心，也就产生畸形的繁荣，云南的商业资本发展了。蒋介石利用缅甸日军压迫云南边境，派何应钦坐镇昆明，开始布置消灭龙云的势力；就是现已被俘的战犯杜聿明，他的部队采取包围昆明的态势，将卢汉部队远远调戍滇越边界。因为当时昆明是进步的，在学生运动中起了大作用，作过民主斗争。蒋介石为要把屠刀直接加到云南人民的颈上，就是说要毫无阻碍的直接统治云南，所以抗战一胜利，便发动昆明事变，解决龙云。龙云屈服飞渝，云南军队被派入越接受日军投降，这部军队后来又从海道被送到东北进行内战。

这几年来，龙云挣扎反抗，去年岁暮逃出等于被幽囚的南京樊笼。卢汉则与龙云相反，委身事蒋，替他看住云南这块地方。但云南形势是在转变的。首先，由于云南人民的觉悟和组织起来，在共产党领导下，人民武装游击部队日益壮大，该省中南部及西部广大地区已为我方所控制。这对卢汉和蒋介石的残余力量是一大威胁。今年九月昆明发生过一次事变，群众起来行动，据说卢汉部下也有若干人参加。这事变旋被弹压下来。卢汉飞渝表明态度，回到昆明就大举封闭学校、报馆，解散伪参议会，实施白色恐怖。

现在卢汉是在这样的条件下宣告起义的：（一）贵阳、重庆先后解放，成都的解放也快了，蒋介石的西南根据地已破败不堪，云南完全孤立了。（二）桂系主力在桂粤边被歼灭，国民党匪帮已经没有援军可以开入云南，卢汉如不起义，则当束手待擒。（三）更重要的是贵阳解放军正沿黔滇公路疾进，直趋昆明；另路解放军攻占百色，滇桂联系已遮断，由百色过剥隘入滇，也是取昆明的捷径。卢汉面对两条路必须选择：起义或是被消灭。

现在卢汉虽已通电宣布起义（除起义外也没有别的路），但因有许多事实不明，我们需要保留再看局势的发展。好在解放军很快就要进达昆明，云南的解放是不成问题的。

《大公报》（上海版）1949年12月13日，第1张第1版